SUPER CLEAN SUPER FOODS

SUPER CLEAN SUPER FOODS

FIONA HUNTER
CAROLINE BRETHERTON

INHALT

VORWORT

Dieses Buch stellt die gesündesten Lebensmittel vor, die es gibt.
Es zeigt Ihnen, wie Sie Ihre Ernährung mithilfe von Superfoods gesund und lecker gestalten können. Unser Essen hat direkte Auswirkungen auf Gesundheit und Wohlbefinden, auch auf lange Sicht. Sich gesund und ausgewogen zu ernähren ist also die beste Grundlage für ein langes, vitales Leben.

In diesem Buch werden die 90 wichtigsten Superfoods erläutert – Lebensmittel mit extrem hohem Nährwert, die ihrem Namen alle Ehre machen. Jedes Superfood aus diesem Buch wird mit seinen Hauptnährstoffen und gesundheitlichen Vorzügen vorgestellt, zusätzlich gibt es Rezeptvorschläge von Frühstück bis Abendessen sowie Tipps, um die Nährstoffe bestmöglich zu nutzen.

Superfoods umgibt oft eine besondere Aura – man glaubt, sie seien rar, teuer und schwierig zuzubereiten. Doch auch alltägliche Zutaten wie Karotten, Rote Bete, Mandeln und Hähnchen zählen zu den Superfoods, die voller Vitamine, Mineralien und sekundären Pflanzenstoffen stecken. Experimentierfreudige Esser können in diesem Buch auch Rezepte mit ausgefallenen Zutaten wie Meeresalgen, Açaipulver und Spirulina entdecken.

Im ganzen Buch verteilt finden Sie Rezepte voller Superfoods sowie viele Hinweise, wie Sie über Ihre Ernährung für eine gute Verdauung, einen gesunden Schlaf, ein gut funktionierendes Gehirn, ein starkes Immunsystem, eine schöne Haut und zusätzliche Energie sorgen können.

Wir hoffen, dass dieses Buch dazu beiträgt, den Schleier um Superfoods und Clean Eating zu lüften und Ihnen hilft, sich jeden Tag bewusst und lecker zu ernähren.

FIONA HUNTER　　　　　　**CAROLINE BRETHERTON**

SUPER CLEAN EATING

WAS IST EIN SUPERFOOD?

Manche Lebensmittel enthalten so viele Nährstoffe, dass man sie wirklich als »super« bezeichnen muss. Superfoods liefern uns reichlich Vitamine, Mineralien und sekundäre Pflanzenstoffe, die der Körper täglich braucht.

WARUM »SUPERFOOD«?

Über die Nahrung versorgen wir unseren Körper mit lebenswichtigen Stoffen, die Energie liefern, unseren Stoffwechsel am Laufen halten und dafür sorgen, dass sich unsere Zellen erneuern und wir gesund bleiben. Superfoods sind Nahrungsmittel, die besonders viele gesundheitsfördernde Vitalstoffe liefern.

Superfoods enthalten besonders viele **Vitamine, Mineralien, sekundäre Pflanzenstoffe, Antioxidantien, Ballaststoffe** oder **gesunde Fette**.

Superfoods helfen, den Körper vor Krankheiten zu schützen, sie sind gut fürs Herz, fördern die Gehirnfunktion und stärken das Immunsystem. Sie verbessern das allgemeine Wohlbefinden und sorgen für Vitalität bis ins hohe Alter. Diese Lebensmittel sollte jeder essen, um seine Chancen für ein langes und gesundes Leben zu erhöhen.

Die Omega-3-Fettsäuren von Sardinen unterstützen die Gehirnfunktion.

Avocados enthalten Vitamine, die das Herz schützen.

WELCHE SOLL ICH AUSWÄHLEN?

Die gute Nachricht ist, dass Superfoods nicht neu, exotisch, schwer zu bekommen oder teuer sein müssen.

Gewöhnliche **Karotten** sind ein ebenso wertvolles **Superfood** wie **Spirulina** oder **Açaipulver**.

Es stehen viele Superfoods zur Auswahl, und wer das eine oder andere nicht mag oder zu teuer findet, kann zu einem anderen greifen. In diesem Buch stellen wir so viele Superfoods mit all ihren guten Eigenschaften vor, dass es nicht schwer ist, einen Ersatz zu finden.

WIE OFT SOLLTE MAN SIE ESSEN?

Superfoods sollten **jeden Tag** auf dem **Speiseplan** stehen – unabhängig von **Alter** und **Lebensumständen**.

Es ist nie zu früh oder zu spät, um mit Superfoods zu beginnen. Manche sind geeignet, um eine gesunde Basis zu schaffen, von der man ein Leben lang zehrt, mit anderen lässt sich kurzfristig die Zellerneuerung unterstützen. Täglich sollten drei bis vier Superfoods gegessen werden, und zwar immer wieder andere. Da selbst ein Superfood nicht alle wichtigen Nährstoffe enthält, muss die Ernährung abwechslungsreich sein.

Sekundäre Pflanzenstoffe in Zitronen können den Blutzufluss zum Gehirn positiv beeinflussen.

Ingwer kann das Risiko für Herz-Kreislauf-Erkrankungen reduzieren.

Paprikaschoten enthalten viel Vitamin C für das Immunsystem.

BLEIBT MAN MIT SUPERFOODS GESUND?

Superfoods sind kein Zaubermittel — wer eine insgesamt ungesunde Ernährung (s. S. 14–15) hin und wieder mit ein bisschen Superfood ergänzt, darf keine Wunder erwarten.

Eine **gesunde Ernährung** ist nur ein **Baustein** für Gesundheit und **Wohlbefinden**.

Für unsere Gesundheit ist nicht nur eine gute Ernährung mit Superfoods und unverarbeiteten Lebensmitteln wichtig, auch regelmäßige Bewegung, ein angemessenes Gewicht und der Verzicht auf Alkohol und Nikotin tragen dazu bei, dass wir uns wohlfühlen.

Superfoods sind wirksamer als Nahrungsergänzungsmittel. Frische Bioware enthält eine Vielzahl von Nährstoffen, die in einer Pille niemals enthalten sind — auch wenn die Zubereitung manchmal etwas länger dauert. Die meisten Superfoods enthalten eine Mischung von Inhaltsstoffen, die die Gesundheit fördern.

Es ist ganz **einfach, Superfoods** in die **tägliche Ernährung** einzubauen — und viel **leckerer**, als Vitaminpillen zu schlucken.

SUPERFOOD TUT GUT!

Die verschiedenen Superfoods versorgen den Körper mit unterschiedlichen Vitalstoffen. Anhand der Icons erkennen Sie sofort die jeweiligen Vorzüge.

RUHIGER SCHLAF
Superfoods mit viel Magnesium, Kalzium oder Tryptophan helfen dem Körper, Hormone für einen ruhigen Schlaf zu produzieren.

GEHIRNTÄTIGKEIT
Sekundäre Pflanzenstoffe in Superfoods verbessern den Blutzufluss zum Gehirn. Omega-3-Fettsäuren halten das Gehirn gesund.

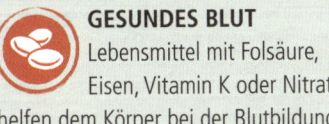
KRANKHEITEN VORBEUGEN
Zahlreiche sekundäre Pflanzenstoffe, Antioxidantien und Selen helfen bei der Bekämpfung von Krankheiten sowie bei der Zellerneuerung.

ENERGIEZUFUHR
Lebensmittel mit niedrigem GI setzen Energie langsam frei. Durch Vitamin-B-haltige Nahrungsmittel wird die Energieaufnahme verbessert.

GESUNDES BLUT
Lebensmittel mit Folsäure, Eisen, Vitamin K oder Nitrat helfen dem Körper bei der Blutbildung.

STARKES HERZ
Gesunde Fette und sekundäre Pflanzenstoffe sowie Vollkorngetreide helfen das Risiko für Herzerkrankungen zu senken.

VERDAUUNGSAPPARAT
Verschiedene Arten von Ballaststoffen halten die Verdauung in Schwung, fermentierte Lebensmittel regen die Darmflora an.

IMMUNSYSTEM
Vitamin C und Zink fördern die Produktion weißer Blutkörperchen, die Krankheiten bekämpfen.

HORMONHAUSHALT
Jod reguliert den Hormonspiegel. Einige Superfoods enthalten sekundäre Pflanzenstoffe, die Wechseljahrssymptome lindern können.

KNOCHEN, GELENKE UND MUSKELN
Superfoods mit Kalzium, Vitamin K und Magnesium stärken Knochen und Muskeln.

SEHKRAFT
Vitamin A und Karotinoide (sekundäre Pflanzenstoffe) können vor Augenschäden durch freie Radikale und vor grauem Star schützen.

ANTI-AGING
Beta-Karotin schützt die Haut vor Alterungserscheinungen und proteinreiche Lebensmittel helfen gegen Muskelschwund.

SCHÖNE HAUT
Über die Vitamine E, A und C sowie Beta-Karotin freut sich die Haut.

WAS IST CLEAN EATING?

Clean Eating bedeutet, sich von nicht oder kaum verarbeiteten Lebensmitteln zu ernähren. Das heißt aber nicht nur Rohkost und auch nicht, bestimmte Lebensmittelgruppen zu meiden – die ganze Vielfalt an Superfoods steht zur Verfügung.

»CLEAN« DENKEN

Clean Eating erfordert Vorausschau. Planen Sie die Mahlzeiten für eine Woche im Voraus und kaufen Sie frisches Obst und Gemüse, gesunde Proteine und Vollkornprodukte ein. Meiden Sie verarbeitete Lebensmittel, da diese meist viel Salz, Zucker und Fett enthalten, dafür aber wenig Nährstoffe.

Für viele Menschen bedeutet **Clean Eating** eine **Änderung** der inneren **Einstellung**.

Clean Eating mag zunächst abschreckend aufwendig erscheinen – Fertiggerichte lassen sich nun einmal schneller zubereiten. Doch die Ernährung mit natürlichen Zutaten verbessert das Körpergefühl und erhöht die Chance auf ein langes, gesundes Leben, sodass sich der zusätzliche Aufwand lohnt.

POSITIVE VERÄNDERUNGEN

Wenn Sie erst einmal den Dreh heraushaben, werden Sie feststellen, dass Clean Eating gar nicht so aufwendig, teuer oder kompliziert ist und auch nicht alle Fertigprodukte weggelassen werden müssen.

Einige **verarbeitete Lebensmittel** wie **Tomaten** oder **Fisch** aus der Dose sind reich an Nährstoffen und weder stark **verarbeitet** noch mit **Zusatzstoffen** versehen.

Machen Sie sich die Mühe, das, was Sie essen, genauer unter die Lupe zu nehmen. Manches kann vielleicht durch nährstoffreichere Produkte ersetzt werden, etwa aus Vollkorn.

Clean Eating heißt nicht Genuss gegen Gesundheit einzutauschen. Eine Ernährung nach dem Clean-Eating-Prinzip ermöglicht es, den reinen Geschmack von Lebensmitteln zu genießen und Essen auszuwählen, dass besser für Körper und Umwelt ist.

Von Himbeeren profitieren Augen und Haut.

Spirulinapulver gibt einer Guacamole einen tollen Vitamin-B-Schub.

Shiitakepilze enthalten einen sekundären Pflanzenstoff, der den Cholesterinspiegel senken kann.

IN 6 SCHRITTEN ZUM CLEAN EATING

Mit ein paar einfachen Veränderungen im Einkaufs-, Koch- und Essverhalten kann man die Ernährung umstellen. Starten Sie mit diesen sechs Schritten und in Nullkommanichts fühlen Sie sich fitter und gesünder als je zuvor.

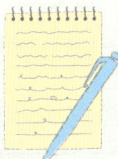

1 VORAUSSCHAUEND PLANEN

Nehmen Sie sich die Zeit, Ihre Mahlzeiten für eine Woche im Voraus zu planen. Das hilft, am Ende eines langen Tages vernünftig zu essen, ohne verzweifelt zu Fertiggerichten zu greifen.

2 LESEN SIE ETIKETTEN

Beim Kauf von abgepackten Lebensmitteln einen Blick auf die Inhaltsstoffe werfen. Wenn Sie nichts auf der Liste kennen oder wenn sie mehr als drei Zutaten enthält, lassen Sie das Produkt im Regal.

3 SELBST GEKOCHTE GERICHTE EINFRIEREN

Bereichern Sie Ihren Speiseplan durch Gerichte, die sich einfrieren lassen, wie Tomatensauce oder Gemüsesuppe. Bereiten Sie die doppelte Menge zu und frieren Sie die Hälfte ein.

4 ESSEN MIT DER JAHRESZEIT

Lebensmittel, die mehrere tausend Kilometer anreisen müssen, bevor sie im Supermarkt landen und schließlich in Ihre Küche gelangen, werden eher im Hinblick auf ihre Transportfähigkeit als aufgrund ihres Aromas ausgewählt. Saisonale Lebensmittel schmecken besser und haben einen kürzeren Weg zu Ihnen.

5 PRODUKTE AUS DER REGION

Gehen Sie auf den Wochenmarkt oder kaufen Sie in kleinen Gemüseläden ein, um möglichst gute Produkte zu finden, oder nutzen Sie die Stände in der Nähe von Supermärkten. Eine gute und praktische Wahl ist auch eine Bio-Gemüsekiste von Erzeugern aus der Region.

6 ACHTZIG PROZENT REICHEN

100 % Clean Eating ist gar nicht so leicht. Das Ziel sollte sein, sich überwiegend natürlich zu ernähren – ohne dass Sie sich verbiegen müssen.

AUSGEWOGENE ERNÄHRUNG

Für einen gesunden Körper und die Aussicht auf ein langes Leben sind Bewegung und eine ausgewogene Superfood-Ernährung eine gute Basis. Stellen Sie sich aus diesen fünf Gruppen einen abwechslungsreichen Speiseplan zusammen.

1 OBST UND GEMÜSE

Essen Sie täglich mindestens drei Portionen Gemüse und zwei Portionen Obst. Untersuchungen haben ergeben, dass Menschen, die sich auf Basis von Obst und Gemüse ernähren, eher ein langes Leben erwarten dürfen und seltener unter altersbedingten Problemen wie Herz-Kreislauf-Erkrankungen, Krebs, Demenz und grauem Star leiden. Obst und Gemüse enthalten Vitamine, Mineralien, Ballaststoffe und sekundäre Pflanzenstoffe – allerdings in unterschiedlichen Mengen, sodass man möglichst viele verschiedene Früchte und Gemüse zu sich nehmen sollte.

Zitrusfrüchte wie Orangen liefern immunstärkendes Vitamin C.

Nitrate in Roter Bete verbessern den Blutzufluss zum Gehirn.

Vitamine und sekundäre Pflanzenstoffe in Himbeeren schützen die Augen.

Sprossenbrokkoli enthält mehr krebsvorbeugende Stoffe als der gewöhnliche Brokkoli.

2 STÄRKEHALTIGE KOHLENHYDRATE

Stärkehaltige Kohlenhydrate begegnen uns in vielen Lebensmitteln und sind meist von Ballaststoffen und anderen Nährstoffen befreit. So hat zu Mehl aufbereiteter Weizen beispielsweise die Hälfte seiner B-Vitamine, 90 % des Vitamin-E-Gehalts und nahezu alle Ballaststoffe verloren. Bevorzugen Sie deshalb unverarbeitete Kohlenhydrate wie Vollkornprodukte, Hülsenfrüchte oder Kartoffeln und essen Sie dreimal pro Tag davon.

Der pflanzliche Ballaststoff Beta-Glucan, der in Graupen enthalten ist, kann schlechtes Cholesterin reduzieren.

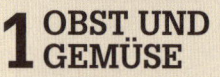

Sesamsamen sind eine gute Quelle für Kalzium – unerlässlich für alle, die keine Milchprodukte essen.

Joghurt ist eine gute Quelle für knochenstärkendes Kalzium.

3 KALZIUMREICHE LEBENSMITTEL

Kalzium ist für die Knochen und die Zähne wichtig, insbesondere während der Wachstumsphase. Täglich sollten zwei Portionen gegessen werden. Milch und Milchprodukte sind eine hervorragende Quelle für Kalzium und liefern darüber hinaus weitere Nährstoffe wie Vitamin A und Vitamin B_2. Kalzium ist aber auch in Mandeln, Sojaprodukten oder Nussdrinks, Sesamsamen, Grünkohl, Brokkoli und Pak-Choi enthalten.

Mandeln enthalten Kalzium und gesunde Fette.

Avocados verhelfen zu einem gesunden Cholesterinspiegel.

5 GESUNDE FETTE

Fett ist gesund – in der richtigen Art und Menge. Der Anteil der täglichen Fettaufnahme sollte nicht mehr als 30 % des täglichen Gesamtkalorienbedarfs betragen, wobei gesättigte Fette höchstens 11 % ausmachen dürfen. Vermeiden Sie gesättigte Fette und Transfette, da diese die Cholesterinwerte im Blut erhöhen. Bevorzugen Sie stattdessen ungesättigte Fette wie Oliven- und Rapsöl oder Lebensmittel wie Avocados, Nüsse, Saaten und fettreichen Fisch.

Verwenden Sie in der Küche gesundes Fett wie Oliven- oder Rapsöl.

4 GESUNDE PROTEINE

Proteine sollten 15–20 % der täglichen Kalorienzufuhr ausmachen. Diese Eiweiße sind für das Wachstum und die Erneuerung der Zellen in jeder Lebensphase unerlässlich. Wählen Sie gesunde Proteine wie fettreichen Fisch, Hülsenfrüchte, Nüsse und Saaten, um weitere Vitalstoffe wie Omega-3-Fettsäuren, Vitamine und Mineralien gleich mit aufzunehmen.

Schwarze Bohnen stecken voller Proteine und Ballaststoffe.

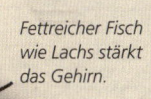

Fettreicher Fisch wie Lachs stärkt das Gehirn.

NÄHRSTOFFHINWEISE

Das Diagramm schlüsselt den Nährstoffgehalt der Lebensmittel auf.

Folsäure	Mangan	Kalium	Eisen
60 %	39 %	31 %	20 %

Die Zahlen geben an, wie viel Prozent der täglich empfohlenen Menge eine Portion enthält.

Zu jedem Superfood, das in diesem Buch vorgestellt wird, gibt es ein Diagramm, in dem die wichtigsten enthaltenen Nährstoffe aufgeschlüsselt sind. Die Prozentzahl bezieht sich auf den Referenzwert, also den empfohlenen Tagesbedarf, der je nach Alter, Geschlecht und individueller Lebenssituation (s. S. 212–213) schwanken kann. Die Angaben in diesem Buch orientieren sich an den Empfehlungen für Frauen im Alter von 19–50 Jahren. Nicht für alle Nährstoffe sind Referenzwerte festgelegt, insbesondere nicht für die sekundären Pflanzenstoffe. Deshalb empfiehlt es sich, immer auch die Rubrik »Darum essen« zu lesen, um einen Überblick über die Vorzüge jedes Superfoods zu erhalten.

DIE HAUPTNÄHRSTOFFE

In diesem Buch finden Sie Angaben zu allen Vitaminen und Mineralstoffen, die unerlässlich für unsere Gesundheit sind. Die folgende Übersicht fasst die wichtigsten Vorzüge und das Vorkommen jedes Vitalstoffs kurz zusammen.

VITAMINE

PROVITAMIN A, VITAMIN A (RETINOL)

Nötig für: Wachstum und Entwicklung, gesunde Haut, Augen sowie Immunsystem.

Enthalten in: Karotten, Süßkartoffeln

VITAMIN B$_1$ (THIAMIN)

Nötig für: gesundes Nervensystem, Aufnahme von Energie aus der Nahrung.

Enthalten in: Nährhefe, Gerste, Haferflocken

VITAMIN B$_2$ (RIBOFLAVIN)

Nötig für: Aufnahme von Energie. Kann vor grauem Star schützen.

Enthalten in: Gojibeeren, Minze, Cayennepfeffer

VITAMIN B$_3$ (NIACIN)

Nötig für: gesundes Nervensystem, Aufnahme von Energie. Kann die Blutzirkulation verbessern.

Enthalten in: Huhn, Erdnüssen, Dicken Bohnen

VITAMIN B$_5$ (PANTOTHENSÄURE)

Nötig für: Aufnahme von Energie.

Enthalten in: Joghurt, Blumenkohl, Avocados

VITAMIN B$_6$ (PYRIDOXIN)

Nötig für: gesundes Nervensystem und Produktion roter Blutkörperchen. Kann die Symptome des prämenstruellen Syndroms (PMS) lindern.

Enthalten in: Weizenkleie, Pistazien, Avocados, Bananen, Nährhefe

VITAMIN B$_{12}$

Nötig für: gesundes Nervensystem und Produktion roter Blutkörperchen. Kann die Schlafqualität verbessern.

Enthalten in: Lachs, Eiern, Nährhefe

FOLSÄURE (FOLATE)

Nötig für: Produktion roter Blutkörperchen und Aufnahme von Energie. Schützt vor Schädigungen des Neuralrohrs beim Embryo im frühen Schwangerschaftsstadium. Schützt möglicherweise vor Brust- und Dickdarmkrebs.

Enthalten in: Spargel, Roter Bete, Kohl, Fenchel, Quinoa

BIOTIN

Nötig für: Aufnahme von Energie. Kräftigt Haare und Nägel.

Enthalten in: Mandeln

VITAMIN C (ASCORBINSÄURE)

Nötig für: stärkt das Immunsystem und die weißen Blutkörperchen bei der Bekämpfung von Bakterien und Viren. Wichtig für die Gesundheit von Haut und Augen und zur Vorbeugung vor Krebs, Herz-Kreislauf-Erkrankungen und Schlaganfall.

Enthalten in: roten Paprikaschoten, Brokkoli, Erdbeeren, Orangen, Zitronen

VITAMIN D (CHOLECALCIFEROL)

Nötig für: Abwehrkräfte, Nervensystem und Knochen. Kann das Risiko von Osteoporose und Knochenbrüchen reduzieren.

Enthalten in: Lachs, Eiern

VITAMIN E (TOCOPHEROL)

Nötig für: gesunde Augen und Haut sowie Herz und Immunsystem. Kann Prostatakrebs und grauem Star vorbeugen.

Enthalten in: Sonnenblumenkernen, Mandeln, Avocados, Pinienkernen

VITAMIN K

Nötig für: starke Knochen und gesundes Blut. Kann vor Osteoporose, Arthrose, Schlaganfall und Herz-Kreislauf-Erkrankungen schützen.

Enthalten in: Kohl, Brokkoli, Koriander, Petersilie, Spargel

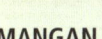

MINERALIEN

KALZIUM

Nötig für: Blutgerinnung, starke Knochen und gesunde Zähne. Kann vor hohem Blutdruck, Prostata- und Dickdarmkrebs schützen.

Enthalten in: Joghurt, Sesamsaat, Mandeln, Feigen

CHROM

Nötig für: Regulierung des Blutzuckerspiegels und ein gesundes Herz. Kann Insulinresistenz und Glukoseaufnahme bei Diabetes verbessern.

Enthalten in: Pistazien

KUPFER

Nötig für: Knochen, Blut, gesundes Nervensystem. Kann hohen Cholesterinwerten vorbeugen.

Enthalten in: Buchweizen, Shiitakepilzen, Gojibeeren, Cashewkernen

MAGNESIUM

Nötig für: gesunde Knochen, Aufnahme von Energie, die Funktion von Nerven und Muskeln. Kann vor Herz-Kreislauf-Erkrankungen, Schlaganfall und hohem Blutdruck schützen und Diabetes vorbeugen.

Enthalten in: Gerste, Buchweizen, Senfkörnern, Kakao-Nibs

PHOSPHOR

Nötig für: gesunde Knochen und Zähne, Aufnahme von Energie.

Enthalten in: Amarant, Naturreis, Knoblauch, Cashewkernen, Kokosnüssen

KALIUM

Nötig für: Übermittlung von Nervenimpulsen; hält den Herzschlag in Gang. Wichtig für einen gesunden Blutdruck. Kann das Risiko für Schlaganfall und Osteoporose senken.

Enthalten in: Fenchel, Süßkartoffeln, Avocados, Bananen

EISEN

Nötig für: Herstellung von Hämoglobin, dem Bluteiweiß, das Sauerstoff im Körper transportiert. Eisen kann die Energie im Körper steigern.

Enthalten in: Teff, Grünkohl, Amarant, Gojibeeren, Moringapulver, Kurkuma

ZINK

Nötig für: Wachstum, Fruchtbarkeit, Wundheilung und ein starkes Immunsystem. Kann der altersbedingten Makuladegeneration entgegenwirken, die meist verbreitete Augenkrankheit bei älteren Menschen.

Enthalten in: Chlorella, Kürbiskernen, Haferflocken, Thymian

MANGAN

Nötig für: viele chemische Prozesse im Körper, einschließlich der Umsetzung von Energie. Kann den Blutzuckerspiegel regulieren und Osteoporose vorbeugen.

Enthalten in: Buchweizen, Amarant, Pinienkernen, Naturreis

JOD

Nötig für: Produktion von Thyroxin (Schilddrüsenhormon) und zur Regulierung des Stoffwechsels.

Enthalten in: Wakame, Nori, Eiern

SELEN

Nötig für: ein gesundes Immunsystem. Kann helfen, das Krebsrisiko zu reduzieren, den Cholesterinspiegel zu senken, vor Herz-Kreislauf-Erkrankungen und Arthritis zu schützen.

Enthalten in: Paranüssen, Gerste, Lachs, Eiern

SEKUNDÄRE PFLANZENSTOFFE

Sekundäre Pflanzenstoffe sind chemische Verbindungen, die in pflanzlichen Lebensmitteln von Natur aus vorkommen. Diese Nährstoffe machen den besonderen gesundheitlichen Nutzen der Superfoods aus. Die wichtigsten sind:

- **Karotinoide** wie z. B. Beta-Karotin, Lycopin, Lutein und Zeaxanthin stecken in Obst und Gemüse mit orangem, rotem oder gelbem Fruchtfleisch. Sie helfen, Haut, Augen und Herz gesund zu halten.
- **Polyphenole** wie Katechine helfen, Zellschädigungen vorzubeugen.

- **Bioflavonoide** sind wirksame Antioxidantien in Zitrusfrüchten; sie helfen dem Körper dabei, Vitamin C aufzunehmen.
- **Flavonoide**, darunter Anthozyane und Flavonole wie Rutin und Quercetin, können den Blutdruck senken, den Blutfluss zum Gehirn fördern und das Risiko für einige Krebserkrankungen reduzieren.
- **Phytosterole** helfen, den LDL-Cholesterinspiegel im Blut zu senken.
- **Phytoöstrogene**, darunter Lignane und Coumestrol, können gegen Krebserkrankungen schützen und Wechseljahrssymptome lindern.

DIE
SUPERFOODS

GETREIDE

HAFERFLOCKEN

Hafer enthält mehr lösliche Ballaststoffe als jedes andere Getreide, dazu viel Vitamin B_1. Die aus den Körnern hergestellten Flocken haben einen niedrigen glykämischen Index und sind reich an Beta-Glucan, das regulierend auf Blutzucker und Cholesterin wirkt.

DARUM ESSEN

STARKES HERZ
Beta-Glucan ist ein Ballaststoff, der sich im Verdauungstrakt auflöst. Dabei bildet er ein Gel, das überschüssiges Cholesterin bindet und so dessen Aufnahme ins Blut verhindert. Studien belegen, dass 3 g Beta-Glucan am Tag über vier Wochen eingenommen den Cholesterinspiegel um bis zu 10 % senken können.

KREBS VORBEUGEN
Studien zufolge leiden Menschen, die drei oder mehr Portionen Vollkorn pro Tag essen, seltener an bestimmten Krebsarten, Herz-Kreislauf-Erkrankungen oder Diabetes Typ 2.

ENERGIEZUFUHR
Der Ballaststoff Beta-Glucan trägt unter anderem dazu bei, die Aufnahme von Zucker ins Blut zu verzögern. Das heißt, Haferflocken geben ihre Kohlenhydrate nur langsam ab. So kommt es nicht zu einem Hochschnellen des Blutzuckerspiegels und der Körper wird länger mit Energie versorgt. Beta-Glucan und Magnesium können auch die Insulinausschüttung regulieren – günstig für Diabetiker.

Beta-Glucan bewirkt, dass Cholesterin nur langsam aufgenommen wird und kann den Cholesterinspiegel um bis zu 10 % reduzieren.

DAS IST DRIN

40 g Haferflocken sind ein gute Quelle für Beta-Glucan, Vitamin B_1, Magnesium und Zink. Hafer enthält auch Proteine, die Vitamine B_2 und B_6, Niacin, Kalzium, Folsäure, Kalium, Eisen, Phosphor und Selen.

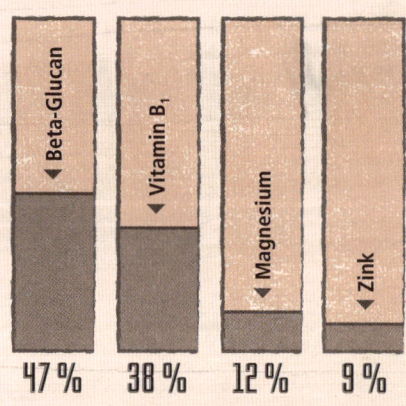

Beta-Glucan	Vitamin B_1	Magnesium	Zink
47 %	38 %	12 %	9 %

Nährstoffgehalt bezogen auf den Referenzwert

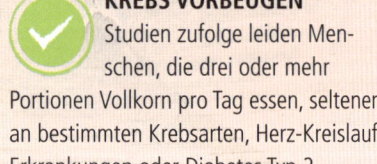

Vollkornhaferflocken sind reich an Ballaststoffen – gut für die Verdauung.

TIPP
Verwahren Sie Vollkorngetreide in einem luftdichten Behälter. Es enthält Öle, die Hitze, Licht und Feuchtigkeit nicht gut vertragen.

DIE HERKUNFT

Haferflocken werden aus den Körnern des Saathafers hergestellt. Die Flocken gelten als Vollkornprodukt, da nur nicht essbare Teile entfernt werden. Bis zur Kultivierung des Hafers in der Bronzezeit wurde er nur zusammen mit anderem Getreide geerntet.

Die Rispen bilden sich 6–8 Wochen nach der Aussaat.

DAS BESTE HERAUSHOLEN

HAFERFLOCKEN
Es gibt drei Arten von Haferflocken: Kernige Flocken aus dem ganzen, gewalzten Korn, zarte Flocken aus klein geschnitten Körnern und Schmelzflocken aus Hafermehl.

SELBST GEMACHTES HAFERMEHL
Für einen schnellen Haferbrei oder Porridge können Sie kernige Flocken im Mixer oder in der Küchenmaschine grob zerkleinern.

SO SCHMECKT'S

1 HAFERKEKSE
Eine traditionelle Spezialität aus Schottland, die zu herzhaften Dips oder Nussbutter passt. Haferkekse werden aus Hafermehl, etwas Vollkornweizenmehl, Olivenöl, Salz und Pfeffer zubereitet.

2 PFANNKUCHEN
Für Pfannkuchen ist Hafermehl eine tolle Alternative zu Weizenmehl. Die Flocken im Mixer fein zerkleinern und mit Ei, Milch, geriebenem Apfel, etwas Honig und Backpulver zu leckeren Hafer-Apfel-Pfannkuchen verarbeiten.

3 CRANBERRY-COOKIES MIT HAFERFLOCKEN
Manchmal hat man einfach Lust auf einen Keks. Um Geschmack und Nährstoffgehalt zu verbessern, eine Handvoll Superfood-Nüsse wie Pistazien und getrocknete Cranberrys unter den Teig mischen.

Das **Beta-Glucan** in **Haferflocken** sorgt dafür, dass Zucker nur **langsam** vom **Blut aufgenommen** wird. Dies **verhindert** das schnelle Ansteigen und Abfallen des **Blutzuckerspiegels** und führt zu einem **ausgeglichenen Energiehaushalt.**

Kernige Haferflocken enthalten mehr Nährstoffe als Schmelzflocken.

Cranberry-Cookies mit Haferflocken

SUPER-KNUSPERMÜSLI

Dieses Frühstücksmüsli baut auf nährstoffreiche Haferflocken, die dem Körper langsam Energie zuführen und dabei helfen, den Cholesterinspiegel zu senken. Nüsse und Saaten enthalten gesunde Fette – gut fürs Herz.

Ergibt 700 g, etwa 12 Portionen **Vorbereitung** 15 Minuten **Garzeit** 30–40 Minuten

ZUTATEN

30 g Kokosöl

75 ml Ahornsirup

¼ TL Salz

1 TL gemahlener **Zimt**

300 g kernige **Haferflocken**

30 g **Kürbiskerne**

30 g **Sonnenblumenkerne**

75 g **Mandel**blättchen

75 g Haselnüsse, grob gehackt

115 g Trockenfrüchte wie **Cranberrys**, **Kirschen**, Rosinen, entsteinte Datteln, grob gehackt

30 g geröstete Kokos-Chips

1 EL **Chiasamen**

1 EL **Leinsamen**

ZUBEREITUNG

1 Den Backofen auf 160 °C vorheizen. Das Kokosöl in einem kleinen Topf zerlassen. Vom Herd nehmen, dann Ahornsirup, Salz und Zimt einrühren.

2 In einer großen Schüssel die Haferflocken mit Kürbiskernen, Sonnenblumenkernen, Mandelblättchen und Nüssen vermengen. Die Ahornsirupmischung über die trockenen Zutaten gießen und alles gut verrühren.

3 Die Knuspermüslimischung auf zwei große ofenfeste Formen verteilen. Auf die mittlere Schiene des Ofens setzen und 30–40 Minuten backen, dabei alle 10 Minuten durchrühren. Das Müsli sollte gleichmäßig in den Formen verteilt sein, damit es schön bräunt. Es ist fertig, wenn die Flocken goldbraun und knusprig sind.

4 Das Knuspermüsli abkühlen lassen, dann Trockenfrüchte, Kokos-Chips, Chiasamen und Leinsamen untermischen. Das Müsli kann bis zu zwei Wochen in einem luftdicht schließenden Behälter aufbewahrt werden. Mit Joghurt oder Milch und frischen Früchten servieren.

TOLLER TAUSCH

• Die Chiasamen durch Amarant ersetzen und mit den Haferflocken backen.

• Getrocknete Ananas, Mango und Papaya sorgen für eine gute Verdauung.

ENTHALTENE SUPERFOODS

ZIMT
hilft den **Blut-zuckerspiegel** zu **senken**.

HAFERFLOCKEN
können hohe **Cholesterin-werte reduzieren**.

KÜRBISKERNE
sind gut für
die **Haut**.

SONNENBLUMENKERNE
helfen, das **HDL-Cholesterin**
zu **erhöhen**.

MANDELN
können das
Herz schützen.

CRANBERRYS
beugen chronischen **Harn-wegsinfekten** vor.

CHIASAMEN
sind gut für ein gesundes
Herz.

LEINSAMEN
können **Wechseljahrs-beschwerden** lindern.

Nährwert
pro Portion

Energie	307 kcal / 1234 kJ
Kohlenhydrate	29 g
– davon Zucker	11 g
Ballaststoffe	4 g
Fett	17 g
– davon gesättigt	5 g
Salz	0,1 g
Proteine	8 g
Cholesterin	0 g

WEIZENKEIME

Der Keim des Weizenkorns enthält alles, was die Pflanze zum Wachsen braucht. Zudem liefern Weizenkeime Ballaststoffe, Mangan und B-Vitamine für den Energiestoffwechsel.

DARUM ESSEN

VIEL MANGAN
Durch den hohen Mangangehalt der Weizenkeime werden viele chemische Prozesse im Körper unterstützt, wie die Energiegewinnung. Mangan hält auch Blut, Gehirn und Nerven gesund.

ENERGIEZUFUHR
Die B-Vitamine in den Weizenkeimen helfen dem Körper, die Energie aus der Nahrung schnell umzusetzen.

VERDAUUNGSAPPARAT
Weizenkeime sind eine hervorragende Quelle für lösliche Ballaststoffe, die helfen, den Cholesterinspiegel zu senken und die Aufnahme von Zucker ins Blut zu verlangsamen. Ebenfalls enthaltene unlösliche Ballaststoffe regen die Darmtätigkeit an.

Die Keime werden beim Mahlen aus dem Weizenkorn gelöst.

DAS IST DRIN

15 g Weizenkeime decken den Tagesbedarf an Mangan und spenden beträchtliche Mengen Vitamin B_6, B_1 und E. Sie enthalten außerdem Vitamin B_2, Niacin und Folsäure.

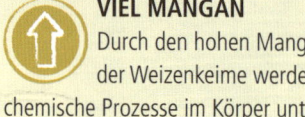

Mangan	Vitamin B_6	Vitamin B_1	Vitamin E
101 %	28 %	25 %	20 %

Nährstoffgehalt bezogen auf den Referenzwert

DIE HERKUNFT

Der Keim ist der Teil des Weizenkorns, aus dem die neue Pflanze wächst. Der Rest des stärkehaltigen Korns wird gemahlen.

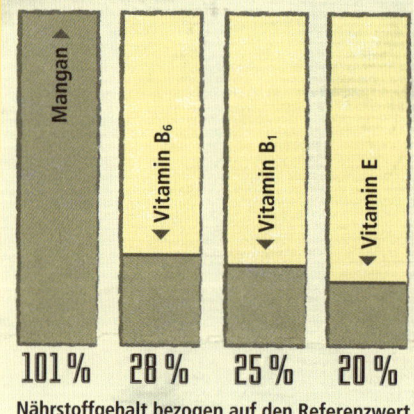

Der Keim befindet sich im Korn, umgeben von einer Schicht aus Proteinen und Ballaststoffen.

SO SCHMECKT'S

1 IM SMOOTHIE
Weizenkeime haben einen milden, süßlichen Geschmack – 1 EL in einem Smoothie sorgt für zusätzliche Ballaststoffe.

2 ENERGIERIEGEL
Energieriegel sind toll als Frühstück für unterwegs: Mit einer Handvoll Weizenkeimen bekommen selbst gemachte Energieriegel (s. S. 48–49) extra Nährstoffe.

3 IM KNUSPERMÜSLI
Weizenkeime in selbst gemachtes Knuspermüsli (s. S. 24–25) geben. Etwa 2 Handvoll Weizenkeime mit den Trockenfrüchten unter das Müsli mischen, wenn es aus dem Ofen kommt. Nicht mitbacken, sonst verbrennen sie.

TIPP
Auch wenn sie ähnlich aussehen: Weizenkeime sollte man nicht mit Weizenkleie verwechseln, die wenig Nährstoffe enthält, die außerdem nur schwer zu verwerten sind.

TEFF

Diese Hirseart ist reich an Vitamin B_1, Eisen und Ballast-stoffen – gut für Nervensystem, Blut und Verdauungs-apparat. Die glutenfreien Körner sind proteinhaltig.

Ein Brei aus Teffkörnern ist schön cremig.

Teffbrei ▶

DARUM ESSEN

VERDAUUNGSAPPARAT
Etwa 20–40 % der im Teff enthaltenen Ballaststoffe bestehen aus resistenter Stärke, die unverdaut durch den Verdauungstrakt befördert wird. Das hält den Dickdarm gesund und fördert die Vermehrung nützlicher Bakterien. Diese Ballaststoffe werden langsamer verarbeitet und besser aufgenommen als andere und verursachen außerdem weniger Blähungen.

HORMONHAUSHALT
Teff hat einen niedrigen glykämischen Index (GI), das heißt, der Körper wandelt die enthaltenen Kohlenhydrate nur langsam in Zucker um. Dadurch gelangt der Zucker nach und nach ins Blut, sodass ein längerer Energiezufluss gewährleistet ist. Teff ist deshalb insbesondere für Diabetiker eine gute Wahl.

DAS IST DRIN

200 g gekochter Teff liefern reichlich Vitamin B_1 und Eisen, außerdem Ballaststoffe und Kalium. Die Hirse enthält auch Vitamin B_2 und B_6 sowie Proteine.

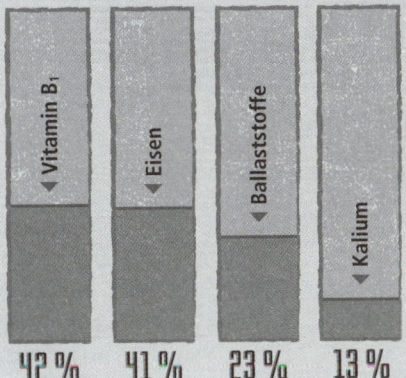

Vitamin B_1	Eisen	Ballaststoffe	Kalium
42 %	41 %	23 %	13 %

Nährstoffgehalt bezogen auf den Referenzwert

DIE HERKUNFT

Die Hirseart Teff stammt aus Äthiopien. Dort werden die Körner zu Mehl gemahlen und fermentiert, um damit das weiche Fladenbrot Injera zu backen.

Die Samen hängen an langen Halmen.

Teffkörner haben etwa die Größe von Mohnsamen.

SO SCHMECKT'S

1 TEFFBREI
Teff statt Haferflocken für einen ballaststoffreichen Brei verwenden: Teffkörner mit Wasser zum Kochen bringen, 10 Minuten köcheln lassen. Mandeldrink, Zimt und Honig einrühren. Mit Apfelspalten garnieren.

2 STATT POLENTA
Die feine Textur macht Teff zu einem idealen Ersatz für Polenta. In Gemüsebrühe kochen und wie den Maisgrieß gut salzen und pfeffern.

3 VEGANE BURGER
Gekochte Teffkörner mit gehackten Kräutern und Frühlingszwiebeln mischen. Daraus Pattys formen und abkühlen lassen. Im Ofen backen. Mit Vollkornbrötchen, Salatblättern, Tomatenscheiben sowie einer Sauce nach Wahl servieren.

ESSEN FÜR DIE VERDAUUNG

Störungen der Darmflora gelten als Ursache für viele chronische Krankheiten. Ein gesunder Darm bildet die Grundlage für einen gesunden Körper – deshalb ist eine gute Verdauung so wichtig. Hier stellen wir Ihnen ein Tagesmenü für einen gesunden Darm vor. Die enthaltenen Lebensmittel regen bei jeder Mahlzeit die Verdauung an.

Bananen enthalten viele darmfreundliche Ballaststoffe.

GETRÄNK

Wenn der Körper gut mit Flüssigkeit versorgt ist, bleibt der Darm geschmeidig und neigt nicht zu Verstopfung. Unlösliche Ballaststoffe – unerlässlich für eine gesunde Verdauung – können ihre Wirkung nur entfalten, wenn wir genug Flüssigkeit aufnehmen. Frische Minze in heißem oder kaltem Wasser tut auch dem Magen gut.

FRÜHSTÜCK

Das Frühstück bietet die erste Gelegenheit, um eine wichtige Gruppe darmfreundlicher Superfoods aufzunehmen: Haferflocken und Weizenkeime (s. S. 26) versorgen den Körper mit unlöslichen Ballaststoffen, die toxische Stoffe und Abfallprodukte schnell durch den Verdauungstrakt befördern.

VORMITTAGS-SNACK

Eine Banane am Vormittag regt die Verdauung an. Bananen enthalten den Mehrfachzucker Oligofructose, der zu den Ballaststoffen zählt, weil Verdauungsenzyme ihn nicht abbauen können. Er stimuliert nützliche Dickdarmbakterien und trägt so zu einer gesunden Darmflora bei. Schädliche Bakterien werden verdrängt.

Wasser mit frischer Minze beruhigt den Magen.

Ballaststoffreiches Vollkornmüsli unterstützt die Verdauung.

Joghurt mit Obst ist ein gesunder Snack.

NACHMITTAGS-SNACK

Bakterien in probiotischem Joghurt oder Kefir unterstützen die Darmflora. Fermentierte Milchprodukte sind in Verbindung mit Früchten ein perfekter Snack. Nützliche Bakterien spalten Ballaststoffe in kurzkettige Fettsäuren, was Entzündungen hemmt.

Iss fermentiert
Nicht nur Milchprodukte, auch Sauerkraut oder Kimchi – sie liefern unlösliche Ballaststoffe.

MITTAGESSEN

Reis-, Pasta- oder Kartoffelreste sind perfekt für einen Salat. Wenn diese Lebensmittel gekocht und abgekühlt sind, wandelt sich die Stärke teilweise in resistente Stärke um. Sie wirkt wie präbiotische Ballaststoffe und regt die Vermehrung nützlicher Darmbakterien an.

ABENDESSEN

Eine Ernährung, die reich an gesättigten Fetten ist, kann die Darmflora aus dem Gleichgewicht bringen. Wählen Sie gesunde Fette wie Avocado, Nüsse, Raps- oder Olivenöl und kombinieren Sie sie mit fettarmen proteinreichen Lebensmitteln wie magerem Fleisch, Geflügel, Fisch, Hülsenfrüchten oder Quinoa. Viel Gemüse sorgt für ausreichend Ballaststoffe.

Quinoa sorgt für ein leckeres fleischfreies, aber proteinreiches Abendessen.

Gekochter Naturreis mit viel Gemüse – ein perfekter Salat am Mittag.

GERSTE

Mehr Ballaststoffe und Selen als jedes andere Getreide liefert Gerste. Damit sorgt sie für einen gesunden Darm und schützt möglicherweise sogar vor Krebs.

DARUM ESSEN

STARKES HERZ
Der Ballaststoff Beta-Glucan ist in Gerste stark konzentriert, insbesondere im vollen Korn. Untersuchungen zeigen, dass Beta-Glucan dabei helfen kann, HDL-Cholesterin und Triglyceride (Blutfette) zu reduzieren, wodurch das Risiko für bestimmte Herzerkrankungen abnimmt.

VERDAUUNGSAPPARAT
Die ungeschälten Körner der Gerste enthalten mehr lösliche und unlösliche Ballaststoffe als jedes andere Getreide. Diese regen die Darmtätigkeit an und unterstützen die Vermehrung nützlicher Darmbakterien.

KREBS VORBEUGEN
Gerste ist eine exzellente Quelle für das Mineral Selen, das vieler Studien zufolge von den meisten Menschen nicht in ausreichender Menge aufgenommen wird. Es kann vor Krebs schützen.

Ungeschälte Gerstenkörner enthalten mehr Ballaststoffe als Perlgraupen.

DAS IST DRIN

180 g gekochte Gerste liefern mehr als den Tagesbedarf an Selen und Vitamin B_1, dazu viel Beta-Glucan und Magnesium. Gerste enthält auch Proteine, Eisen und Zink.

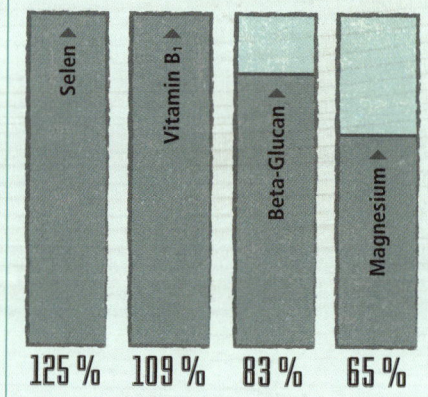

Selen	Vitamin B_1	Beta-Glucan	Magnesium
125 %	109 %	83 %	65 %

Nährstoffgehalt bezogen auf den Referenzwert

DIE HERKUNFT

Gerste wurde bereits vor 10 000 Jahren angebaut und ist eines des am weitesten verbreiteten Getreide weltweit. Auch zum Bierbrauen wird sie verwendet.

Gerste ist reif, wenn die Körner voll ausgebildet und fest sind.

Gerstensalat ▲

SO SCHMECKT'S

1 GERSTENSALAT
Für einen Salat als Hauptgericht gekochte Gerste mit halbierten Kirschen, Ziegenkäse, Walnüssen, Mandeln und Salatblättern mischen. Mit Zitrusdressing beträufeln.

2 GESUNDER RISOTTO
Den Risottoreis durch die Nährstoffbombe Gerste ersetzen. Gebratene Champignons passen wunderbar zum dunklen, nussigen Aroma der Gerstenkörner.

3 IN EINTÖPFEN
Einen Hähnchen-Wurzelgemüse-Eintopf mit Gerste anreichern. Dafür eine große Handvoll Gerste vorgaren und dann in den Eintopf geben.

NATURREIS

Naturreis kann braun, rot oder schwarz sein. Das volle Korn enthält viele darmfreundliche Ballaststoffe sowie Mangan für starke Knochen.

DARUM ESSEN

STARKES HERZ
Studien zeigen, dass Menschen, die mindestens dreimal täglich Vollkorngetreide essen, ein 30 % geringeres Risiko für Herz-Kreislauf-Erkrankungen oder Schlaganfälle haben.

KNOCHEN
Naturreis enthält große Mengen Mangan – Untersuchungen verbinden einen niedrigen Manganspiegel mit einem höheren Risiko für Osteoporose.

VERDAUUNGSAPPARAT
Naturreis spendet etwa dreimal so viel Ballaststoffe wie weißer Reis – Naturreis ist also gut für den Darm.

DAS BESTE HERAUSHOLEN

VERSCHIEDENE SORTEN
Schwarzer und roter Reis erhalten ihre Farbe durch sekundäre Pflanzenstoffe, die Anthocyane genannt werden. Man nimmt an, dass sie sich günstig auf die Gehirnfunktion auswirken.

DAS IST DRIN

180 g gekochter Naturreis sind eine ausgezeichnete Quelle für Mangan und liefern außerdem reichlich Selen, Phosphor und Magnesium sowie Ballaststoffe.

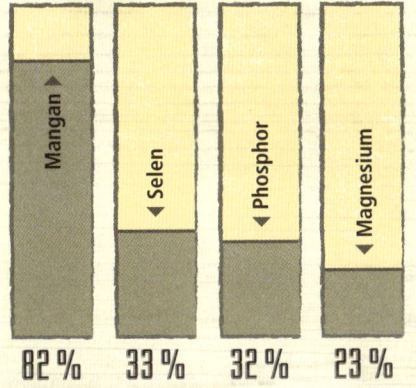

Mangan — 82 %
Selen — 33 %
Phosphor — 32 %
Magnesium — 23 %

Nährstoffgehalt bezogen auf den Referenzwert

DIE HERKUNFT

Reis ist eine Graspflanze, die in ganz Asien auf seichten bewässerten Feldern gedeiht. Die Pflanzen werden bis zu 1,2 m hoch.

Etwa 200 Reiskörner hängen an den Rispen der Reispflanze.

Naturreis ist vollwertig und ballaststoffreich.

SO SCHMECKT'S

1 WOK-NATURREIS
Gegarter und abgekühlter Naturreis ist ein tolle, nussige Basis für Wok-Gemüse mit Saaten. Reis und Saaten am Ende der Garzeit zum Gemüse geben.

2 EINFACHES SUSHI
Aus Resten von gekochtem Reis kann man schnelle Sushirollen machen: Reis, Avodaco- und Gurkenstreifen in Noriblätter wickeln. Mit Sesam bestreuen.

3 IM SALAT
Gekochten, abgekühlten Naturreis mit einem Zitrusdressing vermischen und mit gehackten frischen Kräutern vermengen. Als Basis für einen sättigenden Salat verwenden.

POWER-GEMÜSE MIT NATURREIS

Viel Gutes steckt in diesem Gericht: Süßkartoffeln sind reich an immunstärkendem Vitamin C und Grünkohl sorgt für gesunde Knochen. Nicht zu vergessen die Ballaststoffe aus dem Reis, die das Verdauungssystem unterstützen.

Für 1 Person   **Vorbereitung** 20 Minuten   **Garzeit** 30–40 Minuten

ZUTATEN

- 100 g **Naturreis**, vorzugsweise Basmati
- Salz und frisch gemahlener schwarzer Pfeffer
- ½ **Süßkartoffel**, geschält und in Würfel von 1 cm geschnitten (125 g)
- 1½ EL Olivenöl
- 5 g **Wakame** (getrocknete Braunalge)
- 1 **Ei**
- 1 TL **Sesamöl**
- 1 große Handvoll **Grünkohl**, gewaschen, entstielt und in feine Streifen geschnitten (50 g)
- 1 EL salzreduzierte Sojasauce
- 1 EL **Kürbiskerne**

ZUBEREITUNG

1 Den Backofen auf 200 °C vorheizen. Den Reis nach Packungsangabe in reichlich kochendem Salzwasser garen, sodass er noch bissfest ist. Je nach verwendeter Sorte dauert das 20–30 Minuten.

2 Inzwischen die Süßkartoffelwürfel in ½ EL Olivenöl wenden und in einer ofenfesten Form verteilen. Mit Salz und Pfeffer würzen und auf der obersten Schiene des Ofens 20–25 Minuten backen. Nach der Hälfte der Backzeit wenden.

3 Wakame in eine kleine Schüssel geben und mit lauwarmem Wasser bedecken. 10–15 Minuten einweichen, dann gut abtropfen lassen und in Küchenpapier ausdrücken. Harte Stellen entfernen und die Wakame grob hacken.

4 Den gekochten Reis abtropfen lassen. Gleichzeitig einen kleinen Topf mit kochendem Wasser aus dem Wasserkocher füllen. Ein Ei hineinschlagen und vorsichtig 2–3 Minuten pochieren, bis es gestockt ist.

5 Inzwischen das Sesamöl in einem Wok erhitzen. Den Grünkohl darin 1 Minute pfannenrühren, bis er zusammenfällt. Mit der Sojasauce würzen und noch 1 Minute weitergaren. Den Grünkohl aus dem Wok heben. Den gekochten und abgetropften Reis, Wakame und Kürbiskerne in den Wok geben und kurz vermischen.

6 Die Reismischung in eine Schale füllen. Das gegarte Gemüse und das frisch pochierte Ei darauf anrichten. Sofort servieren.

ENTHALTENE SUPERFOODS

NATURREIS
unterstützt
die **Verdauung.**

SÜSSKARTOFFELN
stimulieren das
Immunsystem.

WAKAME
hilft bei der
Hormonregulierung.

EIER
unterstützen die
Abwehrkräfte.

SESAMÖL
gut für ein
gesundes **Herz.**

GRÜNKOHL
kann die **Knochen**
stärken.

KÜRBISKERNE
sorgen für
schöne **Haut.**

Nährwert
pro Portion

Energie	870 kcal / 3502 kJ
Kohlenhydrate	104 g
– davon Zucker	8 g
Ballaststoffe	13 g
Fett	36 g
– davon gesättigt	6 g
Salz	2,2 g
Proteine	26 g
Cholesterin	214 g

QUINOA

Die glutenfreie Quinoa liefert alle neun essenziellen Aminosäuren, die der Körper nicht selbst produziert. Die proteinreichen Samen enthalten zudem Mangan, das unser Nerven- und Kreislaufsystem unterstützt, sowie immunstärkendes Zink.

DARUM ESSEN

GESUNDES BLUT

Eisen ist notwendig für die Bildung roter Blutkörperchen, die den Sauerstoff durch den Körper transportieren. Quinoa enthält dreimal mehr Eisen als Naturreis, sodass sie für Menschen, die zu Anämie neigen, optimal ist. Ernährungswissenschaftliche Untersuchungen zeigen, dass eine von vier Frauen unter 50 Jahren zu wenig Eisen im Blut hat. Quinoa enthält auch Folsäure, ein B-Vitamin, das helfen kann, das Risiko von Herz-Kreislauf-Erkrankungen zu reduzieren.

VIEL MANGAN

Der hohe Gehalt an Mangan in Quinoa unterstützt viele Prozesse im Körper, darunter den Energiestoffwechsel. Mangan ist auch nötig, um Blut, Gehirn und Nerven gesund zu erhalten. Studien weisen darauf hin, dass es zudem bei der Regulierung des Blutzuckers und der Osteoporoseprävention eine Rolle spielt.

IMMUNSYSTEM

Quinoa enthält wertvolles Zink und unterstützt damit auch das Immunsystem. Da dieses Mineral vom Körper ausgeschwitzt wird, profitieren sportliche Menschen ganz besonders davon, wenn sie Zink mit der Ernährung aufnehmen.

DAS IST DRIN

180 g gekochte Quinoa liefern beträchtliche Mengen an Mangan und Folsäure, dazu Magnesium und Eisen. Quinoa enthält auch die Vitamine B_1, B_2, B_6 und E sowie Zink, Kupfer, Phosphor und Kalium.

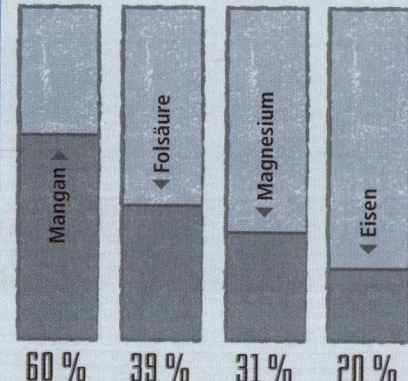

Mangan	Folsäure	Magnesium	Eisen
60 %	39 %	31 %	20 %

Nährstoffgehalt bezogen auf den Referenzwert

Quinoa enthält **dreimal** mehr **Eisen** als Naturreis, sodass sie unterstützend gegen **Anämie** helfen kann.

Gute Quelle für MANGAN

Die proteinreichen Samen enthalten alle neun essenziellen Aminosäuren.

DIE HERKUNFT

Quinoa wird bereits seit 3000 v. Chr. angebaut. Sie stammt aus der Andenregion in Südamerika und war ein heiliges Nahrungsmittel der Inkas, die es Muttergetreide nannten. Die Hauptproduzenten sind Bolivien, Peru und die USA. Die Körner sind eigentlich die essbaren Samen einer blütenbildenden Pflanze und kein Getreide.

Die Samen gibt es in verschiedenen Farben – weiß, rot und schwarz sind am weitesten verbreitet.

DAS BESTE HERAUSHOLEN

ALLE FARBEN SIND GUT
Alle Quinoasorten enthalten die kompletten Proteine. Rote Quinoa bietet zusätzlich das Antioxidans Betacyanin, schwarze Quinoa liefert besonders viele Ballaststoffe.

SPROSSEN ZIEHEN
Lassen Sie Quinoa keimen (s. S. 67) und profitieren Sie von noch mehr Vitamin B.

SO SCHMECKT'S

1 FRÜHSTÜCK
Wer gern etwas Warmes frühstückt, ist hier richtig: Quinoa bei schwacher Hitze mit Kokosmilch oder Mandeldrink köcheln lassen, zum Schluss Honig, Mandelblättchen und frische Beeren zugeben.

2 FRIKADELLEN
Gekochte Quinoa mit gemahlenem Kreuzkümmel und Koriander, gehackter Petersilie und Semmelbröseln vermischen und mit verquirltem Ei binden. Zu Frikadellen formen und in der Pfanne goldbraun braten.

3 QUINOA-GEMÜSE-SUPPE
Einer einfachen Suppe kann man durch Quinoa mehr Biss und Textur verleihen: Gehackte Zwiebel, Karotte, Selleriestange und Knoblauchzehe anschwitzen. Eine Dose Tomaten mit Saft, gekochte Quinoa, Salz und Pfeffer zugeben und auf schwacher Hitze 15 Minuten köcheln lassen. Mit etwas gehackter Petersilie im Mixer pürieren.

TIPP
Gekochte Quinoa hält sich in einem luftdicht verschlossenen Behälter im Kühlschrank 5 Tage, im Gefrierfach bis zu 2 Monate.

Quinoa-Gemüse-Suppe ▶

ZUBEREITUNG

Quinoa zunächst in einem feinen Sieb unter fließendem kaltem Wasser abspülen. 10–15 Minuten kochen. Die Körner sind gar, wenn sie ihr Volumen vervierfacht haben und durchsichtig geworden sind.

Vor dem Kochen unter fließendem Wasser abspülen.

PFANNENGEMÜSE MIT QUINOA & CASHEW

Eine leichte Mahlzeit aus dem Wok, voller Proteine und Vitamin A – davon profitieren Immunsystem und Knochen. Quinoa liefert eine Menge Eisen, das für die Blutbildung und den Energiehaushalt unverzichtbar ist.

Für 2 Personen   **Vorbereitung** 5 Minuten, plus Abkühlen   **Garzeit** 25 Minuten

ZUTATEN

100 g **Quinoa**, abgespült

1 TL salzreduziertes Gemüsebrühegranulat

30 g **Cashewkerne**

1 EL Kokosöl

2 **Karotten**, geschält und in Stifte geschnitten (100 g)

½ kleine rote **Zwiebel**, in feine Ringe geschnitten (75 g)

100 g Bohnensprossen

100 g **Wirsing**, in Streifen

1 milde rote oder grüne Chilischote, entkernt und fein gehackt

FÜR DIE SAUCE

1 Stück **Ingwer** (3 cm), geschält und fein gerieben

1 große **Knoblauchzehe**, zerdrückt

1 EL Limettensaft

1 EL flüssiger Honig

2 EL salzreduzierte Sojasauce

1 TL **Sesamöl**

ZUBEREITUNG

1 Quinoa und Gemüsebrühegranulat in einen kleinen Topf geben und mit 200 ml kaltem Wasser aufgießen. Zum Kochen bringen, dann die Temperatur reduzieren und die Quinoa zugedeckt 15 Minuten köcheln lassen, bis sie die Flüssigkeit aufgenommen hat.

2 Die gekochte Quinoa auf einen großen Teller geben, mit einer Gabel auflockern und abkühlen lassen. So vorbereitet kann Quinoa bis zu 3 Tage im Kühlschrank gelagert und dann weiterverarbeitet werden.

3 Für die Sauce alle Zutaten in einer kleinen Schüssel verrühren. Bis zur Verwendung beiseitestellen.

4 Einen Wok erhitzen und die Cashewkerne darin 2–3 Minuten bei mittlerer Hitze rösten, bis sie stellenweise Farbe annehmen und goldbraun sind. Aus der Pfanne nehmen und grob hacken.

5 Den Wok mit Küchenpapier auswischen, um Nussreste zu entfernen (sie brennen sonst an).

6 Das Kokosöl bei hoher Temperatur erhitzen, bis es fast raucht. Die Karotten darin 1 Minute pfannenrühren. Die Zwiebel zugeben und 1 Minute mitbraten. Bohnensprossen, Wirsing und Chilischote unterrühren und alles noch 1 Minute erhitzen.

7 Die Sauce in den Wok geben und gut umrühren. Dann die abgekühlte Quinoa zufügen, alles gut vermischen und weitere 1–2 Minuten braten, bis die Quinoa heiß ist. Mit den Cashewkernen bestreuen und sofort servieren.

ENTHALTENE SUPERFOODS

QUINOA
stärkt die **Knochen.**

CASHEWKERNE
helfen, das **LDL-Cholesterin** zu reduzieren.

KAROTTEN
können das Risiko für **Krebs** reduzieren.

ZWIEBELN
begünstigen den Aufbau der **Darmflora.**

KOHL
schützt die Zellen des **Immunsystems.**

INGWER
senkt das Risiko für **Bluthochdruck.**

KNOBLAUCH
kann **krebserregende Stoffe** neutralisieren.

SESAMÖL
hilft, das **Herz gesund** zu halten.

Nährwert pro Portion

Energie	418 kcal / 1687 kJ
Kohlenhydrate	48 g
– davon Zucker	20 g
Ballaststoffe	9 g
Fett	17 g
– davon gesättigt	7 g
Salz	1,5 g
Proteine	15 g
Cholesterin	0 g

AMARANT

Nicht nur glutenfrei und vollwertig – die kleinen Körner sind auch reich an Mangan, das dem Körper bei der Versorgung mit Energie hilft. Sekundäre Pflanzenstoffe schützen das Herz.

DARUM ESSEN

GESUNDES BLUT
Amarant enthält viel Eisen, das der Körper für die Produktion von Hämoglobin braucht. Hämoglobin ist das rote Farbpigment im Blut, das den Sauerstoff transportiert.

STARKES HERZ
Die sekundären Pflanzenstoffe Rutin und Nikotiflorin in Amarant sind Antioxidantien, die möglicherweise Cholesterinablagerungen in den Blutgefäßen hemmen können, damit das Blut ungehindert zirkulieren kann.

KNOCHEN
Amarant ist reich an Phosphor, der zusammen mit Kalzium für starke Knochen und gesunde Zähne sorgt.

Die eisenhaltigen Samen haben einen leicht nussigen, pfeffrigen Geschmack und eine klebrige Textur.

DAS IST DRIN

250 g gekochter Amarant liefern den Tagesbedarf an Mangan, außerdem beträchtliche Mengen Phosphor, Magnesium und Eisen.

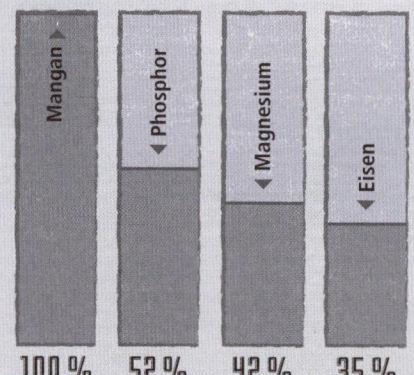

Mangan	Phosphor	Magnesium	Eisen
100 %	52 %	42 %	35 %

Nährstoffgehalt bezogen auf den Referenzwert

DIE HERKUNFT

Amarant, eine krautige Pflanze mit großen Blättern und fliederfarbenen, roten oder goldenen Blüten, gedeiht in wärmeren Klimazonen. Schon vor etwa 8000 Jahren bauten die Azteken im heutigen Mexiko Amarant an. Die Samen sind winzig – etwa wie Mohnsamen – eine einzige Pflanze kann bis zu 500 000 Samen produzieren.

SO SCHMECKT'S

1 TABOULÉ OHNE WEIZEN
Amarantkörner sind perfekt für ein glutenfreies Taboulé: Couscous durch gekochten, abgekühlten Amarant ersetzen und frische Kräuter untermischen.

2 IM PILAW
Ein sattes, nussiges Aroma erhält Amarant, wenn man ihn bei schwacher Hitze in Olivenöl goldbraun röstet und dann als Basis für einen Pilaw verwendet.

3 IN SUPPEN
Einige Esslöffel Amarant in heiße Brühe geben und köcheln lassen, bis die Suppe eindickt.

Die Samenstände der Amarantpflanze werden nach der Ernte getrocknet. Dann werden die kleinen Körner herausgelöst.

BUCHWEIZEN

Ballaststoffe, Kupfer, Mangan und Magnesium stecken in Buchweizen. Diese Stoffe halten Darm, Knochen und Blut gesund.

DARUM ESSN

VERDAUUNGSAPPARAT

Buchweizen ist eine gute Quelle für unlösliche Ballaststoffe. Sie regen die Verdauung an und können Verstopfung und Erkrankungen des Darms vorbeugen. Resistente Stärke unterstützt die Vermehrung nützlicher Bakterien im Darmtrakt.

STARKES HERZ

Lösliche Ballaststoffe im Buchweizen, die nach der Verdauung aufquellen und eine Art Gel bilden, binden Cholesterin und sorgen dafür, dass es nicht ins Blut gelangt.

GESUNDES BLUT

Die Kohlenhydrate werden vom Körper nur langsam aufgenommen. So wird der sprunghafte Anstieg des Blutzuckerspiegels vermieden. Buchweizen enthält auch den sekundären Pflanzenstoff Rutin, der blutdrucksenkend wirkt.

Buchweizensaat hat einen niedrigen GI und viele Ballaststoffe.

DAS IST DRIN

180 g Buchweizen decken den täglichen Bedarf an Kupfer, Mangan und Magnesium. Auch Ballaststoffe sowie Folsäure, Vitamin B_1 und B_2, Eisen und Phosphor sind enthalten.

Kupfer	Mangan	Magnesium	Ballaststoffe
190 %	110 %	104 %	57 %

Nährstoffgehalt bezogen auf den Referenzwert

DIE HERKUNFT

Bereits um 6000 v. Chr. wurde Buchweizen in Südostasien angebaut. Er ist mit Rhabarber und Sauerampfer verwandt.

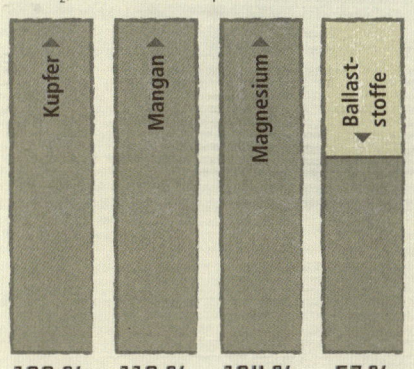

Die Pflanze reift innerhalb von 10–12 Wochen.

Buchweizenpfannkuchen enthalten viele Ballaststoffe.

Buchweizenpfannkuchen▲

SO SCHMECHT'S

1 PFANNKUCHEN

Buchweizenmehl eignet sich gut, um Pfannkuchen zu backen. Einfach das Weizenmehl durch fein gemahlenen Buchweizen ersetzen. Buttermilch macht die Pfannkuchen noch gesünder.

2 ALS SUPPENEINLAGE

Ein sättigender Borschtsch, der traditionell mit Schmand und Dill garniert wird, erhält mit gekochtem Buchweizen bestreut mehr Biss.

3 SOBA-NUDELN

Original japanische Soba-Nudeln werden zu 100 % aus Buchweizen hergestellt. Man findet sie in Asia-Shops, Bioläden oder gut sortierten Supermärkten und kann damit Suppen oder Salate zubereiten.

NÜSSE
& SAATEN

MANDELN

Sie enthalten mehr Proteine, Ballaststoffe, Vitamin E und Kalzium als andere Nüsse. Damit sorgen sie für ein gesundes Herz und starke Knochen und unterstützen den Körper bei der Aufnahme von Nährstoffen.

Mandelhaut enthält wertvolle sekundäre Pflanzen- und Ballaststoffe.

Gute Quelle für VITAMIN E

DARUM ESSEN

STARKES HERZ

Mandeln enthalten verschiedene sekundäre Pflanzenstoffe wie Beta-Sitosterol, Stigmasterin und Campesterin, denen nachgesagt wird, dass sie das Risiko für Herz-Kreislauf-Erkrankungen senken. Studien zeigen, dass schon eine Handvoll Mandeln am Tag bei einem fettarmen und sportlichen Lebensstil helfen kann, die Aufnahme von LDL-Cholesterin um bis zu 10 % zu senken.

KNOCHEN

Mandeln sind eine gute Quelle für Kalzium. Studien legen nahe, dass Mandeln helfen können, das Risiko für Osteoporose zu senken, indem sie die Aktivität von Osteoklasten hemmen – Zellen, die den Abbau von Kalzium in den Knochen stimulieren.

SCHÖNE HAUT

Mandeln sind reich an Vitamin E, einem wirksamen Antioxidans, das hilft, die Haut vor Schäden durch freie Radikale zu schützen. Essenzielle Fettsäuren fördern die Elastizität der Haut.

DAS IST DRIN

28 g Mandeln (etwa eine Handvoll) liefern reichlich Vitamin E und Biotin, außerdem Magnesium und Kalzium. Sie enthalten auch Proteine, Ballaststoffe, die Vitamine B_1, B_2 und B_6 sowie Folsäure, Phosphor, Eisen, Zink, Kupfer und Mangan.

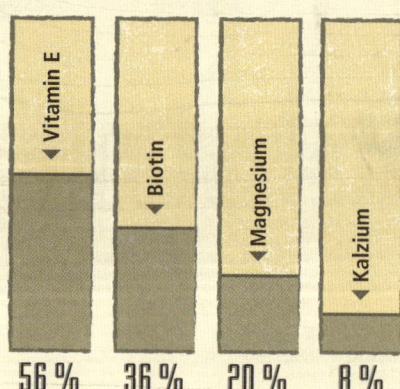

Vitamin E	Biotin	Magnesium	Kalzium
56 %	36 %	20 %	8 %

Nährstoffgehalt bezogen auf den Referenzwert

Schon eine **Handvoll** Mandeln **täglich** kann die Aufnahme von **LDL-Cholesterin** um bis zu **10 %** senken.

DIE HERKUNFT

Mandelbäume stammen ursprünglich aus Südwestasien und werden heute in den USA, in Europa, im Nahen Osten und in Australien kultiviert. Mandeln finden bereits in der Bibel Erwähnung und verbreiteten sich in den ersten Jahrhunderten n. Chr. mit den Reisenden auf der Seidenstraße. Die Samen oder Kerne liegen in einer harten Schale, die von Fruchtfleisch umhüllt ist, ähnlich wie bei Walnüssen und Pekannüssen.

Die Steinfrüchte sind reif, wenn die Schale hart ist und die Hülle aufbricht.

Mandeln sitzen in einer Fruchthülle mit einem harten Kern.

DAS BESTE HERAUSHOLEN

MANDELN MIT HAUT
Die meisten sekundären Pflanzenstoffe und Ballaststoffe befinden sich in der Haut. Wer die Nährstoffe optimal nutzen möchte, sollte also zu ungehäuteten Kernen greifen. Blanchierte Mandeln enthalten weniger Nährstoffe.

TIPP

Mandeln enthalten Fette, die mit der Zeit ranzig werden. Wie alle Nüsse sollte man sie nach dem Kauf in einem luftdicht schließenden Behälter an einem kühlen Ort aufbewahren.

SO SCHMECKT'S

1 NUSSBUTTER
Eine leckere Alternative zu Erdnussbutter ist Mandelbutter: ungehäutete Mandelkerne in einem leistungsstarken Mixer cremig pürieren – das kann bis zu 20 Minuten dauern. Zwischendurch die Masse vom Rand nach unten schaben.

2 MANDELDRINK
Selbst gemachter Mandeldrink ist ein cremiges Getränk als Basis für leckere Smoothies. Die Mandeln über Nacht in Wasser einweichen, dann abspülen und mit frischem Wasser im Mixer pürieren. Durch ein Passiertuch gießen, um die festen Bestandteile herauszufiltern.

3 SCHICHTJOGHURT MIT MANDELN & FRÜCHTEN
Mandeln sind ein toller Energie- und Eiweißspender und somit perfekt für den Start in den Tag. Zum Frühstück zwischen Früchte und Joghurt in ein Glas schichten.

Schichtjoghurt mit Mandeln & Früchten ▶

PISTAZIEN

Die kleinen grünen Nüsse sind reich an einfach ungesättigten Fettsäuren und Kalium. Damit helfen sie, das LDL-Cholesterin und hohen Blutdruck zu senken. Das enthaltene Kupfer ist wichtig für Knochen und Blut, Antioxidantien schützen die Augen.

DARUM ESSEN

STARKES HERZ

Die meisten Fette in Pistazien sind einfach ungesättigte Fettsäuren, die dazu beitragen, das LDL-Cholesterin im Blut zu senken. Pistazien enthalten ferner Phytosterine, die im Darm die Aufnahme von Cholesterin behindern und ebenfalls dazu beitragen, das Risiko für Herz-Kreislauf-Erkrankungen zu reduzieren.

SEHKRAFT

Die in Pistazien enthaltenen sekundären Pflanzstoffe Lutin und Zeaxanthin schützen die Augen vor Schäden durch freie Radikale und können das Risiko senken, an Makuladegeneration zu erkranken. Dies ist die meist verbreitete Augenerkrankung bei älteren Menschen und kann zu Erblindung führen.

GESUNDES BLUT

Pistazien liefern mehr Kalium als andere Nüsse – 28 g enthalten so viel Kalium wie eine halbe große Banane. Kalium kann den negativen Auswirkungen von Natrium auf den Blutdruck entgegenwirken und kommt auch den Nieren zugute, die das Blut filtern. Eine kaliumreiche Ernährung kann helfen, den Blutdruck zu regulieren.

Sekundäre Pflanzenstoffe in Pistazien schützen **die Augen** vor **Schäden** durch freie Radikale und **reduzieren** das Risiko für **Makuladegeneration.**

DAS IST DRIN

28 g Pistazien (etwa eine Handvoll) sind eine gute Quelle für Kupfer, Vitamin B$_6$, Kalium und Protein. Die Nüsse enthalten außerdem Provitamin A, Vitamin E und B$_1$ sowie Folsäure, Magnesium, Selen, Kalzium und Ballaststoffe.

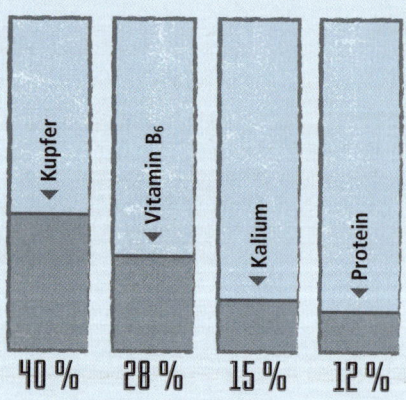

Kupfer	Vitamin B$_6$	Kalium	Protein
40 %	28 %	15 %	12 %

Nährstoffgehalt bezogen auf den Referenzwert

Das Antioxidans Lutein verleiht den Pistazien ihre leuchtende Farbe.

Den größten gesundheitlichen Nutzen erzielt man mit ungesalzenen Pistazien frisch aus der Schale.

DIE HERKUNFT

Pistazien stammen ursprünglich aus Zentralasien und dem Nahen Osten. Die Pflanze wurde bereits in der Bronzezeit kultiviert. Sie ist mit der Cashewfamilie verwandt und gedeiht in trockenen Regionen auf der ganzen Welt. Geerntet wird im Herbst. Eine harte Schale umschließt die Kerne.

Sobald die Kerne reif sind, beginnen die Früchte, sich zu öffnen.

DAS BESTE HERAUSHOLEN

IN DER SCHALE

Auch wenn es hauptsächlich gesunde Fette sind — Pistazien enthalten viel davon und sollten deshalb nur in kleinen Portionen gegessen werden. Wie Studien zeigen, trägt das Schälen von Nüssen dazu bei, dass man langsamer isst und sich schneller satt fühlt. An den Schalen lässt sich außerdem die verzehrte Menge ablesen. Ungeschälte Pistazien halten länger — das gilt auch für die Nährstoffe.

UNGESALZEN

Salz erhöht den Natriumgehalt im Blut, was sich auf die Leistung der Nieren beim Filtern des Blutes auswirkt und auch zu Bluthochdruck führen kann.

▲ *Frozen Yogurt mit Pistazien*

Nährstoffreiche Pistazien mit darmfreundlichem Joghurt

SO SCHMECKT'S

1 FROZEN YOGURT MIT PISTAZIEN

Wer eine Eismaschine besitzt, kann dieses gesunde Dessert schnell herstellen. Stichfesten Joghurt mit etwas Honig, Orangenblütenwasser und eine Handvoll gehackten Pistazien pürieren und gemäß Herstellerangabe einfrieren.

2 GERÖSTETER SNACK

Für einen gesunden Snack ungehäutete Pistazienkerne trocken rösten, bis sie golden sind. Ein paar Spritzer Rapsöl, Gewürze und etwas Honig zufügen und ein paar Minuten weiterrösten, bis sie glänzen. Vor dem Servieren abkühlen lassen.

3 PISTAZIENPESTO

Ein einfaches Pistazienpesto lässt sich aus gerösteten Pistazien, Rucola, Knoblauch, Zitronenschale und Olivenöl zubereiten. Eine Handvoll frisch geriebener Parmesan rundet den Geschmack ab.

Pistazien enthalten **Phytosterine**, die helfen, den **LDL-Cholesterinspiegel** zu senken.

TIPP

Lagern Sie Pistazien in der Schale in einem luftdicht schließenden Behälter bis zu 3 Monate im Kühlschrank. Geschälte Pistazien schnell essen.

CASHEWKERNE

Gesunde Fette, die Schutz vor Herzerkrankungen versprechen, stecken reichlich in Cashewkernen. Mineralien wie
Kupfer, Mangan und Magnesium sind gut für die Knochen
und unterstützen eine Reihe von Stoffwechselprozessen.

DARUM ESSEN

STARKES HERZ

Einfach ungesättigte Fettsäuren
in Cashewkernen können das
LDL-Cholesterin reduzieren, wenn sie regelmäßig im Rahmen einer gesunden Ernährung verzehrt werden. Sie mindern auch das
Risiko für Herz-Kreislauf-Erkrankungen.

GESUNDES BLUT

Cashewkerne enthalten viel
Kupfer, das dem Körper bei der
Bildung roter und weißer Blutkörperchen
und bei der Eisenaufnahme hilft. Die Nüsse
sind selbst eine gute Eisenquelle und
interessant für Vegetarier. Eisen ist wichtig
für den Transport von
Sauerstoff im Blut.

Gute Quelle für **KUPFER**

KNOCHEN

Vom hohen Kupfergehalt der
Cashewkerne profitieren unter
anderem Zähne und Knochen – es wird
angenommen, dass sich auch das Risiko für
Osteoporose reduzieren lässt. Cashewkerne
enthalten zudem Mangan, Magnesium und
Vitamin K, all diese Stoffe sind wichtig für
gesunde Knochen.

**Einfach ungesät-
tigte Fettsäuren** in
Cashewkernen können
das **LDL-Cholesterin**
im Blut und damit das
Risiko für **Herzer-
krankungen** senken.

*Ungeröstete, ungesal-
zene Cashewkerne sind
die beste Wahl.*

DAS IST DRIN

28 g Cashewkerne enthalten mehr als die
Hälfte der täglich empfohlenen Menge
Kupfer, dazu Mangan, Magnesium und
Phosphor sowie die Vitamine B_1, B_2, B_6, E
und K, außerdem Eisen, Folsäure, Selen,
Kalium, Zink, Protein und Ballaststoffe.

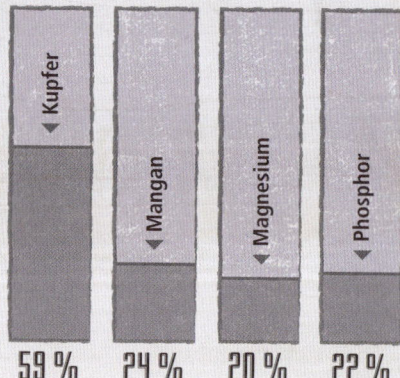

Kupfer	Mangan	Magnesium	Phosphor
59 %	24 %	20 %	22 %

Nährstoffgehalt bezogen auf den Referenzwert

DIE HERKUNFT

Cashewkerne sind die Samen eines immergrünen tropischen Baumes aus Südamerika. Die nierenförmigen Kerne wachsen an verdickten Stielen, die wie kleine Äpfel aussehen. Die Cashewkerne sind von einer Schale umgeben, die vor dem Verkauf entfernt wird.

Cashewkerne sind Samen, die an einem Ende des Cashewapfels wachsen.

Cashewkerne sind eine gute Quelle für **Kupfer**. Das Mineral hilft, **Zähne** und **Knochen** gesund zu erhalten und kann das Risiko verringern, an **Osteoporose** zu erkranken.

SO SCHMECKT'S

1 GERÖSTET

Geröstete, gewürzte Cashewkerne geben jedem Salat Aroma und Biss. Die Kerne in einer Pfanne mit etwas Olivenöl, Honig, Salz und geräuchertem Paprikapulver bei mittlerer Hitze goldbraun rösten.

2 STATT BUTTER

Cashewbutter ist ein leckerer Brotaufstrich. Die Kerne über Nacht in Wasser einweichen, dann abtropfen lassen. Mit etwas frischem Wasser und Honig im Mixer cremig pürieren.

3 CASHEWBUTTER MIT KAKAO

Nichts geht über eine selbst gemachte Nuss-Nugat-Creme aus Cashewkernen: 250 g geröstete Cashewkerne mit 2 EL Kakao-Nibs, 1 Msp. Vanillemark und etwas Honig cremig pürieren.

Cashewbutter ist ein leckerer Aufstrich für Brötchen, schmeckt aber auch in Smoothies.

TIPP

Die Fette in Cashewkernen werden bei längerer Lagerung ranzig. Deshalb nur kleine Mengen kaufen und kühl und trocken lagern.

Cashewbutter mit Kakao-Nibs ▶

ENERGIERIEGEL

Diese Riegel werden nicht gebacken. Ballaststoffreiche Trockenfrüchte, dazu Nüsse und Saaten, die viel Kupfer enthalten – das tut Herz, Knochen und Nerven gut.

Ergibt 16 Riegel **Vorbereitung** 20 Minuten, plus Abkühlen

ZUTATEN

- 200 g Medjool-Datteln, entsteint und grob gehackt
- 115 g getrocknete Aprikosen, grob gehackt
- 60 g getrocknete **Kirschen** oder **Cranberrys**, grob gehackt
- 60 g **Mandel**blättchen
- 60 g ungeröstete **Cashewkerne**, grob gehackt
- 30 g **Kürbiskerne**
- 30 g **Sonnenblumenkerne**
- 30 g Kokosraspel
- 2 EL rohes **Kakaopulver**

ZUBEREITUNG

1 Eine quadratische Form (20 cm Seitenlänge) mit Backpapier auslegen. Die Datteln in eine hitzebeständige Schüssel geben und mit heißem Wasser bedecken. Einweichen, während die restlichen Zutaten vorbereitet werden.

2 Nach 5 Minuten die Datteln zum Abtropfen in ein Sieb geben. Sobald sie kühl genug sind, mit den Händen leicht ausdrücken, sie sollten aber noch leicht feucht bleiben. In einen Mixer geben und mit den übrigen Zutaten zerkleinern.

3 Alle Zutaten mixen, bis sie gut vermischt, die Nüsse und Saaten in kleine Stücke zerteilt sind und die Masse beginnt, sich zu einer Kugel zu formen. Sollte die Masse nicht gut durchmischt sein, einen Teil herausnehmen und portionsweise pürieren.

4 Die Hände anfeuchten. Die Masse in die vorbereitete Form geben und mit den Händen gleichmäßig verteilen. Den Rücken eines großen Metalllöffels anfeuchten und damit die Oberfläche glatt streichen. Die Form für 3–4 Stunden in den Kühlschrank stellen.

5 Die Masse auf ein Schneidebrett heben und in 16 Quadrate schneiden. Die Stücke einzeln in Backpapier wickeln, damit sie nicht aneinanderkleben. In einen luftdicht schließenden Behälter geben und bis zum Verzehr im Kühlschrank aufbewahren.

ENTHALTENE SUPERFOODS

KIRSCHEN
können das **Gedächtnis** verbessern.

CRANBERRYS
beugen **Harnwegs-infekten** vor.

MANDELN
können das Risiko für **Herzerkrankungen** senken.

CASHEWKERNE
helfen, das **LDL-Cholesterin** zu reduzieren.

KÜRBISKERNE
sind gut für die **Haut**.

SONNENBLUMENKERNE
unterstützen die Produktion von **HDL-Cholesterin**.

KAKAO
kann das Risiko für **Herzerkrankungen** senken.

Nährwert pro Portion

Energie	150 kcal / 598 kJ
Kohlenhydrate	15 g
– davon Zucker	14 g
Ballaststoffe	3 g
Fett	7,5 g
– davon gesättigt	2 g
Salz	0 g
Proteine	4 g
Cholesterin	0 g

PINIENKERNE

Pinienkerne enthalten knochenstärkendes Vitamin K und das Antioxidans Vitamin E. Sie sind außerdem sehr manganreich, was für viele chemische Prozesse im Körper förderlich ist.

DARUM ESSEN

GESUNDES BLUT
Pinienkerne sind eine gute Quelle für Vitamin K – wichtig unter anderem für die Produktion von Prothrombin, einem Protein für die Blutgerinnung.

KNOCHEN
Vitamin K unterstützt auch die Knochen bei der Aufnahme von Kalzium. Zu wenig Vitamin K im Blut kann Osteoporose begünstigen.

SCHÖNE HAUT
Vitamin E in Pinienkernen ist ein wirksames Antioxidans. Es ist bedeutsam für die Abwehr von UV-Strahlen und freien Radikalen in der Haut. Studien zeigen zudem, dass Menschen mit geringer Vitamin-E-Aufnahme ein erhöhtes Risiko für grauen Star haben.

Pinienkerne enthalten viel Vitamin E, das freie Radikale neutralisiert.

DAS IST DRIN

28 g Pinienkerne decken den Tagesbedarf an Mangan, außerdem stecken darin viel Kupfer sowie die Vitamine E und K, ferner Zink, Magnesium, Phosphor und Eisen.

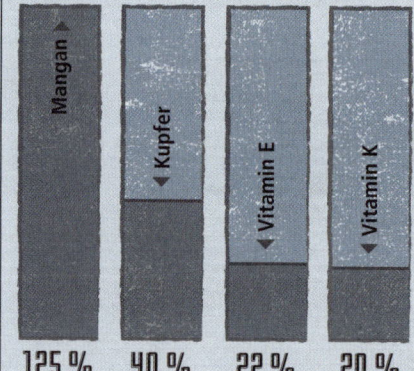

Mangan	Kupfer	Vitamin E	Vitamin K
125 %	40 %	22 %	20 %

Nährstoffgehalt bezogen auf den Referenzwert

DIE HERKUNFT

Pinienkerne sind die essbaren Samen von Nadelbäumen, die in den gemäßigten Regionen auf der ganzen Welt vorkommen. Schon seit Tausenden von Jahren werden die Samen in Europa, Nordamerika und Asien gesammelt. Sie bilden sich in den Pinienzapfen und fallen beim Öffnen heraus.

SO SCHMECKT'S

1 SUPERFOOD-PESTO
60 g geröstete Pinienkerne mit einer großen Handvoll Grünkohlblättern, geriebenem Parmesan, etwas Knoblauch und Olivenöl cremig pürieren.

2 IM SALAT
Pinienkerne bei schwacher Hitze unter ständigem Rühren einige Minuten in einer Pfanne ohne Fett goldbraun rösten. Die Kerne auf Salate oder Reisgerichte streuen.

3 PINIENKERNFÜLLUNG
Fettarmen Ricotta mit grob gehacktem Spinat und gerösteten Pinienkernen mischen und als köstliche Füllung für Fischfilets oder Hähnchenbrust verwenden.

Pinienkerne befinden sich unter den Schuppen der Pinienzapfen.

WALNÜSSE

Sie liefern Fette, die gut fürs Herz sind, immunstärkendes Kupfer sowie Mangan, das Nerven und Gehirn gesund hält.

DARUM ESSEN

STARKES HERZ
Walnüsse unterscheidet von anderen Nüssen, dass sie die Omega-3-Fettsäure Alpha-Linolensäure enthalten. Sie kann helfen, das Risiko für Herzerkrankungen zu reduzieren, indem sie einen hohen Cholesterinspiegel senkt.

SCHÖNE HAUT
Essenzielle Fettsäuren in Walnüssen tragen dazu bei, die Membranen der Hautzellen zu stärken. Dadurch wird Feuchtigkeit eingeschlossen und die Haut strahlt frisch und jugendlich.

IMMUNSYSTEM
Walnüsse sind eine gute Quelle für Kupfer. Das Mineral spielt eine wichtige Rolle für unser Immunsystem. Kupfer hilft auch bei der Bildung weißer Blutkörperchen.

Die Schale schützt die gesunden Fette in der Nuss.

DAS IST DRIN

28 g Walnüsse liefern reichlich Mangan und Kupfer, dazu Magnesium und Ballaststoffe. Auch Niacin, Folsäure und die Vitamine B_1, B_2 und E sind in Walnüssen enthalten.

◄ Mangan · 50 %
◄ Kupfer · 40 %
◄ Magnesium · 12 %
◄ Ballaststoffe · 7 %

Nährstoffgehalt bezogen auf den Referenzwert

DIE HERKUNFT

Walnussbäume waren vermutlich die ersten Nutzbäume, schon seit 7000 v. Chr. werden sie kultiviert.

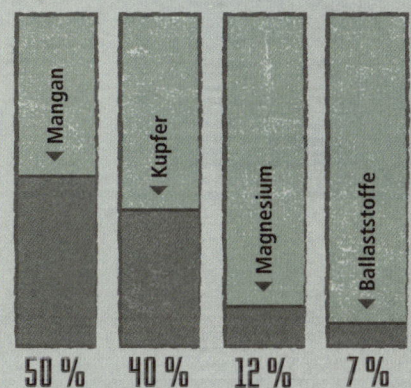

Die Nuss sitzt in einer grünen Hülle.

Winter-Waldorf-Salat ▲

SO SCHMECKT'S

1 WINTER-WALDORF-SALAT
Für einen nährstoffreichen Salat nach Waldorf-Art geröstete Walnusshälften mit Sellerie, Äpfeln, Rotkohl, Radieschen und Sultaninen mischen. Ein Dressing aus Joghurt, Salz, Pfeffer und Senf zugeben.

2 IM KUCHENTEIG
Gemahlene Walnüsse in den Teig für herbstliche Apfel- oder Birnenkuchen mischen. Die Walnüsse dafür zusammen mit dem Mehl im Mixer zerkleinern.

3 IM BROT
Einen einfachen Brotteig mit 1–2 Handvoll gehackter Walnüsse anreichern. Man gibt sie kurz vor dem Backen dazu.

ESSEN FÜR DEN SCHLAF

Erholsamer Schlaf ist für Gesundheit und Wohlbefinden unerlässlich. Studien haben gezeigt, dass Menschen, die weniger als 6 Stunden pro Nacht schlafen, ein erhöhtes Risiko für Diabetes, Herzerkrankungen, Adipositas und frühen Tod haben. Hier stellen wir Ihnen ein Tagesmenü vor, das Sie ruhig schlafen lässt.

Ausreichend Flüssigkeit ist wichtig, koffeinfreie Getränke wie Kräutertee sind ideal.

Joghurt enthält viel Kalzium, das die Melatoninproduktion im Körper anregt.

FRÜHSTÜCK

Ein stärkendes Frühstück mit Vollkornflocken oder Müsli ist eine gute Wahl und durch Zugabe von Weizenkeimen wird die Aufnahme von B-Vitaminen noch erhöht. Untersuchungen haben ergeben, dass ein Mangel an B-Vitaminen, insbesondere B_1, B_6 und B_{12}, Schlafprobleme verursachen kann.

GETRÄNK

Den Tag über sollte man koffeinfreie Getränke wie Wasser oder Kräutertee bevorzugen. Zumindest 6 Stunden vor dem Zubettgehen sollte Koffein gemieden werden. Nicht nur Kaffee, auch viele Teesorten – insbesondere grüner Tee –, Cola und heiße Schokolade enthalten Koffein.

VORMITTAGS-SNACK

Ein Joghurt am Vormittag erhöht den Kalziumspiegel. Kalzium unterstützt das Gehirn bei der Produktion des Schlafhormons Melatonin.

Ein Frühstück mit Getreideflocken liefert reichlich Vitamin B.

Grünkohl ist ein guter Lieferant für schlaffördernde B-Vitamine und Eisen.

Walnüsse enthalten das Hormon Melatonin.

Iss Omega-3-Fettsäuren

Omega-3-Fettsäuen, etwa in fettreichem Fisch, können bei Schlafproblemen helfen.

Speckwürfel und frische Erbsen sorgen für extra Proteine.

MITTAGESSEN

In Deutschland leiden mehrere 100 000 Menschen am »Restless-Legs-Syndrom«, also dem Phänomen der ruhelosen Beine. Es macht sich vor allem nachts durch Ziehen, Reißen oder Kribbeln in den Beinen bemerkbar. Wissenschaftler fanden heraus, dass Eisenmangel dazu führen kann. Deshalb sollte man mittags eisenhaltige Lebensmittel zu sich nehmen wie Grünkohl, Linsen oder rotes Fleisch.

NACHMITTAGS-SNACK

Ein kleiner Snack aus Mandeln oder Walnüssen ist sehr zu empfehlen, um den Körper auf Schlaf einzustimmen. Mandeln enthalten viel Magnesium zur Beruhigung des Gehirns. Walnüsse haben einen hohen Gehalt an Tryptophan – diese essenzielle Aminosäure hilft dem Körper, Serotonin und Melatonin herzustellen, die Hormone, die den Schlaf-Wach-Rhythmus regulieren.

ABENDESSEN

Mahlzeiten, die geringe Mengen Protein und viele Kohlenhydrate enthalten, regen das Gehirn an, Serotonin zu produzieren, sodass der Körper sich entspannt und müde fühlt. Spätestens 3 Stunden vor dem Zubettgehen sollte man essen. Bei spätem Essen kann die Produktion von Magensäure zu Sodbrennen und Magenverstimmungen führen, sodass die Nachtruhe beeinträchtigt wird.

ERDNÜSSE

Sie enthalten mehr Proteine als die meisten anderen Nüsse, und sie stecken voller Vitamine. Außerdem liefern Erdnüsse herzstärkende Vitalstoffe wie Magnesium, Niacin, Kupfer und Ölsäure sowie nicht zuletzt das krebshemmende Resveratrol.

DARUM ESSEN

STARKES HERZ

Ölsäure, Proteine und Ballaststoffe in Erdnüssen helfen, den LDL-Cholesterinwert zu senken und das HDL-Cholesterin stabil zu halten. Einem Bericht des *New England Journal of Medicine* zufolge können bereits zwei Erdnussportionen pro Woche das Risiko, an koronaren Herzerkrankungen zu sterben, um 24 % senken.

Die Erdnusshaut ist reich an Antioxidantien und Ballaststoffen.

GESUNDES BLUT

Die Aminosäure Arginin ist in Erdnüssen in hoher Konzentration enthalten. Sie erweitert die Blutgefäße, sodass sich der Blutfluss verbessert.

KRANKHEITEN VORBEUGEN

Erdnüsse enthalten den sekundären Pflanzenstoff Resveratrol, der Krebs vorbeugen soll. Er hemmt das Wachstum von Tumoren, indem die Blutzufuhr der Zellen vermindert wird. Regelmäßiger Verzehr von Erdnüssen kann zudem das Schlaganfallrisiko senken.

Die Schale schützt die Nährstoffe.

DAS IST DRIN

28 g ungesalzene Erdnüsse liefern beachtliche Mengen Kupfer, Vitamin B$_1$, Niacin und Vitamin E. Die Nüsse enthalten ferner die Vitamine B$_2$ und B$_6$ sowie Folsäure, Kalium, Phosphor, Magnesium, Eisen, Zink, Protein, Ballaststoffe und Mangan.

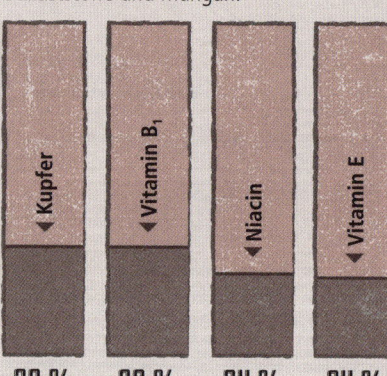

Kupfer	Vitamin B$_1$	Niacin	Vitamin E
29 %	29 %	24 %	24 %

Nährstoffgehalt bezogen auf den Referenzwert

Zwei Portionen Erdnüsse **pro Woche** können das **Risiko für Herzerkrankungen** um **24 %** senken.

DIE HERKUNFT

Eine Erdnuss ist eigentlich der Samen einer Hülsenfrucht, die aus Zentral- und Südamerika stammt. Heute werden Erdnüsse in China, Indonesien, Nordamerika und Nigeria sowie vielen weiteren Ländern angebaut. In jeder Schale befinden sich ein bis vier Kerne, die jeweils von einer dunklen Haut umhüllt sind.

Erdnüsse wachsen direkt unter der Erdoberfläche.

DAS BESTE HERAUSHOLEN

MIT HAUT UND SCHALE

Da die Schalen die Nährstoffe einschließen, sollte man am besten ungeschälte Erdnüsse (mit intakter Schale) kaufen. Geschälte Erdnüsse sollten zumindest mit Haut sein, denn diese steckt voller sekundärer Pflanzenstoffe und Ballaststoffe. Meiden Sie gesalzene Erdnüsse, denn Salz kann den Blutdruck erhöhen und Herz-Kreislauf-Erkrankungen begünstigen.

SO SCHMECKT'S

1 ERDNUSSBUTTER

Erdnussbutter ist reich an Proteinen und gesunden Fetten. Erdnussbutter ohne Zucker und Salz stellt man am besten mit der Küchenmaschine selbst her.

2 IN EINER SUPPE

Erdnusssuppe ist ein beliebtes Gericht in Westafrika. Rote Paprikaschoten mit Knoblauch, Zwiebeln, Tomaten aus der Dose und Erdnussbutter gar köcheln. Mit Naturreis servieren.

3 ROTES THAI-CURRY

Erdnüsse werden in der afrikanischen oder asiatischen Küche oft zum Andicken oder als salzige, knackige Garnitur verwendet. Grob gehackte Erdnüsse sind ein Proteinspender in einem Thai-Curry.

Rotes Thai-Curry ▶

Erdnüsse enthalten viel **Resveratrol**, eine Substanz, die das Risiko für einige **Krebsarten** senken kann, indem die Blutzufuhr zu den Krebszellen unterbunden wird.

TIPP

Erdnüsse sollte man am besten möglichst frisch essen. In einem luftdichten Behälter halten sie 3 Monate im Kühlschrank und 1 Jahr im Gefrierfach.

PARANÜSSE

Wie alle Nüsse enthalten auch sie essenzielle Fettsäuren und Proteine, doch ihren Superfood-Status verdanken sie dem hohen Selengehalt: vier Paranüsse reichen schon aus, um den Tagesbedarf an diesem wichtigen Mineral zu decken.

DARUM ESSEN

KRANKHEITEN VORBEUGEN

Selen ist ein hochwirksames Antioxidans. Wenn man über die Ernährung nicht ausreichend Selen zu sich nimmt, steigt das Krebsrisiko. Das Mineral soll auch das Risiko für Herz-Kreislauf-Erkrankungen reduzieren und das Immunsystem stärken.

SCHÖNE HAUT

Selen in Paranüssen unterstützt die Haut bei der Abwehr von freien Radikalen, die Falten und andere Alterserscheinungen begünstigen. Zudem wirkt Selen wie ein innerer Sonnenschutz und hilft, die Haut vor Sonnenbrand zu bewahren. Es wird auch bei der Behandlung von Akne geschätzt.

Paranüsse immer mit Schale kaufen, da sie die Nährstoffe schützt.

VIEL KUPFER

Kupfer hilft dem Körper, Eisen aufzunehmen, um rote Blutkörperchen zu bilden. Es unterstützt auch die Gesunderhaltung von Blutgefäßen und Immunsystem, ist wichtig für die Entwicklung von Knochen und Zähnen und erhält die Myelinscheide der Nervenzellen.

Paranüsse sind reich an **Kupfer,** das die Bildung **roter Blutkörperchen** unterstützt und die **Blutgefäße** gesund hält.

Die Haut von Paranüssen steckt voller Ballaststoffe und Antioxidantien.

DAS IST DRIN

28 g Paranüsse liefern mehr als den Tagesbedarf an Selen, dazu eine beträchtliche Menge Kupfer, außerdem Magnesium und Vitamin E. Die Nüsse enthalten auch die Vitamine B_1 und B_6 sowie Folsäure, Kalium, Kalzium, Phosphor, Eisen, Zink, und Mangan.

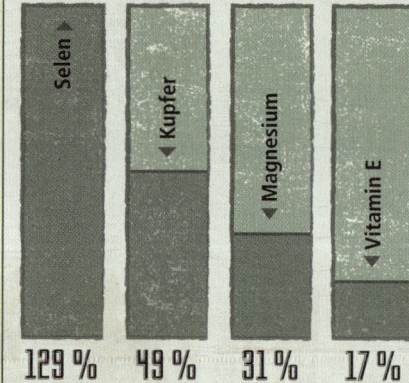

Selen ▶	◀ Kupfer	◀ Magnesium	◀ Vitamin E
129 %	49 %	31 %	17 %

Nährstoffgehalt bezogen auf den Referenzwert

Gute Quelle für SELEN

Die hohe Konzentration von **Selen** in Paranüssen kann das Risiko für verschiedene **Krebsarten** sowie **Herz-Kreislauf-Erkrankungen** senken. Selen stärkt das **Immunsystem** und hilft, die **Haut** vor **Alterserscheinungen** zu schützen.

DIE HERKUNFT

Paranüsse stammen aus Südamerika und sind die Samen eines Baumes im Regenwald des Amazonasgebiets. Die Bäume werden bis zu 50 m hoch und über 500 Jahre alt. Der Stamm ist gerade mit einer schirmartigen Krone. Die Bäume können nicht kultiviert werden, daher werden die Nüsse für den Export vor allem in Bolivien und Brasilien wild gesammelt. Kleine Mengen kommen auch aus Peru. Jeder Baum trägt in einer Ernteperiode etwa 300 Fruchtkapseln.

Jede Fruchtkapsel enthält 10–20 Kerne, die in Segmenten angeordnet sind.

TIPP
Paranüsse sollten beim Hineinbeißen fest sein, beim Kauen aber eine buttrige Textur haben. Meiden Sie weiche Nüsse und solche mit ranzigem Geruch.

SO SCHMECKT'S

1 BLUMENKOHLSUPPE MIT PARANÜSSEN
Paranüsse haben eine wunderbar cremige Textur. Schon eine kleine Handvoll pürierter Kerne reichen aus, um eine simple Blumenkohlsuppe in eine sättigende Mahlzeit mit extra Proteinen zu verwandeln.

2 PESTO
Geröstete, gehackte Paranüsse statt Pinienkerne für ein Pesto verwenden. Die Nüsse wie gewohnt mit reichlich Basilikumblättern, etwas Knoblauch, Olivenöl und geriebenem Parmesan im Mixer pürieren.

3 IN GEBÄCK
Gemahlene Paranüsse können die gemahlenen Mandeln nicht nur in glutenfreien Rezepten ersetzen. Die Kerne vorsichtig im Mixer zerkleinern.

Paranüsse geben einer einfachen Gemüsesuppe einen Proteinschub.

Blumenkohlsuppe mit Paranüssen ▲

DAS BESTE HERAUSHOLEN

MIT SCHALE
Paranüsse enthalten eine hohe Konzentration an mehrfach ungesättigten Fettsäuren, sodass sie schnell ranzig werden. Am besten mit Schale kaufen und an einem kühlen, trockenen Ort aufbewahren. So halten sie einige Monate.

GESCHÄLTE NÜSSE KÜHL STELLEN ODER EINFRIEREN
Nüsse ohne Schale nur in kleinen Mengen kaufen und im luftdichten Gefrierbeutel im Kühlschrank oder Gefrierfach lagern.

GLUTENFREIE PARANUSS-BROWNIES

Paranüsse sind reich an Selen, das als krebshemmend gilt. Verwenden Sie für die Brownies dunkle Schokolade mit einem hohem Kakaoanteil. Die Antioxidantien darin wirken blutdrucksenkend.

Ergibt 16 Brownies • **Vorbereitung** 20 Minuten • **Backzeit** 20–25 Minuten

ZUTATEN

100 g glutenfreie dunkle Schokolade

200 g **Paranusskerne**, gehackt

125 g brauner Zucker

75 g kalte Butter, gewürfelt, plus Butter für die Form

4 große **Eier**, getrennt

60 g getrocknete **Kirschen**, grob gehackt

Kakaopulver, zum Servieren

Matchapulver, zum Servieren (nach Belieben)

ZUBEREITUNG

1 Den Backofen auf 180 °C vorheizen. Eine quadratische Backform (etwa 20 × 20 cm) einfetten und mit Backpapier auslegen.

2 Die Schokolade in einer hitzebeständigen Schüssel über köchelndem Wasser schmelzen. Darauf achten, dass das Wasser nicht die Schüssel berührt. Alternativ die Schokolade in kurzen Intervallen in der Mikrowelle auf niedriger Stufe schmelzen. Die Schokolade leicht abkühlen lassen.

3 Im Mixer 150 g Paranüsse mit dem Zucker fein zerkleinern. Am Ende nur noch mit der Pulsfunktion arbeiten, damit sich das Öl aus den Nüssen nicht absetzt.

4 Die Butter zufügen und mit der Pulsfunktion untermischen. Nicht zu stark mixen. Bei laufendem Motor die Eigelbe nacheinander dazugeben, bis alles gut vermischt ist. Schließlich die geschmolzene Schokolade untermixen.

5 Die Eiweiße steif schlagen. Die Schokoladenmasse in eine große Schüssel füllen und ein paar Esslöffel Eischnee einrühren, um die Masse aufzulockern. Dann den restlichen Eischnee unterheben.

6 Die übrigen Paranüsse und die Kirschen unterheben und den Teig in die vorbereitete Form füllen. Die Form leicht schwenken, damit der Teig bis in die Ecken fließt und die Oberfläche glatt ist.

7 In der Mitte des Ofens 20–25 Minuten backen, bis an einem hineingesteckten Holzstäbchen beim Herausziehen kein Teig mehr haftet. Den Kuchen aus dem Ofen nehmen und 10 Minuten in der Form abkühlen lassen, dann auf ein Gitter heben.

8 Vor dem Entfernen des Backpapiers und dem Aufschneiden den Kuchen völlig auskühlen lassen. Mit Kakaopulver bestreuen, nach Belieben mit Matchapulver verzieren.

ENTHALTENE SUPERFOODS

PARANÜSSE
können das Risiko für verschiedene **Krebsarten** senken.

EIER
helfen, das **Immunsystem** zu stärken.

KIRSCHEN
können die **Gedächtnisleistung** verbessern.

KAKAO
kann helfen, **Herzerkrankungen** vorzubeugen.

MATCHAPULVER
fördert die **Gehirnaktivität**.

Nährwert pro Portion

Energie	220 kcal / 901 kJ
Kohlenhydrate	14 g
– davon Zucker	14 g
Ballaststoffe	1 g
Fett	16 g
– davon gesättigt	6 g
Salz	0,1 g
Proteine	5 g
Cholesterin	72 g

KÜRBISKERNE

Die kleinen grünen Kerne haben es in sich: Zink für Haut und Abwehrkräfte sowie Magnesium, wichtig für starke Knochen und für das Kreislaufsystem.

DARUM ESSEN

IMMUNSYSTEM
Kürbiskerne liefern reichlich Zink, um das Immunsystem zu stärken, indem die Produktion von Zellen, die Bakterien und Viren bekämpfen, angekurbelt wird. Es wirkt hemmend auf das Wachstum von Bakterien.

SCHÖNE HAUT
Zink ist ein Vitalstoff für Wachstum und Wundheilung – es hilft der Haut, nach Verletzungen schnell wieder zu heilen und sich zu regenerieren. Studien zeigen, dass Akne oft mit einem Zinkmangel im Blut einhergeht.

DAS IST DRIN

28 g Kürbiskerne enthalten ein knappes Drittel der Tagesdosis an Zink, dazu viel Magnesium, Eisen und Protein. Sie liefern außerdem Vitamin B_1 und B_2.

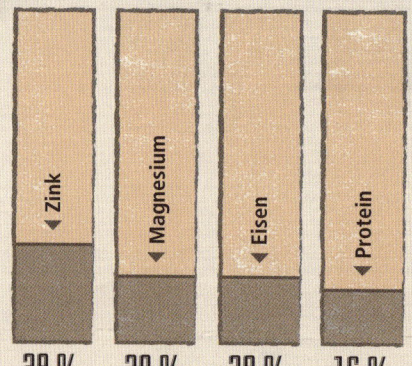

Zink	Magnesium	Eisen	Protein
29 %	20 %	20 %	16 %

Nährstoffgehalt bezogen auf den Referenzwert

◄ Smoothie-Bowl

SO SCHMECKT'S

1 ALS SNACK
Für einen gesunden Snack die Kerne aus einem Kürbis herauslösen und trocknen. Mit etwas Öl und Gewürzen goldbraun rösten.

2 KÜRBISKERN-MUFFINS
Wenn Sie Muffins backen, einfach eine Handvoll Kürbiskerne zum Teig geben. Das gibt Textur und Proteine.

3 SMOOTHIE-BOWL
Kürbiskerne mahlen und in einen Smoothie geben. Oder einfach einige Kerne auf einen Smoothie streuen, um ihm etwas Biss zu verleihen.

DIE HERKUNFT

Kürbiskerne sind die Samen der Kürbispflanze. Sie sitzen innen in der Frucht. Ursprünglich stammt die Pflanze aus Mexiko, heute ist sie auf der ganzen Welt verbreitet.

Die Samen werden herausgeschabt und von Fasern befreit.

Kürbiskerne im Smoothie sorgen für mehr Textur und immunstärkendes Zink.

SONNENBLUMENKERNE

Die Samen der Sonnenblume stecken voller Vitamin E, das hilft, die Haut gesund zu halten. Sie liefern außerdem Ölsäuren, die das LDL-Cholesterin im Blut senken.

DARUM ESSEN

STARKES HERZ
Sonnenblumenkerne enthalten hohe Konzentrationen an einfach ungesättigten Fettsäuren – Ölsäuren, die helfen, das Herz gesund zu halten, indem sie den LDL-Cholesterinspiegel senken und das gute HDL-Cholesterin erhöhen.

SCHÖNE HAUT
Das Vitamin E in Sonnenblumenkernen ist ein wirksames Antioxidans, das die Haut vor Schäden durch freie Radikale schützen kann, die Hautalterung und Faltenbildung begünstigen.

GESUNDES BLUT
Das B-Vitamin Folsäure, das in Sonnenblumenkernen enthalten ist, fördert die Bildung roter Blutkörperchen – wichtig für gesundes Blut.

Die geschälten Kerne sollten braungrau sein, gelbe Kerne meiden.

DAS IST DRIN

28 g Sonnenblumenkerne reichen fast aus, um den Tagesbedarf an Vitamin E zu decken. Sie enthalten ferner viel Vitamin B_1, dazu Folsäure und Magnesium sowie Proteine.

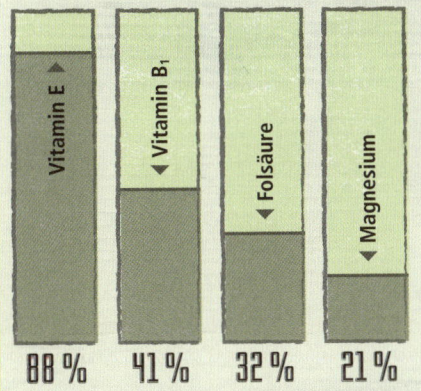

Vitamin E	Vitamin B_1	Folsäure	Magnesium
88 %	41 %	32 %	21 %

Nährstoffgehalt bezogen auf den Referenzwert

DIE HERKUNFT

Ursprünglich stammt die Sonnenblume aus dem Südwesten Nordamerikas. Heute wird sie in allen gemäßigten Regionen angebaut. Die Samen werden im Herbst geerntet. Je nach Sorte haben Sonnenblumenkerne eine schwarze oder gestreifte Schale. Die Samen werden zunächst getrocknet und kommen geschält oder ungeschält in den Handel.

SO SCHMECKT'S

1 VEGANE MAYO
Für eine Veganaise Sonnenblumenkerne mit Wasser, Knoblauch und etwas Zitronensaft pürieren. Gut mit Salz und Pfeffer abschmecken.

2 ALS SNACK
Als gesunden Snack eine Handvoll Sonnenblumenkerne essen – entweder roh oder mit etwas Salz bestreut und im Backofen bei mittlerer Hitze geröstet.

3 IM SALAT
Sonnenblumenkerne sind eine hervorragende Zutat in Salaten, zum Beispiel in einem Krautsalat mit Fenchel und Apfel, der mit Öl und Essig angemacht ist.

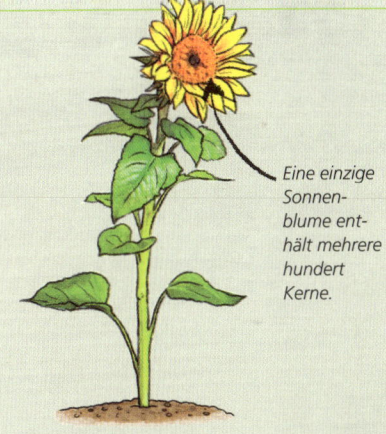

Eine einzige Sonnenblume enthält mehrere hundert Kerne.

CHIASAMEN

Sie stecken nicht nur voller Ballaststoffe und essenzieller Fettsäuren, Chiasamen sind auch eine gute Quelle für Mangan und
Magnesium, die Blut, Nerven und Muskeln gesund erhalten.

DARUM ESSEN

VERDAUUNGSAPPARAT
Mit Chiasamen nimmt der Körper
unlösliche Ballaststoffe auf, die
den Transport von Stuhl im Darm beschleunigen und dadurch Verstopfung vorbeugen
können.

VIEL MAGNESIUM
Magnesium ist in hoher Konzentration in Chiasamen enthalten.
Es unterstützt 300 verschiedene chemische
Prozesse im Körper. Dieser Vitalstoff hilft,
die Muskeln zu entspannen und hält Herz
und Nervensystem gesund.

STARKES HERZ
Chiasamen enthalten essenzielle
Fettsäuren, darunter Omega-3-
Fettsäuren. Diese Fettsäuren schützen das
Herz-Kreislauf-System.

*Reife Chiasamen sind gesprenkelt –
braune Samen meiden, denn sie
sind unreif und spenden weniger
Nährstoffe.*

DAS IST DRIN

28 g Chiasamen liefern beträchtliche Mengen an Mangan, Magnesium, Ballaststoffen
und Phosphor.

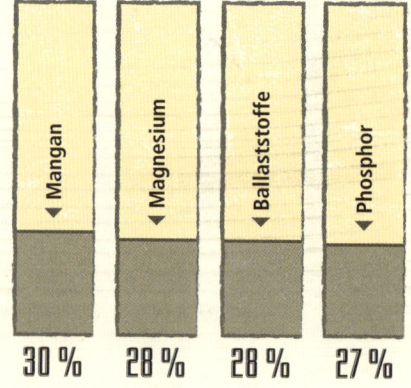

Mangan	Magnesium	Ballaststoffe	Phosphor
30 %	28 %	28 %	27 %

Nährstoffgehalt bezogen auf den Referenzwert

DIE HERKUNFT

Chiasamen stammen von einer
Blütenpflanze der Minzefamilie.
Ursprünglich in Mittel-
amerika beheimatet,
wurde sie schon von
den Azteken kultiviert.
Heute baut man sie in
Bolivien, Argentinien
und Ecuador an.

*Um die Samen
zu ernten, wer-
den die Blüten
getrocknet und
zerdrückt.*

SO SCHMECKT'S

1 ALS TOPPING
Chiasamen schmecken gut in einem
selbst gemachten Knuspermüsli
(s. S. 24–25), sie passen aber auch in
jedes andere Müsli.

2 IN KUCHEN UND GEBÄCK
In Gebäck lassen sich Mohnsamen ganz
einfach durch Chiasamen ersetzen. So
schmecken Zitronenmuffins oder Bananen-
kuchen auch mit Chiasamen sehr gut.

3 CHIAPUDDING
Chiasamen mit Joghurt, Milch und
Honig verrühren und über Nacht kalt
stellen. Mit Nüssen und Früchten genießen.

*Chia-
pudding ▶*

LEINSAMEN

Leinsamen versorgen uns mit Mangan und Magnesium, außerdem mit Omega-3-Fettsäuren und sekundären Pflanzenstoffen, die auf den Hormonhaushalt wirken.

DARUM ESSEN

STARKES HERZ

Leinsamen enthalten Omega-3-Fettsäuren, die helfen, das Risiko von Herzerkrankungen zu reduzieren. Sie vermindern Ablagerungen in den Arterien, die zu Verengungen führen.

HORMONHAUSHALT

Im Leinsamen finden sich Phytoöstrogene, sekundäre Pflanzenstoffe, die auf den Hormonhaushalt wirken und Hitzewallungen und andere Wechseljahrssymptome lindern können.

DAS BESTE HERAUSHOLEN

LEINSAMEN ZERKLEINERN

Leinsamen haben feste Zellwände, sodass es für den Körper schwierig ist, an die Nährstoffe heranzukommen. Um die Verdauung der ballaststoffreichen Samen zu vereinfachen, diese in einer Gewürzmühle mahlen oder im Mörser zerstoßen. Immer nur eine kleine Menge zerkleinern, in ganzen Samen bleiben die Nährstoffe besser erhalten. Gemahlene Reste kann man einfrieren.

DAS IST DRIN

28 g Leinsamen sind eine hervorragende Quelle für Magnesium, Mangan und Vitamin B_1 sowie für Ballaststoffe.

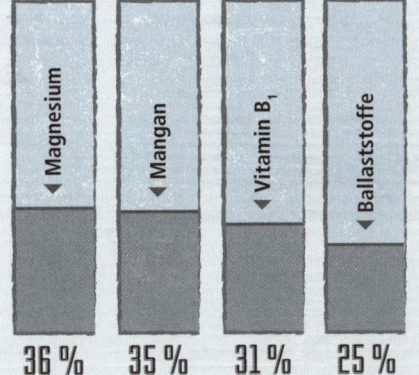

Magnesium	Mangan	Vitamin B_1	Ballaststoffe
36 %	35 %	31 %	25 %

Nährstoffgehalt bezogen auf den Referenzwert

DIE HERKUNFT

Der Lein (oder Flachs) wird schon seit 3000 v. Chr. im Nahen Osten kultiviert. Die Pflanze trägt violette Blüten und wird über 1 m hoch.

Aus den Blüten entstehen später die Samen, die auch zu Öl gepresst werden.

Die äußere Schale der Leinsamen enthält Ballaststoffe – gut für die Verdauung.

SO SCHMECKT'S

1 POWER-PULVER

Ein Energieschub zum Frühstück: Leinsamen mit anderen Superfoods wie Chiasamen und Gojibeeren mahlen und in einem Schraubglas aufbewahren. 1 EL davon zum Smoothie oder Müsli geben.

2 GLUTENFREIES MEHL

Gemahlener Leinsamen ist ein guter glutenfreier Ersatz für Weizenmehl. Die Samen mit einem leistungsstarken Mixer oder in einer Gewürzmühle fein zerkleinern und luftdicht verschlossen aufbewahren.

3 SUPERSAMEN-MIX

Mischen Sie Leinsamen mit Ihren Lieblingssamen und -kernen in einem Schraubglas. So haben Sie eine praktische Zutat für Salate, Suppen und belegte Brote jederzeit zur Hand.

CHIAPUDDING MIT KOKOS & MANGO

Cremig und voller guter Sachen: So ein Chiapudding kann morgens gut das Müsli ersetzen. Chiasamen liefern Magnesium für das Nervensystem, die Mango enthält Vitalstoffe, die vor Krebs schützen können.

Für 2 Personen   **Vorbereitung** 5 Minuten, plus Kühlen über Nacht

ZUTATEN

Fruchtfleisch von 1 kleinen
Mango, gehackt (etwa 115 g),
plus etwas mehr zum Servieren
200 ml fettreduzierte Kokosmilch
30 g **Chiasamen**
1 EL flüssiger Honig
Kokos-Chips, geröstet,
zum Servieren (nach Belieben)

ZUBEREITUNG

1 Mango mit der Kokosmilch in den Mixer geben und pürieren, bis eine cremige Masse entstanden ist.

2 Chiasamen und Honig kurz untermischen. Die Masse in eine Schüssel geben, abdecken und über Nacht in den Kühlschrank stellen.

3 Sollte der Pudding am nächsten Tag zu fest sein, mit etwas Kokosmilch verdünnen, bis er die gewünschte Konsistenz hat.

4 Auf Portionsschalen verteilen und mit frisch gehackter Mango und gerösteten Kokos-Chips garnieren.

TOLLER TAUSCH

Wer mag, kann für den Chiapudding statt Kokosmilch Vitamin-E-reichen Mandeldrink verwenden – ein Rezept dafür gibt es auf S. 43.

Nährwert pro Portion

Energie	228 kcal / 877 kJ
Kohlenhydrate	23 g
– davon Zucker	16 g
Ballaststoffe	8 g
Fett	12 g
– davon gesättigt	7 g
Salz	0 g
Proteine	3,5 g
Cholesterin	0 g

SESAMSAAT

Sesam versorgt uns mit wertvollen Mineralien wie Kupfer, Kalzium, Mangan und Phosphor. Sie sind wichtig für den Kreislauf, das Verdauungssystem und starke Knochen.

DARUM ESSEN

STARKES HERZ
Untersuchungen haben gezeigt, dass Sesamöl den Gehalt von Triglyceriden im Blut senken kann – diese Fette werden mit einem erhöhten Risiko für Herzerkrankungen in Verbindung gebracht.

VERDAUUNGSAPPARAT
Sesamsaat enthält den sekundären Pflanzenstoff Lignan, der die Aufnahme von Zucker ins Blut verlangsamt und den Verdauungstrakt gesund hält.

KNOCHEN
Wer keine Milchprodukte isst, sollte häufiger zu Sesam greifen. Er enthält Kalzium und Untersuchungen zufolge kann das Lignan im Sesam das Wachstum von Knochenzellen, Osteoblasten genannt, begünstigen.

Die Hülle der Körner enthält Antioxidantien.

DAS IST DRIN

28 g Sesamsaat (etwa eine Handvoll) liefern beträchtliche Mengen an Kupfer, Phosphor, Kalzium und Mangan. Sesamsaat enthält außerdem die Vitamine B_1, B_6 und E sowie Niacin und Folsäure.

Kupfer — 41 %
Phosphor — 29 %
Kalzium — 24 %
Mangan — 21 %

Nährstoffgehalt bezogen auf den Referenzwert

DIE HERKUNFT

Man nimmt an, dass die Sesampflanze aus Asien oder Ostafrika stammt und dort bereits vor über 5000 Jahren kultiviert wurde.

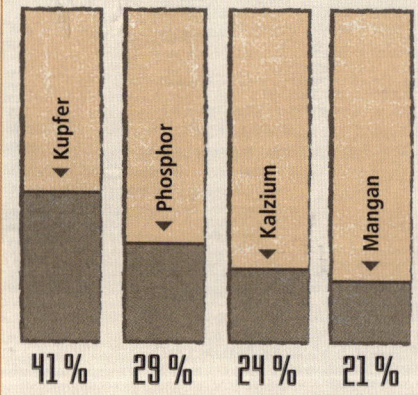

Die Samen befinden sich in dreieckigen Kapseln.

SO SCHMECKT'S

1 TAHIN
Tahin ist ein wichtiger Bestandteil von Hummus und Falafel. Man kann es selbst machen, indem man Sesamsaat mit etwas Olivenöl im Mixer püriert.

2 ZU WURZELGEMÜSE MIT SOJAGLASUR
Alle Arten von Wurzelgemüse lassen sich asiatisch zubereiten. Dafür das Gemüse mit Honig und Sojasauce rösten und großzügig mit Sesamsaat bestreuen.

3 FISCHSTÄBCHEN
Wer Fischstäbchen selbst macht, kann die Semmelbrösel zum Panieren mit Sesamsaat vermischen. Die Fischstäbchen in Sonnenblumenöl braten.

DAS BESTE HERAUSHOLEN

UNGESCHÄLT VERWENDEN
Schwarze und braune Sesamsaat enthält wesentlich mehr Antioxidantien als weißer Sesam, der geschält ist.

ALFALFASAMEN

Reich an krebshemmenden sekundären Pflanzenstoffen, haben Alfalfasamen außerdem viel Vitamin K zu bieten, das unser Blut gesund hält und die Knochen stärkt.

DARUM ESSEN

KREBS VORBEUGEN

Alfalfasamen liefern den sekundären Pflanzenstoff Coumestrol, der zu den Phytoöstrogenen zählt. Diese Substanzen können vor verschiedenen Krebsarten schützen, darunter Brustkrebs. Studien haben gezeigt, dass Phytoöstrogene auch dazu beitragen, Wechseljahrsbeschwerden zu lindern.

KNOCHEN

Vom hohen Gehalt an Vitamin K in Alfalfasamen profitieren die Knochen, die damit Kalzium aus der Nahrung besser verwerten können.

GESUNDES BLUT

Die in Alfalfasamen enthaltene Folsäure hilft dem Körper, rote Blutkörperchen zu produzieren.

WARNUNG

Kinder unter 5 Jahren, Schwangere und ältere Menschen sollten keine Alfalfasprossen essen.

DAS IST DRIN

28 g Alfalfasprossen sind eine recht gute Quelle für Vitamin K, Folsäure, Vitamin C und Magnesium.

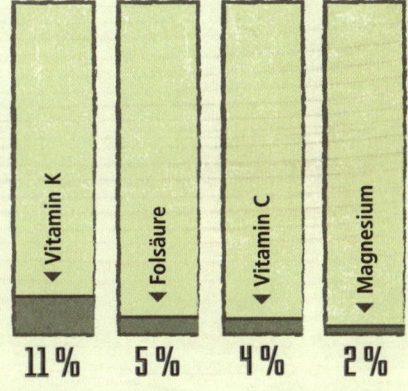

◀ Vitamin K | ◀ Folsäure | ◀ Vitamin C | ◀ Magnesium

| 11 % | 5 % | 4 % | 2 % |

Nährstoffgehalt bezogen auf den Referenzwert

DIE HERKUNFT

Alfalfa oder Luzerne wurde erstmalig im Iran kultiviert. Die Pflanzen gedeihen in wärmeren Klimazonen und erreichen eine Höhe von 30–90 cm.

Die Samen entstehen aus Blüten, die Klee ähneln.

SO SCHMECKT'S

1 ALFALFA- SPROSSEN

Mithilfe eines Schraubglases und Passiertuchs kann man Alfalfasprossen leicht selbst ziehen. Die Samen müssen zunächst eingeweicht und dann häufig abgespült werden, bis die Sprossen keimen.

Alfalfa- sprossen ▶

2 IN SANDWICHES

Alfalfasprossen sind eine tolle Zutat auf Sandwiches oder in Wraps. Sie verleihen weichen Füllungen wie Hummus oder Avocado Biss.

3 ALS TEE

Alfalfatee wird in der chinesischen und ayurvedischen Medizin eingesetzt. Getrocknete Blätter 5 Minuten in kochendem Wasser ziehen lassen.

Nur Alfalfasamen, die als essbar gekennzeichnet sind, wurden gegen Keime behandelt.

FISCH, FLEISCH, MILCHPRODUKTE & EIER

FETTFISCHE

Fettreiche Fische wie Lachs, Sardine, frischer Thunfisch und Makrele enthalten blutbildendes Vitamin B_{12}, knochenstärkendes Vitamin D sowie Omega-3-Fettsäuren, die dabei helfen können, Herz, Gehirn und Haut gesund zu halten.

DARUM ESSEN

STARKES HERZ

Fettreiche Fische versorgen uns mit den Omega-3-Fettsäuren Docosahexaensäure (DHA) und Eicosapentaensäure (EPA), die nur in wenigen Lebensmitteln enthalten sind. Omega-3-Fettsäuren schützen das Herz-Kreislauf-System, in dem sie das LDL-Cholesterin im Blut senken und die Pumpkraft des Herzens stärken. Dadurch wird der Blutfluss optimiert und der Blutdruck reguliert. Studien zeigen, dass mindestens zwei Portionen Fettfisch pro Woche das Risiko, an einer Herz-Kreislauf-Erkrankung zu sterben, um 25 % senken können.

Gute Quelle für VITAMIN B_{12}

GEHIRNTÄTIGKEIT

Einige Studien verbinden einen niedrigen DHA-Spiegel in Blut und Gehirn mit Problemen wie Depression oder Verhaltensstörungen. Andere Studien besagen, dass eine gute Versorgung mit Omega-3-Fettsäuren das Risiko, an Demenz zu erkranken, senkt. Diese Fette sind für Schwangere besonders wichtig, da sie das Gehirnwachstum des Fötus unterstützen; (beachten Sie aber die Warnung auf S. 71).

SCHÖNE HAUT

Omega-3-Fettsäuren wirken im Körper entzündungshemmend und helfen, Alterserscheinungen wie Falten oder mangelnde Hautelastizität zu reduzieren. Fettreicher Fisch enthält auch Protein, ein essenzieller Bestandteil von Kollagen, das die Haut stabil hält. Omega-3-Fettsäuren helfen zudem, Symptome in Verbindung mit Ekzemen oder Schuppenflechte zu lindern.

Eine frische Makrele hat festes Fleisch sowie glänzende Haut und Augen.

DAS IST DRIN

150 g Wildlachs liefern mehr als genug Vitamin B_{12} und D sowie reichlich von den seltenen Omega-3-Fettsäuren DHA und EPA, außerdem Selen. Lachs hat von allen Fettfischen den höchsten Anteil an Omega-3-Fettsäuren.

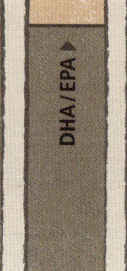
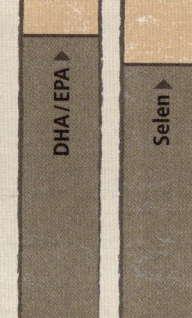

Vitamin B_{12}	Vitamin D	DHA / EPA	Selen
392 %	258 %	86 %	74 %

Nährstoffgehalt bezogen auf den Referenzwert

▲ *Makrele*

Sardinen ▼

Die essbaren Gräten sind eine gute Kalzium- und Phosphorquelle.

Frischer Lachs sollte feucht glänzen und nicht fischig riechen.

▼ Lachsfilet

WARNUNG
Fettfisch kann große Mengen an Quecksilber enthalten, darum sollten Schwangere höchstens 2 Portionen pro Woche davon essen.

▼ Thunfisch-steak

Frischer Thunfisch enthält viele Omega-3-Fettsäuren, Dosen-Thunfisch nicht.

SO SCHMECKT'S

1 GEGRILLT
Lachs oder Makrele erhalten durch Marinieren in Teriyaki-Sauce ein wunderbares Aroma. Von beiden Seiten grillen, bis die Haut knusprig und goldbraun ist.

2 FISCHFRIKADELLEN
Reste von gegrilltem Lachs oder Thunfisch lassen sich prima zu Fischfrikadellen verarbeiten. Den Fisch mit gegarter Süßkartoffel, Frühlingszwiebel und Kräutern vermengen, in Weißbrotbröseln wenden und goldbraun braten.

3 POKE MIT AVOCADO UND THUNFISCH
Poke ist ein hawaiianischer Salat mit frischem rohem Fisch, abgeschmeckt mit Sesam, Sojasauce und Frühlingszwiebeln. Probieren Sie Poke mit Thunfisch in Sushi-Qualität und Avocado.

DAS BESTE HERAUSHOLEN

FRISCHER THUNFISCH
Fettfisch aus der Dose enthält zwar Omega-3-Fettsäuren, aber das gilt nicht für Thunfisch. Deshalb frischen kaufen.

REGELMÄSSIG UND WENIG
Experten empfehlen, dass Erwachsene mindestens eine Portion und höchstens vier Portionen fettreichen Fisch pro Woche essen sollten. Sein Fleisch kann nämlich Schadstoffe wie Quecksilber enthalten, die sich im Körper anreichern.

Roher Thunfisch enthält die meisten Nährstoffe.

Poke mit Thunfisch und Avocado ▶

GEGRILLTER LACHS MIT GRÜNKOHLPESTO

Frischer Lachs ist reich an Omega-3-Fettsäuren – darüber freut sich nicht nur unser Herz, sondern auch das Gehirn. Spargel, Zitronen und ein Grünkohlpesto machen ihn noch gesünder.

Für 4 Personen   **Vorbereitung** 10 Minuten   **Garzeit** 20–30 Minuten

ZUTATEN

60 g **Walnuss**kerne

30 g kleine **Grünkohl**blätter, gewaschen und entstielt

1 **Knoblauch**zehe, zerdrückt

2 EL **Zitronen**saft

6 EL Olivenöl, plus etwas mehr zum Braten

10 Basilikumblätter

15 g Parmesan, fein gerieben

Salz und frisch gemahlener schwarzer Pfeffer

400 g **Spargel**, geputzt

1 **Zitrone,** in Spalten geschnitten, zum Garnieren

4 **Lachs**filets mit Haut (à 150 g)

ZUBEREITUNG

1 Die Walnüsse in einer beschichteten Pfanne ohne Fett bei mittlerer Hitze 2–3 Minuten unter ständigem Rühren rösten, bis sie stellenweise goldbraun sind. Auf ein Geschirrtuch legen und überschüssige Haut abrubbeln. Abkühlen lassen.

2 Grünkohl, Knoblauch, Zitronensaft, Olivenöl, Basilikum und Parmesan in einen Mixer geben. Die abgekühlten Walnüsse zugeben und gut mit Salz und Pfeffer würzen. Zu einem dickflüssigen Pesto pürieren, bei Bedarf etwas mehr Olivenöl zugeben. Bis zum Gebrauch im Kühlschrank aufbewahren.

3 Eine Grillpfanne mit etwas Olivenöl ausstreichen und bei mittlerer Temperatur erhitzen. Etwas Olivenöl in einen tiefen Teller geben und die Spargelstangen darin wenden. Salzen und pfeffern. Den Spargel von jeder Seite 1–2 Minuten in der Pfanne braten, bis er stellenweise gebräunt ist. Beiseitestellen und warm halten.

4 Die Grillpfanne mit Küchenpapier auswischen, dann wieder mit Olivenöl ausstreichen und die Zitronenspalten darin von jeder Seite 30 Sekunden braten, bis sie Grillspuren zeigen. Mit dem Spargel beiseitestellen.

5 Die Pfanne erneut auswischen und mit Öl ausstreichen. Die Fischfilets gut mit Salz und Pfeffer würzen, mit Öl bestreichen und bei mittlerer Hitze je nach Dicke 2–3 Minuten von jeder Seite braten, bis sie den gewünschten Gargrad haben. Als Erstes auf der Hautseite braten, damit der Fisch nicht auseinanderfällt. Sollte die Pfanne zu klein sein, den Fisch in mehreren Portionen braten.

6 Den Lachs mit Grünkohlpesto und Spargel servieren und mit Zitronenspalten garnieren. Übriges Pesto hält sich bis zu 5 Tage in einem luftdichten Behälter.

ENTHALTENE SUPERFOODS

WALNÜSSE
stärken das **Immunsystem.**

GRÜNKOHL
sorgt dafür, dass die **Knochen gesund** bleiben.

KNOBLAUCH
kann **krebserregende Substanzen** neutralisieren.

ZITRONEN
unterstützen die **Abwehrkräfte.**

SPARGEL
fördert das Wachstum von **Bakterien,** die gut für die **Darmflora** sind.

LACHS
hilft dabei, **Herz** und **Gehirn** gesund zu halten.

Nährwert pro Portion

Energie	657 kcal / 2685 kJ
Kohlenhydrate	3 g
– davon Zucker	3 g
Ballaststoffe	3,5 g
Fett	54 g
– davon gesättigt	9 g
Salz	0,2 g
Proteine	38 g
Cholesterin	105 mg

GEFLÜGEL

Geflügelfleisch ist reich an Protein und B-Vitaminen wie Niacin, die dem Körper helfen, Energie aus der Nahrung aufzunehmen. Hähnchen und Pute genießen Superfood-Status, da sie weniger Fett enthalten als andere Geflügelarten.

◄ *Hähnchen*

◄ *Pute*

Putenfleisch ist etwas dunkler als Hähnchenfleisch.

TIPP
Geflügel mit Haut garen, damit das Fleisch saftig bleibt. Vor dem Essen die Haut entfernen, denn sie enthält viel Fett.

DARUM ESSEN

VERDAUUNGSAPPARAT
Hähnchen und Pute enthalten viel Eiweiß, wenig Fett und haben einen hohen Sättigungsindex (SI), sodass man sich länger satt fühlt. Lebensmittel mit hohem SI enthalten im Allgemeinen viele Proteine, Ballast- und andere Nährstoffe, die insbesondere bei der Gewichtsabnahme unterstützend wirken.

ANTI-AGING
Da Geflügel proteinreich ist, kann es den Körper vor Sarkopenie bewahren, wovon besonders ältere Menschen betroffen sind. Etwa 50 g Protein täglich helfen, dem altersbedingten Verlust von Muskelmasse vorzubeugen, der bewirkt, dass Kraft und Mobilität nachlassen, sodass sich das Risiko für Stürze und Knochenbrüche erhöht.

ENERGIEZUFUHR
Geflügel ist generell ein guter Vitamin-B-Lieferant – wichtig für gesundes Blut und um Ermüdung vorzubeugen. Vitamin B_6 hilft dem Körper, Stimmungshormone zu produzieren und die innere Uhr zu regulieren.

DAS IST DRIN

100 g gegartes Hähnchenfleisch stellen mehr als die Hälfte der täglich empfohlenen Menge Niacin bereit (Pute etwas weniger), außerdem Phosphor, Kalium und Zink.

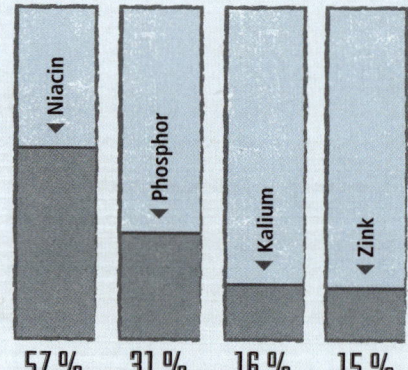

◄ Niacin   ◄ Phosphor   ◄ Kalium   ◄ Zink

57 %   31 %   16 %   15 %

Nährstoffgehalt bezogen auf den Referenzwert

Geflügel ist ein guter Lieferant für **B-Vitamine**, die das **Blut gesund** halten und **Ermüdung** vorbeugen können.

Hähnchen und **Pute** sind **proteinreich**, helfen beim **Muskelaufbau** und schützen vor **Sarkopenie.** Proteine wirken dem **altersbedingten Verlust von Muskelmasse** entgegen, der **Kraft** und **Mobilität** einschränkt, sodass sich das Risiko für **Stürze** und **Verletzungen** erhöht.

Putenfleisch mit cremigem, verdauungsfreundlichem Joghurt

Chicoréeblätter enthalten viele Ballaststoffe.

Chicorée-Schiffchen ▶

DAS BESTE HERAUSHOLEN

DUNKLES FLEISCH
Dunkles Fleisch von den Keulen enthält mehr Vitamine und Mineralien als das helle Fleisch. Aber es hat auch etwa doppelt so viel Fett und damit mehr Kalorien wie Brustfleisch, deshalb sollte dunkles Fleisch in Maßen verzehrt werden.

GAREN OHNE FETT
Damit Hähnchen und Pute auch gesund auf den Teller kommen, bei der Zubereitung möglichst wenig Fett verwenden. Für ein Maximum an Nährwert und ein Minimum an Fett das Fleisch grillen, im Backofen garen oder pochieren.

SO SCHMECKT'S

1 ASIATISCHE FRIKADELLEN
Dunkles Keulenfleisch eignet sich gut, um kleine, würzige asiatische Frikadellen zuzubereiten. Das gehackte Fleisch mit Chilischoten, Frühlingszwiebeln, Koriander und Zitronengras vermengen. Dann braten, bis die Frikadellen goldbraun und durchgegart sind. In Wraps oder Pitarot essen.

2 BRÜHE
Für eine aromatische und nährstoffreiche Brühe Hähnchen- oder Putenkarkassen mit Zwiebel, Karotte, Sellerie und Lorbeer in einen Topf geben, mit Wasser auffüllen und mehrere Stunden köcheln lassen. Für Suppen und Eintöpfe verwenden.

3 CHICORÉE-SCHIFFCHEN
Gegartes Putenfleisch in Stücke zupfen und mit geriebenen Karotten, Joghurt und frisch gehackter Minze mischen. Auf Chicoréeblättern anrichten.

ESSEN FÜRS GEHIRN

Wenn das Gehirn nicht ausreichend mit Nährstoffen versorgt wird, können Konzentrationsschwäche und sogar Depression die Folge sein, zudem steigt möglicherweise das Risiko für eine Demenzerkrankung in späteren Jahren. Hier stellen wir Ihnen ein Tagesmenü vor, das die Gehirnfunktion optimal unterstützt.

GETRÄNK

Nach dem Aufstehen ein Glas Wasser oder Pfefferminztee zum Auffüllen der Flüssigkeitsreserven trinken. In Studien hat sich die Leistungsfähigkeit von Teilnehmern um bis zu 10 % verbessert, wenn sie vor dem Lösen einer schwierigen Aufgabe kaltes Wasser tranken.

Minze enthält viele Antioxidantien, die das Gehirn vor freien Radikalen schützen.

VORMITTAGS-SNACK

Ein Stück Zartbitterschokolade oder eine Handvoll Kakao-Nibs stärkt das Denkvermögen. Kakao ist die Grundzutat von Schokolade und enthält eine Gruppe sekundärer Pflanzenstoffe, Flavonoide genannt, die den Blutzufluss zum Gehirn verbessern können. Ferner ist eine kleine Menge Koffein enthalten, das Aufmerksamkeit und Konzentration fördert.

Natürliche Zucker in Obst und Honig versorgen das Gehirn mit Energie.

FRÜHSTÜCK

Wissenschaftler meinen, dass ein Grund für das Nachlassen des Gedächtnisses im Alter darin liegt, dass Gehirnzellen durch freie Radikale geschädigt werden. Die Antioxidantien in Heidelbeeren können das Gehirn vor solchen Schädigungen schützen. Frische Heidelbeeren in der Müslischale sorgen für einen gesunden Start in den Tag.

Heidelbeeren stecken voller Antioxidantien, die das Gehirn schützen.

Brokkoli kann die Gehirnfunktion unterstützen.

ABENDESSEN

Frischer fettreicher Fisch wie Lachs, Sardine, Makrele oder Thunfisch sollte im Abendessen enthalten sein. Es hat sich gezeigt, dass die Omega-3-Fettsäuren Docosahexaensäure (DHA) und Eicosapentaensäure (EPA) in diesen Fischen die Kommunikation der Nervenzellen im Gehirn stimulieren.

Makrele im Abendessen sorgt für Omega-3-Fettsäuren, die das Gehirn gesund halten.

MITTAGESSEN

Die Grundlage für das Mittagessen bildet Blattgemüse wie Grünkohl und Spinat oder aber Kreuzblütler wie Brokkoli und Kohl. Ein einfacher Salat lässt sich durch Proteine von Quinoa, Feta, Nüssen oder Saaten anreichern. Forscher am Brigham and Women's Hospital in Boston fanden heraus, dass Frauen, die mindestens 8 Portionen grünes Blattgemüse und 5 Portionen Kreuzblütler pro Woche aßen, bessere Werte bei der Gedächnisleistung, Wortfindung und Konzentration erreichten als Frauen, die wenig davon verzehren.

NACHMITTAGS-SNACK

Am Nachmittag stärkt ein Obstsalat mit Vitamin-C-haltigen Beeren wie Erdbeeren und Himbeeren, Orange, Papaya, Kiwi und Ananas Gehirnleistung und Energie. Man fand heraus, dass Menschen, die große Mengen an Vitamin-C-haltigen Lebensmitteln zu sich nehmen, ein besseres Gedächtnis und eine größere Aufnahmefähigkeit als andere Menschen besitzen.

Vitamin-C-reiche Beeren als Basis für einen Obstsalat

Kalorienarme Diät meiden

Kalorienarme Diäten verlängern die Reaktionszeit, schwächen das Gedächtnis und beeinträchtigen die Konzentration.

JOGHURT

Mit viel Kalzium sorgt es für starke Knochen, über darmfreundliche Bakterien freut sich die Verdauung. Aber Joghurt kann noch mehr: möglicherweise reduziert er das Risiko für Adipositas, Diabetes und manche Krebsarten.

DARUM ESSEN

KNOCHEN
Joghurt spendet sehr viel Kalzium, das für die Bildung und Stärkung der Knochen wesentlich ist. Das im Joghurt enthaltene Kalzium kann vom Körper besser aufgenommen werden als das anderer Lebensmittel. Kalzium ist insbesondere für junge Menschen im Wachstum wichtig. Eine ausreichende Kalziumzufuhr bildet starke, feste Knochen und senkt das Risiko für Osteoporose im späteren Leben.

VERDAUUNGSAPPARAT
Im menschlichen Magen-Darm-Trakt leben etwa 400 verschiedene Bakterienstämme. Die Lebendkulturen in probiotischem Joghurt fördern die Vermehrung nützlicher Bakterien. Eine gesunde Darmflora ist die Basis für eine gute Verdauung und körperliches Wohlbefinden. Die nützlichen Bakterien im Joghurt helfen der Entstehung von Geschwüren oder Entzündungen vorzubeugen.

KRANKHEITEN VORBEUGEN
Studien haben gezeigt, das der regelmäßige Verzehr von Joghurt helfen kann, das Risiko für Adipositas, Diabetes und einige Krebsarten zu reduzieren. Menschen mit geschwächtem Immunsystem profitieren von den probiotischen Bakterien.

Joghurt enthält sehr viel **Kalzium**, das für die Bildung **gesunder Knochen** insbesondere bei **Kindern** und **Jugendlichen** unersetzlich ist.

DAS IST DRIN

150 g Vollmilchjoghurt sind eine hervorragende Quelle für Kalzium, Vitamin B_2, Kalium und Protein. Joghurt enthält außerdem auch Folsäure.

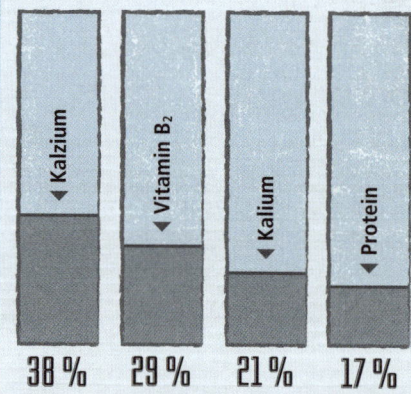

Kalzium	Vitamin B_2	Kalium	Protein
38 %	29 %	21 %	17 %

Nährstoffgehalt bezogen auf den Referenzwert

Joghurt ist kalziumreich.

DAS BESTE HERAUSHOLEN

PROBIOTISCHER JOGHURT

Am besten Joghurt mit der Aufschrift »probiotisch« oder »Lebendkulturen« kaufen, denn dieser unterstützt die Darmflora und stärkt das Immunsystem.

UNGESÜSST

Joghurt enthält natürlichen Zucker in Form von Laktose, deshalb kann der Zuckergehalt recht hoch sein. Am besten vor dem Kauf immer bei den Inhaltsstoffen prüfen, ob zusätzlicher Zucker aufgeführt ist. Fruchtjoghurt enthält oft viel zu viel Zucker. Deshalb ist es besser, Naturjoghurt mit frischem Obst zu mischen.

DIE ZUBEREITUNG

Für selbst gemachten Joghurt einfach 1 l Vollmilch auf 85 °C erhitzen. Leicht abkühlen lassen, dann 6 EL lebende Joghurtkulturen zugeben. In sterilisierten Schraubgläsern an einem warmen Ort 4–6 Stunden gären lassen.

Lebende Joghurt-kulturen zur Milch geben.

SO SCHMECKT'S

1 GEBACKEN

Klingt ungewöhnlich, schmeckt aber gut: Einfach Joghurt mit Eiern, Honig und etwas Speisestärke verrühren und über frische Heidelbeeren gießen. Bei niedriger Hitze im Ofen backen, bis alles gestockt ist.

2 TSATSIKI

Naturjoghurt mit geriebener Gurke, gehackter Minze, etwas Knoblauch und Zitronensaft vermischen und als Dip oder zu gegrilltem Fleisch oder Fisch servieren.

3 PANNA COTTA MIT JOGHURT UND PISTAZIEN

Joghurt kann statt Sahne für leckere Panna cotta verwendet werden. Mit Pistazien bestreut und mit Honig beträufelt ergibt das ein wunderbar leichtes Dessert.

Panna cotta mit Joghurt und Pistazien ▶

Die Lebendkulturen in Joghurt fördern **nützliche Darmbakterien**, die die **Verdauung** in Schwung halten.

TIPP

Schaf- oder Ziegenmilchjoghurt hat eine andere Proteinstruktur als Joghurt aus Kuhmilch und ist deshalb leichter verdaulich.

Joghurt kann in vielen Desserts als Superfood-Alternative zu Sahne verwendet werden.

PUTENFRIKADELLEN

Putenfleisch ist die perfekte Basis für diese Superfood-Frikadellen, denn es enthält viel Protein und B-Vitamine, die für einen Energieschub sorgen. Dazu gibt es minzigen Zitronenjoghurt – gut für Abwehrkräfte und Verdauung.

Für 4 Personen   **Vorbereitung** 30 Minuten, plus Kühlen   **Garzeit** 10 Minuten

ZUTATEN

500 g **Puten**hackfleisch
4 Frühlings**zwiebeln**, gehackt
1 EL gehackte **Minze**
1 EL gehackter **Koriander**
1 EL gehackte glatte **Petersilie**
2 EL gehackte **Pistazien**
½ TL gemahlener Koriander
½ TL gemahlener **Kreuzkümmel**
¼ TL **Cayennepfeffer**
Salz und frisch gemahlener
    schwarzer Pfeffer
Olivenöl zum Braten

FÜR DEN ZITRONENJOGHURT

200 g **Joghurt**
abgeriebene Schale von
    1 großen Bio-**Zitrone**
1 Handvoll gehackte **Minze**

FÜR DEN SALAT

1 EL Olivenöl
1 EL stichfester **Joghurt**
2 EL **Zitrone**nsaft
1 TL flüssiger Honig
mehrere Handvoll gemischte
    Kräuter wie **Minze**, glatte
    Petersilie oder **Koriander**
100 g Rucolablätter
¼ kleine rote **Zwiebel**, in feine
    Streifen geschnitten
Kerne von 1 **Granatapfel**

ZUBEREITUNG

1 Für die Frikadellen alle Zutaten in eine große Schüssel geben, gut salzen und pfeffern und mit den Händen gründlich vermengen. Die Hände waschen und nicht abtrocknen, dann zwölf gleich große Frikadellen aus der Masse formen. Auf einem mit Backpapier ausgelegten Teller verteilen und mit Frischhaltefolie abdecken. Für 30 Minuten in den Kühlschrank stellen.

2 Für den Zitronenjoghurt alle Zutaten verrühren, mit Salz und Pfeffer abschmecken und bis zum Gebrauch in den Kühlschrank stellen.

3 Für den Salat in einer großen Schüssel aus Olivenöl, Joghurt, Zitronensaft und Honig ein Dressing anrühren. Mit Salz und Pfeffer abschmecken. Kurz vor dem Servieren Kräuter, Rucolablätter, Zwiebel und den größten Teil der Granatapfelkerne mit dem Dressing mischen.

4 Um die Frikadellen zu braten, etwas Olivenöl in einer Pfanne oder Grillpfanne erhitzen. Die Frikadellen darin bei mittlerer Temperatur 4–5 Minuten von jeder Seite braten, bis sie schön gebräunt sind. Sie sollten leicht nachgeben, wenn man mit einem Finger daraufdrückt.

5 Zum Servieren etwas Zitronenjoghurt auf eine Seite jedes Tellers geben und drei Frikadellen darauflegen. Den Salat auf der freien Fläche anrichten und mit zusätzlichen Granatapfelkernen bestreuen. Sofort servieren.

ENTHALTENE SUPERFOODS

PUTENFLEISCH
hilft dabei, die **Muskelkraft** zu erhalten.

ZWIEBELN
regen das Wachstum **nützlicher Bakterien** im Darm an.

KRÄUTER & GEWÜRZE
- **Minze** fürs Immunsystem
- **Koriander** für schöne Haut und gute Augen
- **Petersilie** für gesunde Knochen
- **Kreuzkümmel** für eine gute Verdauung
- **Cayennepfeffer** für den Stoffwechsel

PISTAZIEN
gleichen **Cholesterin** aus.

JOGHURT
unterstützt die **Verdauung**.

ZITRONE
stärkt das **Immunsystem**.

GRANATAPFEL
kann **Krebs** bekämpfen helfen.

Nährwert pro Portion

Energie	427 kcal / 1738 kJ
Kohlenhydrate	12,5 g
– davon Zucker	12 g
Ballaststoffe	3,5 g
Fett	17 g
– davon gesättigt	5,5 g
Salz	0,4 g
Proteine	54 g
Cholesterin	9 g

EIER

Sie bieten zwei Vitalstoffe, die in den meisten Lebensmitteln fehlen: Jod und Vitamin D. Darüber hinaus sind Eier reich an gewebebildendem Protein sowie Vitamin B_{12}, das bei der Produktion von Blutkörperchen eine wichtige Rolle spielt.

DARUM ESSEN

VIEL VITAMIN D
Eier liefern reichlich Vitamin D. Untersuchungen zufolge haben Menschen, die viel Vitamin D zu sich nehmen, ein stärkeres Immunsystem und ein geringeres Risiko, an multipler Sklerose und bestimmten Krebsarten zu erkranken. Vitamin D fördert auch die Kalziumaufnahme.

HORMONHAUSHALT
Eier sind ein guter Jodlieferant. Dieses Mineral ist für die Bildung von Schilddrüsenhormonen und für das Gehirnwachstum des Fötus wichtig. Untersuchungen zeigen, dass viele Menschen nicht ausreichend Jod mit ihrer Nahrung zu sich nehmen.

VIEL PROTEIN
Eier enthalten viele Proteine, die für die Bildung von Knochen, Haut, Muskeln und Organen unerlässlich sind. Proteinhaltige Ernährung kann dem altersbedingten Abbau von Muskelmasse vorbeugen, der das Risiko für Stürze und Knochenbrüche erhöht.

Eier sind reich an **Vitamin D**, wodurch sie das **Immunsystem stärken** und **das Risiko** für **multiple Sklerose** und bestimmte **Krebsarten** senken können.

DAS IST DRIN

Ein mittelgroßes Hühnerei liefert die Hälfte des Tagesbedarfs an Vitamin B_{12}, außerdem Vitamin D, Selen und Jod. Eier enthalten ferner die Vitamine A und B_2 sowie Folsäure.

Vitamin B_{12}	Vitamin D	Selen	Jod
56 %	32 %	22 %	17 %

Nährstoffgehalt bezogen auf den Referenzwert

Gute Quelle für VITAMIN B_{12}

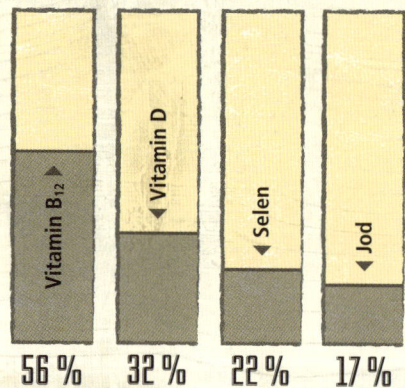

Frische Eier bieten mehr Nährstoffe, deshalb immer das Haltbarkeitsdatum beachten.

DAS BESTE HERAUSHOLEN

FREILANDHALTUNG UND BIO

Bio-Eier enthalten mehr Vitamin A und E sowie weniger gesättigte Fettsäuren als Eier aus konventioneller Haltung.

HUHN, WACHTEL & CO.

Alle Eier sind sehr reich an Protein und B-Vitaminen, aber die verschiedenen Vogelarten sorgen für unterschiedliche Vorzüge: Hühnereier enthalten weniger Cholesterin als andere Eier und sind eine gute Quelle für Vitamin D und B_{12}. Enteneier dagegen enthalten mehr Eisen und Folsäure, was dem Blut zugute kommt. Gänseeier haben ähnliche Nährstoffe wie Hühnereier, aber mehr Omega-3-Fettsäuren, die vor Herz-Kreislauf-Erkrankungen schützen. Wachteleier sind zwar klein, enthalten aber reichlich knochenstärkende Phosphate und Folsäure.

SO SCHMECKT'S

1 GEBACKEN

Als besonderes Frühstück oder leichtes Abendessen: Kleine Auflaufformen mit Olivenöl einpinseln, zur Hälfte mit gedünstetem Spinat füllen, dann salzen und pfeffern. Ein Ei darüberschlagen und im Ofen backen, bis es gestockt ist.

2 SNACK

Ein hart gekochtes Ei ist ein perfekter Superfood-Snack. Dank seiner Proteine hält es bis zur nächsten Mahlzeit vor.

3 DICKE-BOHNEN-TORTILLA

Für eine leichte Version der spanischen Tortilla die Kartoffeln durch frische Dicke Bohnen ersetzen. Die Bohnen mit etwas Knoblauch und Öl in der Pfanne anschwitzen. Verquirlte Eier und gehackte Kräuter unterrühren und braten, bis die Unterseite der Tortilla goldbraun ist.

Eier liefern viel **Jod**, dieses Mineral ist für die Bildung von **Schilddrüsenhormonen** und das **Gehirnwachstum** des **Fötus** unerlässlich.

TIPP

Um die Frische von Eiern zu prüfen, das Ei vorsichtig in ein Glas kaltes Wasser gleiten lassen. Ein frisches Ei sinkt auf den Boden, ein älteres schwebt.

Dicke-Bohnen-Tortilla ▶

Eier mit Dicken Bohnen kombinieren – so nimmt man auch viel Vitamin C und Ballaststoffe auf.

GEMÜSE

KAROTTEN

Vollgepackt mit Beta-Karotin, einem sekundären Pflanzenstoff, der im Körper zu Vitamin A umgewandelt wird, halten Karotten unsere Augen und Knochen gesund. Möglicherweise tragen sie sogar zur Krebsvorbeugung bei.

DARUM ESSEN

ANTI-AGING

Das in Karotten enthaltene Beta-Karotin ist ein Antioxidans, das hilft, die Haut vor freien Radikalen zu schützen, die den Alterungsprozess vorantreiben. Es hilft auch, die Spannkraft zu verbessern.

KREBS VORBEUGEN

Beta-Karotin und auch andere Karotinoide können das Risiko für bestimmte Krebsarten wie Lungenkrebs senken. Studien haben ergeben, dass Beta-Karotin in Nahrungsergänzungsmitteln nicht denselben positiven Effekt erzielt wie natürliche Karotinoide.

SEHKRAFT

Beta-Karotin hilft, die Augen gesund zu halten. Studien zufolge erkranken Menschen mit wenig Beta-Karotin im Blut fünfmal häufiger an grauem Star. Karotten enthalten auch Lutein und Zeaxanthin – Karotinoide, die helfen, das Risiko für altersbedingte Makuladegeneration zu reduzieren.

DAS IST DRIN

100 g rohe Karotten liefern mehr als den Tagesbedarf an Provitamin A (in Form von Karotinoiden), außerdem die Vitamine K und B_1 sowie das Mineral Kalium. Auch Vitamin C, B_2 und B_6 sowie Folsäure, Eisen, Magnesium, Phosphor, Zink, Mangan und Ballaststoffe sind in Karotten enthalten.

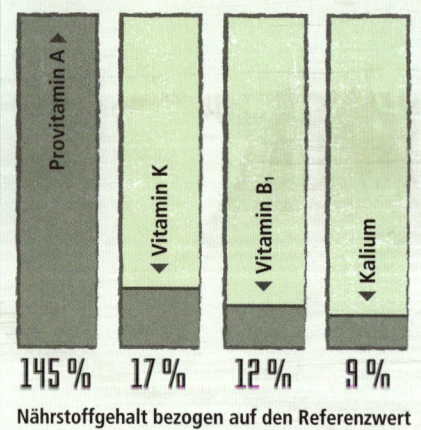

Provitamin A ▲	◀ Vitamin K	◀ Vitamin B_1	◀ Kalium
145 %	17 %	12 %	9 %

Nährstoffgehalt bezogen auf den Referenzwert

Da die Schale nährstoffreich ist, am besten ungeschälte Bio-Karotten essen.

Karotten mit hellgrünem Blattansatz sind frisch geerntet und enthalten eine hohe Konzentration an Nährstoffen.

DIE HERKUNFT

Unsere Karotte oder Möhre hat sich aus Wildformen entwickelt, die ursprünglich aus Afghanistan stammen. Wilde Karotten sind violett, rot oder gelb. Orange Karotten wurden zuerst in Holland gezüchtet, von dort aus verbreiteten sie sich auf der ganzen Welt. Heute gewinnen die alten, bunten Sorten wieder an Beliebtheit. Alle Sorten sind im späten Frühjahr am aromatischsten.

Karotten mögen sandigen Boden.

DAS BESTE HERAUSHOLEN

ROH UND GEKOCHT

Rohe Karotten enthalten zwar mehr Vitamin C als gekochte, doch aus gegarten kann der Körper 30 % mehr Beta-Karotin aufnehmen.

MIT ÖL

Karotinoide sind fettlöslich, deshalb sollten Karotten immer mit etwas Fett gegart werden – etwa in einem Wokgericht –, das erleichtert die Aufnahme im Körper.

SO SCHMECKT'S

1 ROH ROCKT

Mit einem Sparschäler oder Spiralschneider lässt sich ein herrlicher Rohkostsalat aus Karotten- und Zucchinistreifen zubereiten. Mit einer Handvoll Minze, Koriander, roten Zwiebeln und Asia-Dressing vermengen.

2 RÖSTAROMEN

Wurzelgemüse wie Karotten bekommt durch Rösten ein intensiveres Aroma: Kleine Karotten in etwas Olivenöl wenden, dann mit etwas Salz und Pfeffer bestreut 30 Minuten im Ofen backen. Thymian und Knoblauch sorgen für zusätzliche Würze.

3 ENERGIEKUGELN

Karotten liefern Nährstoffe und Farbe für selbst gemachte Energiekugeln: Gehackte Karotten mit gekochtem Buchweizen, leicht gerösteten Nüssen oder Saaten, gekochten Bohnen und gehackten Kräutern mischen. Zu gleich großen Bällchen rollen und 20 Minuten im Ofen backen.

Gute Quelle für VITAMIN A

Energiekugeln ▶

SÜSSKARTOFFELN

Mit ihrem hohen Gehalt an Provitamin A und Vitamin C stärken die orangefarbenen Knollen das Immunsystem und sorgen für gesunde Haut. Dank des niedrigen glykämischen Index liefern sie nachhaltig Energie.

DARUM ESSEN

SCHÖNE HAUT
Süßkartoffeln liefern große Mengen des sekundären Pflanzenstoffs Beta-Karotin (oder Provitamin A), aus dem der Körper Vitamin A bildet. Es kann die Spannung des Gewebes verbessern. Auch das ebenfalls enthaltene Vitamin C kommt der Haut zugute – es hilft bei der Produktion von Kollagen.

IMMUNSYSTEM
Das in Süßkartoffeln enthaltene Vitamin C stärkt das Immunsystem und unterstützt die weißen Blutkörperchen bei der Bekämpfung von Krankheitserregern.

Süßkartoffeln möglichst mit der ballaststoffreichen Schale essen.

ENERGIEZUFUHR
Der niedrige glykämische Index (GI) von Süßkartoffeln bewirkt, dass ihr Zucker nur langsam aufgenommen wird. So kommt es nicht zum plötzlichen Anstieg des Blutzuckerspiegels und der Körper profitiert von konstanter Energiezufuhr.

Süßkartoffeln sind eine hervorragende Quelle für **Provitamin A**, das für **gesunde Haut** sorgt.

DAS IST DRIN

Eine große gebackene Süßkartoffel (180 g) liefert mehr als den Tagesbedarf an Provitamin A, dazu Vitamin C, Mangan und Kalium.

Provitamin A	Vitamin C	Mangan	Kalium
192 %	51 %	45 %	43 %

Nährstoffgehalt bezogen auf den Referenzwert

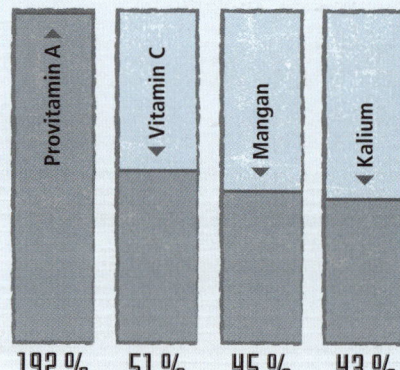

Die leuchtende Farbe verdankt sie dem Beta-Karotin.

DIE HERKUNFT

Ursprünglich stammt die Süßkartoffel aus Mittelamerika, heute wird sie in warmen Regionen auf der ganzen Welt angebaut, auch in den Tropen. Trotz ihres Namens ist sie nicht mit der Kartoffel verwandt, sie gehört zur Familie der *Convolvulaceae*. Süßkartoffeln gibt es in verschiedenen Farben von weiß bis orange, aber orangefleischige Knollen sind am weitesten verbreitet.

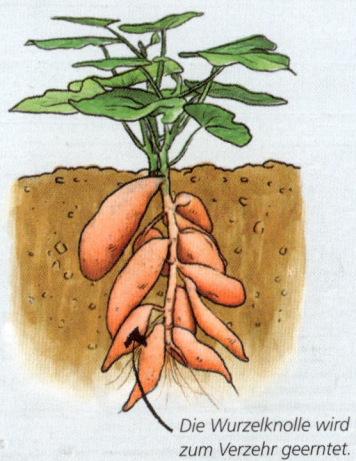

Die Wurzelknolle wird zum Verzehr geerntet.

DAS BESTE HERAUSHOLEN

MIT ETWAS FETT

Süßkartoffeln mit Fett wie Olivenöl, Avocado oder Nüssen kombinieren, damit der Körper die Nährstoffe aufnehmen kann.

ORANGE GEWINNT

Süßkartoffeln mit leuchtend orangem Fleisch bevorzugen, da diese reichlich Beta-Karotin enthalten. Dieser sekundäre Pflanzenstoff bewirkt viel Gutes für die Haut.

SO SCHMECKT'S

1 GERÖSTET

In einer ofenfesten Form Ahornsirup mit salzreduzierter Sojasauce verrühren. Süßkartoffelstücke darin wenden und mit Sesamsaat bestreuen. 30 Minuten im heißen Backofen rösten, bis sie schön gebräunt sind.

2 IN WRAPS

Geröstete Süßkartoffeln mit Hummus und Spinatblättern sind eine perfekte Füllung für leckere Wraps.

3 SÜSSKARTOFFELSUPPE

Reste von gebackener Süßkartoffel als Basis für eine schnelle Suppe verwenden: Zwiebel, Knoblauch, Ingwer und gewürfelte Süßkartoffel in Gemüsebrühe weich kochen. Dann pürieren und mit geriebener Muskatnuss oder gerösteten Kürbiskernen bestreuen.

Süßkartoffel-suppe ▶

Süßkartoffeln spenden **viel Vitamin C,** das der Körper für ein **starkes** und **gesundes Immunsystem** braucht.

TIPP

Süßkartoffeln kühl und nicht im Sonnenlicht lagern – möglichst auch nicht im Kühlschrank, da sie dort an Aroma verlieren.

QUESADILLAS MIT SÜSSKARTOFFEL

Süßkartoffeln sind reich an Beta-Karotin, stärken das Immunsystem und sind gut für die Haut. In diesen Quesadillas werden sie mit Bohnen und Avocado kombiniert – davon profitieren Herz und Cholesterinspiegel.

Für 4 Personen **Vorbereitung** 35 Minuten **Garzeit** 8–12 Minuten

ZUTATEN

4 EL Olivenöl, plus etwas mehr zum Braten

2 große **Süßkartoffeln**, geschält und fein gewürfelt (500 g)

½ kleine **Zwiebel**, fein gewürfelt

1 milde grüne Chilischote, entkernt und sehr fein gehackt

1 große Ochsenherz**tomate**, gehäutet, entkernt und fein gehackt

1 Dose **schwarze Bohnen** (400 g), abgespült

1 große Handvoll **Koriander**grün, grob gehackt

75 g Emmentaler, gerieben

1 gestrichener TL geräuchertes Paprikapulver

8 Mais- oder Weizenmehltortillas (20 cm ø)

FÜR DIE AVOCADOSALSA

2 reife **Avocados**

4 Frühlings**zwiebeln**, fein gehackt

1 EL Olivenöl

Saft von 1 Limette

2 EL fein gehackter **Koriander**

ZUBEREITUNG

1 Für die Avocadosalsa die Avocados halbieren und entkernen, das Fruchtfleisch hacken und in eine Schüssel geben. Mit den restlichen Zutaten verrühren. Mit Salz und Pfeffer abschmecken und bis zum Gebrauch in den Kühlschrank stellen.

2 Für die Quesadillafüllung 3 EL Olivenöl in einer großen beschichteten Pfanne erhitzen. Die Süßkartoffeln darin bei mittlerer Hitze unter gelegentlichem Rühren 10 Minuten braten, bis sie weich und stellenweise goldbraun sind. Übriges Öl, Zwiebel und Chilischote einrühren und 5 Minuten weiterbraten.

3 Die gehackte Tomate zufügen und unter häufigem Rühren 5 Minuten garen, bis sie zerfällt. Vom Herd nehmen.

4 Die schwarzen Bohnen abtropfen lassen, zufügen und mit einem Kartoffelstampfer vorsichtig zerdrücken. Dann Koriander, Käse und Paprikapulver zugeben und die Füllung mit Salz und Pfeffer abschmecken. Alles gut vermischen.

5 Den Backofen auf 130 °C vorheizen. Etwas Öl in einer großen beschichteten Pfanne erhitzen. Inzwischen ein Viertel der Süßkartoffelmischung auf eine Tortilla geben, mit einer zweiten Tortilla belegen und wie ein Sandwich zusammendrücken. Von jeder Seite bei mittlerer Hitze 2–3 Minuten braten, dabei einmal vorsichtig wenden, bis die Quesadilla gleichmäßig gebräunt ist. Auf einem Backblech im Ofen warm halten, während die restlichen Quesadillas zubereitet werden.

6 Zum Servieren jede Quesadilla in Viertel schneiden und mit etwas Avocadosalsa zum Dippen servieren.

ENTHALTENE SUPERFOODS

SÜSSKARTOFFELN
stärken das **Immunsystem**.

ZWIEBELN
regen die Vermehrung **nützlicher Darmbakterien** an.

TOMATEN
können das Risiko für **Herzerkrankungen** senken.

SCHWARZE BOHNEN
wirken ausgleichend auf den **Cholesterinspiegel**.

KORIANDER
ist gut für die **Augen**.

AVOCADOS
sorgen für einen ausgeglichenen **Cholesterinspiegel** und schützen das **Herz**.

Nährwert pro Portion

Energie	881 kcal / 3558 kJ
Kohlenhydrate	90 g
– davon Zucker	14 g
Ballaststoffe	18 g
Fett	45 g
– davon gesättigt	12 g
Salz	1,8 g
Proteine	20 g
Cholesterin	18 g

ROTE BETE

Die roten Knollen enthalten Nitrate, sekundäre Pflanzenstoffe, die blutdrucksenkend wirken und möglicherweise
auch den Krankheitsverlauf von Demenz verzögern können.
Folsäure fördert die Bildung roter Blutkörperchen.

DARUM ESSEN

GESUNDES BLUT
Rote Bete liefert Nitrate, die im Körper zu Stickoxiden umge-
wandelt werden. Sie helfen, Blutgefäße zu lockern und zu weiten, sodass der Blutdruck sinkt. Die roten Knollen enthalten auch viel Folsäure, ein B-Vitamin, das die Bildung von Hämoglobin unterstützt – dieses Protein transportiert Sauerstoff im Blut.

MUSKELKRAFT
Untersuchungen an der britischen Northumbria University ergaben, dass durch das Trinken von Rote-Bete-Saft nach anstrengendem Sport der Schmerz in den Muskeln nachlässt.

GEHIRNLEISTUNG
Studien zeigen, dass Nitrate aus Roter Bete das Fortschreiten von Demenz verlangsamen können, indem sie den Blutfluss zum Gehirn verbessern.

DAS IST DRIN

100 g rohe Rote Bete sind eine sehr gute Quelle für Folsäure, außerdem für Mangan, Kalium und Eisen. Rote Bete enthält auch Provitamin A, die Vitamine B_1, B_2, B_6, C und Niacin sowie Kalzium, Magnesium, Zink, Kupfer und Selen.

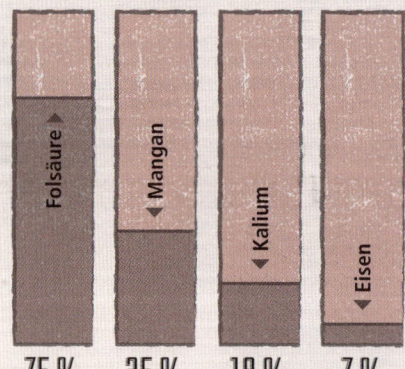

Folsäure	Mangan	Kalium	Eisen
75 %	35 %	19 %	7 %

Nährstoffgehalt bezogen auf den Referenzwert

Der Genuss von **Rote-Bete-Saft** nach **intensivem Training** kann helfen, **Muskelkater** vorzubeugen.

DAS BESTE HERAUSHOLEN

ROH ODER KURZ GEGART
Rohe Rote Bete enthält viele Nitrat. Es ist wasserlöslich, deshalb sollten die Knollen nur kurz gekocht und das Kochwasser für Brühen, Suppen oder Saucen weiterver-
wendet werden.

VERSCHIEDENE SORTEN
Die meist verbreitete Rote-Bete-Sorte ist die dunkelrote, die Betain enthält, einen Pflanzenfarbstoff, der gegen Krebs wirken soll. Gelbe Bete verdankt ihre Färbung Betaxanthin, einem sekundären Pflanzenstoff, der das Immunsystem stärkt.

Frische Rote Bete hat intensiv gefärbte, glänzende, feste Blätter.

Rote-Bete-Risotto mit Gerste ▶

Betanin sorgt für die rote Farbe und kann gegen Krebs schützen.

TIPP
Rote Bete ungeschält garen, damit die Nährstoffe erhalten bleiben. Die Schale kann mitgegessen werden.

DIE HERKUNFT

Die Knollen der Roten Rübe werden seit Jahrtausenden gegessen. Unsere Gartenbete entstand im 16. Jh. und gedeiht in allen gemäßigten Klimazonen.

Je nach Sorte sind die Knollen rot, rosa geringelt oder gelb.

SO SCHMECKT'S

1 ROTE-BETE-RISOTTO MIT GERSTE
Pürierte Rote Bete verleiht Risotto eine leuchtende Farbe. Für einen Superfood-Risotto Gerste leicht rösten und als Basis für Risotto verwenden. Am Ende der Garzeit gekochte, pürierte Rote Bete zugeben.

2 IN BROWNIES
Der erdige Geschmack von Roter Bete passt perfekt zu dunklem Kakao. Für den ultimativen Superfood-Brownie kurz gekochte und pürierte Rote Bete unter den Kuchenteig ziehen.

3 ALS SAFT
Das Beste aus der Roten Bete kann man auch gut in einem frischen Saft genießen: Kleine Knollen gut abbürsten und ungeschält entsaften. Eignet sich anstelle von Orangensaft zum Frühstück oder als Basis für ein Smoothie.

BUTTERNUT-KÜRBIS

Alle Kürbisse sind gesund, aber nur Butternut ist ein Superfood. Er enthält große Mengen an Karotinoiden – geschätzt für ihre antikarzinogene Wirkung und gut für die Haut.

DARUM ESSEN

KREBS VORBEUGEN
Butternut-Kürbis enthält viele Karotinoide wie Beta-Karotin, die möglicherweise Schutz vor verschiedenen Krebsarten bieten.

IMMUNSYSTEM
Mit seinem sehr hohen Gehalt an Vitamin C unterstützt Butternut-Kürbis das Immunsystem und die Aktivität der weißen Blutkörperchen.

SCHÖNE HAUT
Beta-Karotin, eine Vorstufe von Vitamin A, hilft unter anderem bei der Erneuerung von Hautzellen. Es verbessert auch die Gewebespannung und lässt die Haut gesünder aussehen.

DAS IST DRIN

100 g gerösteter Butternut-Kürbis sind eine ausgezeichnete Quelle für Provitamin A und liefern Vitamin C, Kalium sowie Folsäure.

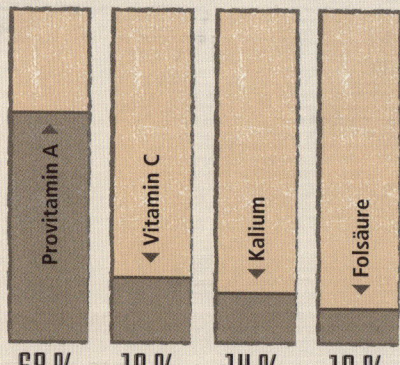

Provitamin A	Vitamin C	Kalium	Folsäure
68 %	19 %	14 %	10 %

Nährstoffgehalt bezogen auf den Referenzwert

SO SCHMECHT'S

1 **GERÖSTET**
Die einfachste Art, Kürbis zuzubereiten: halbieren, entkernen und im heißen Ofen backen.

2 **VEGETARISCHE LASAGNE**
Sehr feine Scheiben Butternut-Kürbis als glutenfreie Alternative für Lasagneblätter verwenden. Mit Shiitakepilzen und Spinat aufschichten.

3 **ALS SAUCE**
Pürierter Butternut-Kürbis mit Mandeldrink ergibt eine laktosefreie Sauce für Pasta – mit Salz, Pfeffer und Muskatnuss abschmecken.

DIE HERKUNFT

Butternut-Kürbis gehört zum Wintergemüse. Die ersten Kürbisse wurden bereits vor über 7000 Jahren in Amerika kultiviert.

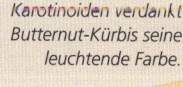

Karotinoiden verdankt Butternut-Kürbis seine leuchtende Farbe.

Butternut-Kürbis ist im Herbst reif für die Ernte.

FENCHEL

Fenchel gilt als verdauungsfördernd, da er magenfreundliche sekundäre Pflanzenstoffe enthält. Er kann auch gegen hohen Blutdruck helfen.

Mit Fenchel erhält ein einfacher Salat Biss und blutbildende Nährstoffe.

Orangen-Fenchel-Salat ▲

DARUM ESSEN

VERDAUUNGSAPPARAT
Fenchel enthält viele sekundäre Pflanzenstoffe und Anethol, das verdauungsfördernd wirkt, da es die Magensäfte anregt. Mithilfe von Fencheltee lassen sich Blähungen und Völlegefühl lindern.

GESUNDES BLUT
Durch den hohen Gehalt an Kalium und Folsäure unterstützt Fenchel die Regulierung des Blutdrucks und die Bildung roter Blutkörperchen. Nitrate sorgen dafür, dass sich die Blutgefäße weiten, sodass der Blutdruck sinkt.

Knollen mit frischem, fedrigem Grün kaufen.

DAS IST DRIN

100 g Fenchel liefern beträchtliche Mengen Kalium und Folsäure, außerdem Vitamin C sowie Ballaststoffe.

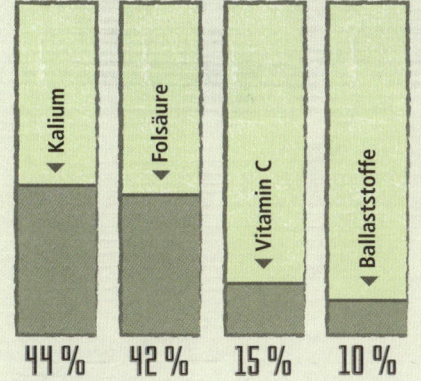

Kalium	Folsäure	Vitamin C	Ballaststoffe
44 %	42 %	15 %	10 %

Nährstoffgehalt bezogen auf den Referenzwert

DIE HERKUNFT

Fenchel gedeiht in gemäßigten Klimazonen wie im Mittelmeerraum. Die Knolle ist eine Zwiebel, die überirdisch wächst.

Fenchelpflanzen werden bis zu 1 m hoch.

SO SCHMECKT'S

1 ORANGEN-FENCHEL-SALAT
Fein gehobelte Fenchelknolle mit frischen Orangenstücken, Salatblättern und Oliven vermengen. Mit etwas Olivenöl beträufeln. Die Orange sorgt für Säure.

2 GERÖSTET
Gerösteter Fenchel entfaltet ein sehr schönes Anisaroma: Mit etwas Olivenöl beträufeln und im mittelheißen Backofen 20–30 Minuten rösten. Zu gekochter Quinoa und Granatapfelkernen servieren.

3 ÜBERBACKEN
Gratinierter Fenchel ist eine köstliche Beilage zu Fisch oder Hähnchen: In feine Scheiben hobeln, salzen und pfeffern, mit Olivenöl beträufeln und mit Parmesan bestreuen. Überbacken, bis der Fenchel weich und der Käse goldbraun ist.

KÜRBIS-GERSTEN-SALAT

Das volle Gerstenkorn ist ein hervorragender Lieferant für Ballaststoffe – gut für die Senkung des LDL-Cholesterinspiegels. Kürbis enthält Karotinoide, die antikarzinogen wirken können.

Für 4 Personen **Vorbereitung** 20 Minuten, plus Einweichen und Abkühlen **Garzeit** 30 Minuten

ZUTATEN

250 g entspelzte **Gerste**, über Nacht in kaltem Wasser eingeweicht

Saft von 2 **Zitronen**, plus etwas mehr zum Abschmecken

2 EL natives Olivenöl extra, plus etwas mehr zum Rösten

Salz und frisch gemahlener schwarzer Pfeffer

1 kleiner Eichel- oder **Butternut-Kürbis** (etwa 600 g)

1 rote **Zwiebel**, geschält

2 große Handvoll **Grünkohl**, gewaschen, entstielt und in feine Streifen geschnitten

2 EL grob gehackte glatte **Petersilie**

2 EL **Kürbiskerne**

150 g Feta, zerkrümelt

ZUBEREITUNG

1 Den Backofen auf 220 °C vorheizen. Die Gerste in ein Sieb abgießen und abspülen, in einen Topf mit Wasser geben und zum Kochen bringen. Die Temperatur reduzieren und die Körner 30 Minuten köcheln lassen, bis sie weich, aber noch bissfest sind.

2 Die gekochte Gerste abtropfen lassen, dann zum Abkühlen in eine Schüssel geben. Noch warm mit Zitronensaft und 2 EL Olivenöl beträufeln, salzen und pfeffern, dann beiseitestellen. Inzwischen den restlichen Salat zubereiten.

3 Den Kürbis oben und unten flach schneiden, dann in 16 Spalten teilen und schälen. Die Spalten entkernen, in Olivenöl wenden und auf einem Backblech verteilen. Salzen und pfeffern und auf der obersten Schiene des Ofens 20–25 Minuten rösten. Nach der Hälfte der Garzeit wenden, damit der Kürbis von beiden Seiten gleichmäßig bräunt. Aus dem Ofen nehmen und abkühlen lassen.

4 Inzwischen die Zwiebel in acht Spalten schneiden und in etwas Olivenöl wenden. Die Spalten in einer ofenfesten Form verteilen, salzen und pfeffern und 20 Minuten im Ofen garen. Nach der Hälfte der Garzeit wenden, damit die Zwiebelspalten auf beiden Seiten Farbe annehmen. Aus dem Ofen nehmen und abkühlen lassen.

5 Vor dem Servieren die abgekühlte Gerste mit Zitronensaft, Olivenöl, Salz und Pfeffer abschmecken. Den Grünkohl in eine Schüssel geben, etwas Olivenöl und Salz darübergeben und mit den Händen einige Minuten durchkneten, bis die Blätter weich sind. Die Gerste hinzufügen, die Zwiebelspalten, Petersilie, Kürbiskerne und drei Viertel des Fetas. Alles gut mischen.

6 Den Salat in eine große Servierschüssel geben und die Kürbisspalten unterheben. Mit dem restlichen Feta bestreuen und servieren.

ENTHALTENE SUPERFOODS

GERSTE
reduziert das
LDL-Cholesterin.

ZITRONE
stärkt das
Immunsystem.

HÜRBIS
kann gegen
verschiedene Arten
von **Krebs** wirken.

ZWIEBELN
fördern das Wachstum
nützlicher Darmbakterien.

GRÜNKOHL
ist gut für die **Haut.**

PETERSILIE
sorgt für
gesunde Knochen.

HÜRBISHERNE
sind gut für
die **Haut.**

Nährwert
pro Portion

Energie 535 kcal / 2171 kJ

Kohlenhydrate 67 g
– davon Zucker 10 g

Ballaststoffe 6 g

Fett 21 g
– davon gesättigt 7 g

Salz 1 g

Proteine 16 g

Cholesterin 26 g

ZWIEBELN

Die unscheinbare Zwiebel steckt voller Vitamine, Mineralien und sekundärer Pflanzenstoffe. Regelmäßig verzehrt, kann sie den Verdauungsapparat stärken, das Risiko für Herz-Kreislauf-Erkrankungen reduzieren und Krebs hemmen.

DARUM ESSEN

VERDAUUNGSAPPARAT

Zwiebeln enthalten einen probiotisch wirkenden Ballaststoff, der das Wachstum nützlicher Darmbakterien fördern kann.

STARKES HERZ

Untersuchungen zeigen, dass Zwiebeln helfen, den Blutdruck zu senken. Sie enthalten sekundäre Pflanzenstoffe, die blutverdünnend wirken, sodass die Arterien frei bleiben. Quercetin scheint zu verhindern, dass sich LDL-Cholesterin in den Herzkranzgefäßen absetzt. Infolgedessen kann das Risiko für Herz-Kreislauf-Erkrankungen sinken.

KREBS VORBEUGEN

Es hat sich gezeigt, dass der sekundäre Pflanzenstoff Quercetin das Wachstum von Krebszellen hemmen kann. Studien legen nahe, dass Menschen, die regelmäßig Zwiebeln verzehren, ein geringeres Risiko haben, an Speiseröhren-, Dickdarm-, Brust,- Eierstock- oder Nierenkrebs zu erkranken.

DAS IST DRIN

100 g rohe Zwiebeln sind eine gute Quelle für Folsäure, Vitamin B_1 und B_6 und Kalium. Zwiebeln enthalten außerdem Vitamin B_2, C und E sowie Ballaststoffe, Niacin, Magnesium und Kupfer.

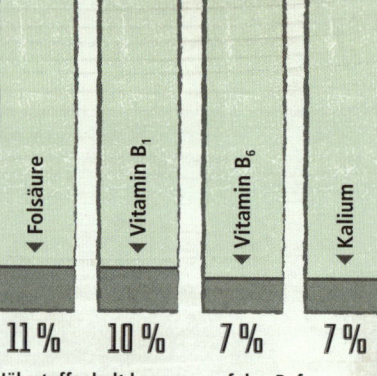

Folsäure	Vitamin B_1	Vitamin B_6	Kalium
11 %	10 %	7 %	7 %

Nährstoffgehalt bezogen auf den Referenzwert

Braune und rote Zwiebeln mit kleinem, schlankem Stielansatz kaufen, denn sie bleiben länger frisch.

Anthocyane sorgen für die rote Farbe in den Zwiebeln.

Frühlingszwiebeln werden geerntet, bevor sie Knollen gebildet haben.

Zwiebeln enthalten **Quercetin**, einen sekundären **Pflanzenstoff**, der **verhindert,** dass sich **LDL-Cholesterin** in den Arterien absetzt, sodass es seltener zu **Herzerkrankungen** kommt. Er kann auch das Wachstum von **Krebszellen hemmen.**

SO SCHMECKT'S

1 SCHNELL EINGELEGT

Rote Zwiebelringe mit Essig beträufeln, mit Honig süßen und mit Salz und Pfeffer bestreut 30 Minuten marinieren. Schmeckt auf Hamburgern oder im Salat.

2 MIT REIS

Für ein einfaches asiatisches Gericht gekochten Naturreis mit Frühlingszwiebelröllchen, Frühlingsgemüse, Ei und einem Spritzer Sojasauce in einer heißen Pfanne unter Rühren braten.

3 ORANGENSALAT MIT ROTER ZWIEBEL

Für einen einfachen Beilagensalat eine Orange schälen und in feine Scheiben schneiden, Streifen von roten Zwiebeln und grüne Oliven dazugeben und mit Olivenöl und Zitronensaft anmachen. Mit gehacktem Koriander und Paprika bestreuen.

TIPP

Nährstoffreiche rohe Zwiebeln schmecken milder, wenn man sie mit Essig beträufelt oder mit säurehaltigen Früchten kombiniert.

DAS BESTE HERAUSHOLEN

ROTE ZWIEBELN
Zwiebeln gibt es in vielen Größen, Formen und Farben ohne große Unterschiede im Gehalt an Vitaminen und Mineralstoffen. Die roten Zwiebeln allerdings enthalten mehr Quercetin, einen gelben Farbstoff, der den LDL-Cholesterinwert senkt und Krebs vorbeugen kann. Und auch bei den Anthocyanen liegen die roten Zwiebeln vorn – antioxidativen Pflanzenstoffen, die das Herz schützen.

▼ *Orangensalat mit roten Zwiebeln*

Säurehaltige Orangen gleichen die Schärfe der Zwiebeln aus.

KNOBLAUCH

Es ist noch gar nicht so lange her, dass Wissenschaftler die vielfältigen Wirkstoffe im Knoblauch erforscht haben. Er ist reich an sekundären Pflanzenstoffen und Kalium, stärkt das Immunsystem, schützt das Herz und kann Krebs vorbeugen.

DARUM ESSEN

KREBS VORBEUGEN

Knoblauch enthält zahlreiche sekundäre Pflanzenstoffe, darunter eine Gruppe von Schwefelverbindungen, die krebserregende Substanzen neutralisieren können. Studien bringen den regelmäßigen Verzehr von Knoblauch mit einem reduzierten Risiko für Magen-, Darm- und Brustkrebs in Verbindung.

Frische Knoblauchzehen ohne grüne Keime sind am besten.

IMMUNSYSTEM

Wissenschaftler vermuten, dass Knoblauch das Immunsystem stärkt, indem er die Vermehrung von Zellen anregt, die Krankheitserreger bekämpfen.

STARKES HERZ

Ein neuerer Bericht fasst die Ergebnisse von 26 unterschiedlichen Studien zusammen, die die Auswirkungen von Knoblauch auf die Blutfette untersuchten. Es kam heraus, dass regelmäßiger Verzehr von Knoblauch helfen kann, den Gehalt von LDL-Cholesterin im Blut zu senken und das wertvolle HDL-Cholesterin zu erhöhen. Andere Studien belegen, dass Knoblauch das Herz durch die Regulierung des Blutdrucks schützt.

Knoblauchknollen im Ganzen mit Schale geröstet enthalten die meisten Anitoxidantien.

DAS IST DRIN

100 g roher Knoblauch liefern beträchtliche Mengen an Kalium, Phosphor, Vitamin C und Mangan. Knoblauch enthält auch die Vitamine B_1 und B_2 sowie Selen.

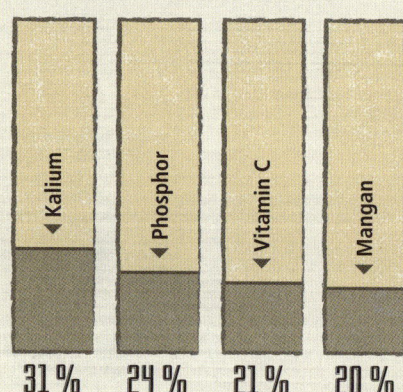

Kalium	Phosphor	Vitamin C	Mangan
31 %	24 %	21 %	20 %

Nährstoffgehalt bezogen auf den Referenzwert

Wer häufig **Knoblauch** isst, erwirbt damit vermutlich einen gewissen **Schutz vor Arteriosklerose**.

DIE HERKUNFT

Das Zwiebelgewächs Knoblauch stammt ursprünglich aus Zentralasien und ist eine der ältesten kultivierten Nutzpflanzen. In mildem Klima gedeiht Knoblauch das ganze Jahr hindurch. Er wird geerntet, wenn die Knolle dick und reif ist und kommt frisch oder getrocknet in den Handel.

Wenn die Knolle erntereif ist, verblasst das Knoblauchgrün.

DAS BESTE HERAUSHOLEN

RUHEN LASSEN
Knoblauch durch die Presse drücken oder hacken und vor dem Gebrauch 10–15 Minuten ruhen lassen. Das bewirkt eine Enzymreaktion, die den Gehalt an Allicin erhöht.

ROH ESSEN
Das Garen von Knoblauch senkt den Allicingehalt, daher ist der gesundheitliche Nutzen von rohem Knoblauch größer.

SO SCHMECKT'S

1 IM GANZEN GERÖSTET
Gerösteter Knoblauch duftet herrlich. Die obersten Spitzen der Knolle abschneiden, um die Zehen freizulegen. Mit Olivenöl beträufeln, mit Salz und Pfeffer würzen und im Backofen rösten.

2 GEKÜHLTE SUPPE
Für die spanische Suppe *ajo blanco* werden Weißbrotbrösel, gemahlene Mandeln und Knoblauch mit Olivenöl und Wasser püriert. Kühlen und mit einem Spritzer Rotweinessig abschmecken.

3 KNOBLAUCH-GARNELEN-ZUCCHINI
Mit dem Spiralschneider kann man aus Zucchini eine nährstoffreiche Alternative zu Nudeln herstellen. Um dem milden Gemüse einen Kick zugeben, mit Chili und Knoblauch in Olivenöl schwenken und mit Garnelen servieren.

Knochlauch-Garnelen-Zucchini ▶

Studien zeigen, dass der **regelmäßige Verzehr** von **Knoblauch** das **Risiko** für bestimmte **Krebsarten**, insbesondere **Magen-, Darm-** und **Brustkrebs**, senken kann.

Gute Quelle für KALIUM

ESSEN FÜRS IMMUNSYSTEM

Das Immunsystem spielt eine wichtige Rolle für unsere Gesundheit, weil es uns sowohl vor kleinen Infektionen wie Erkältungen als auch vor ernsten Erkrankungen wie Krebs schützt. Hier stellen wir Ihnen ein Tagesmenü zur Stärkung der Abwehrkräfte vor, um die Widerstandsfähigkeit des Körpers zu erhöhen.

Vitamin C in Orangen hilft beim Kampf gegen Viren.

GETRÄNK

Ein Glas frisch gepressten Orangensaft trinken, um eine immunstärkende Vitamin-C-Spritze zu erhalten. Wenn es nahrhafter sein soll, einen Smoothie aus Banane und Joghurt mixen – er regt die Bildung nützlicher Darmbakterien an, die dem Körper helfen, gesund zu bleiben und Krankheitserreger abzuwehren.

Kein Frühstücks-Smoothie ohne Banane und Joghurt.

Auch Vollkornmüsli trägt dazu bei, den Körper vor Erkältungen zu schützen.

FRÜHSTÜCK

Zum Frühstück eine Schale mit Haferflocken, Joghurt und frischem Obst essen. Studien belegen, dass Menschen, die zum Frühstück Vollkornmüsli essen, seltener erkältet sind. Und schon ein kleiner Becher Joghurt pro Tag kann das Risiko für Husten und Schnupfen um bis zu 25 % senken.

VORMITTAGS-SNACK

Eine Orange am Vormittag wirkt Wunder. Die Früchte stecken voller Vitamin C, das die Bildung von Leukozyten ankurbelt, den sogenannten weißen Blutkörperchen. Vitamin C verstärkt auch die Produktion von Interferonen – Eiweiße, die immunstärkend und antiviral wirken.

Nützliche Bakterien in Joghurt stärken das Immunsystem.

Die Omega-3-Fett-säuren in Makrele stimulieren die Produktion von weißen Blutkörperchen.

ABENDESSEN

Für das Abendessen Lebensmittel mit vielen Karotinen, wie Butternut-Kürbis, Karotten und gelbe, orange oder rote Paprika, einplanen. Beta-Karotin ist ein Pflanzenstoff, der die Kommunikation zwischen den Zellen des Immunsystems verbessert. Es ist in orangen, gelben und roten Lebensmitteln enthalten.

Ein Getreidegericht mit geröstetem Kürbis anreichern.

MITTAGESSEN

Mittags kommt Makrele, frischer oder konservierter Lachs, Sardinen oder frischer Thunfisch auf den Tisch. Diese Fische enthalten immunstärkende Omega-3-Fettsäuren, wodurch die Produktion von Fresszellen (Phagozyten) angeregt wird – die weißen Blutkörperchen, die gegen Bakterien wirken. Fettreicher Fisch liefert auch viel Vitamin D.

NACHMITTAGS-SNACK

Bananen enthalten Ballaststoffe, die im Magen-Darm-Trakt die Vermehrung nützlicher Bakterien anregen. Diese Bakterien helfen, das Immunsystem zu stärken und zu schützen, da sie schädliche, krankheitserregende Bakterien verdrängen.

Nikotin und Alkohol meiden
Wer raucht und Alkohol trinkt, hat einen erhöhten Verbrauch von Vitamin C.

Auch Ballaststoffe aus Bananen unterstützen das Immunsystem.

BRUNNENKRESSE

Brunnenkresse enthält mehr Vitamin C als Orangen – wer hätte das gedacht? Außerdem Vitamin K zur Stärkung der Knochen sowie sekundäre Pflanzenstoffe, die unter anderem vor Krebs schützen können.

DARUM ESSEN

KREBS VORBEUGEN

Brunnenkresse enthält sekundäre Pflanzenstoffe, die das Risiko für Krebs reduzieren können, darunter etwa Phenylethylisothiocyanat (PEITC), das die Entwicklung von Brustkrebs hemmen soll, in dem es die Versorgung der Tumorzellen mit Blut- und Sauerstoff behindert.

KNOCHEN

Vitamin K kommt in Brunnenkresse in großer Menge vor. Es kann vor Osteoporose und Arthrose schützen. Antibiotika können einen Vitamin-K-Mangel verursachen, auch dagegen hilft Brunnenkresse.

SEHKRAFT

Die Pflanzenstoffe Lutein und Zeaxanthin in der Brunnenkresse schützen Linse und Netzhaut im Auge vor freien Radikalen und können altersbedingter Makuladegeneration vorbeugen. Das enthaltene Vitamin C hilft, das Risiko für grauen Star zu reduzieren.

DAS IST DRIN

100 g Brunnenkresse liefern überreichlich Vitamin K und eine Menge Vitamin C, Provitamin A sowie Folsäure, außerdem Vitamin B_1, B_2, B_6 und E sowie Eisen.

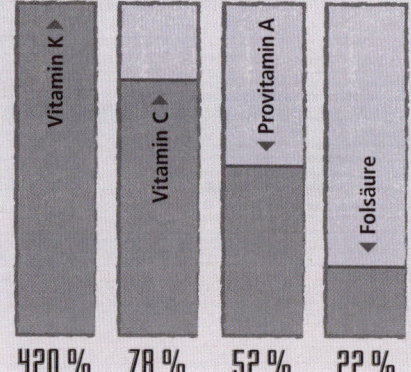

Vitamin K	Vitamin C	Provitamin A	Folsäure
420 %	78 %	52 %	22 %

Nährstoffgehalt bezogen auf den Referenzwert

Chlorophyll sorgt für die grüne Farbe und wirkt entgiftend.

SO SCHMECKT'S

1 IM SALAT

Die leichte Schärfe von Brunnenkresse passt gut zu süßen Zutaten, zum Beispiel Stücken von gerösteter Roter Bete oder Orangenscheiben in einem Salat.

2 GRÜNER SMOOTHIE

In einen Spinat- oder Grünkohl-Smoothie eine Handvoll Brunnenkresse geben. So wird er mit Vitamin K und wertvollen Pflanzenstoffen angereichert.

3 ALS DIP

Frische Brunnenkresse mit Joghurt, abgeriebener Zitronenschale, Salz und Pfeffer mixen – ein Blitzdip für eine frische Rohkostplatte.

DIE HERKUNFT

Die mehrjährige Pflanze stammt aus Europa und gedeiht auf der ganzen Welt – am besten in fließenden Gewässern.

Liebt sauberes Quellwasser.

SPINAT

Mit seinem hohen Gehalt an Folsäure, Vitamin C und Kalium ist Spinat gut für unser Blut, das Immunsystem und die Augen.

Fladenbrot mit Spinat und Pinienkernen ▲

DARUM ESSEN

GESUNDES BLUT
Spinat ist eine gute Quelle für Kalium, das blutdrucksenkend wirkt. Es neutralisiert die negativen Effekte von Natrium.

VIEL FOLSÄURE
Folsäure braucht der Körper für die Bildung roter Blutkörperchen und um die Energie aus Nahrungsmitteln zu verwerten. In der Schwangerschaft ist Folsäure wichtig, um Neuralrohrdefekten wie Spina bifida vorzubeugen. Studien sprechen ihr auch ein vorbeugendes Potenzial gegen Brust- und Darmkrebs zu.

SEHKRAFT
Die sekundären Pflanzenstoffe Lutein und Zeaxanthin im Spinat können die Augen vor Schäden durch freie Radikale bewahren.

DAS IST DRIN

100 g junger Spinat decken beinahe den Tagesbedarf an Folsäure und liefern dazu Vitamin C, Kalium und Provitamin A sowie die Vitamine B_1, B_2 und B_6 und Eisen.

Folsäure ▲	▲ Vitamin C	▲ Kalium	▲ Provitamin A
80 %	**36 %**	**34 %**	**32 %**

Nährstoffgehalt bezogen auf den Referenzwert

DIE HERKUNFT

Spinat stammt aus dem Iran und wird heute in allen mittleren Breiten angebaut. Ernte ist von Frühling bis Herbst.

Die einzelnen Sorten haben unterschiedlich große und feste Blätter.

SO SCHMECKT'S

1 FLADENBROT MIT SPINAT UND PINIENKERNEN
Eine gesunde Alternative zu Pizza: Spinat in Olivenöl mit Knoblauch zusammenfallen lassen, ausdrücken und auf Fladenbrot mit Pinienkernen und geröstetem Knoblauch anrichten.

2 ALS SUPPE
Zwiebeln und Knoblauch anschwitzen, dann mit TK-Spinat und Brühe 10 Minuten köcheln lassen. Mit Joghurt pürieren.

3 IM SALAT
Frische junge Spinatblätter sind milder als große, ältere. Mit einer kräftigen Vinaigrette vermischen und mit gerösteten Nüssen und Saaten bestreuen.

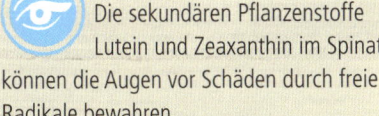

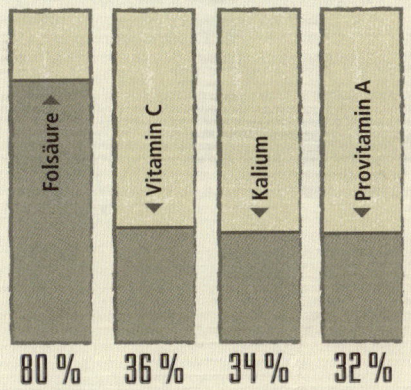

GRÜNKOHL

Wenig Kalorien, dafür viel Vitamin K, C, Provitamin A und Folsäure – damit stärkt Grünkohl Augen, Knochen und Blutbildung, sodass er in jedem Lebensabschnitt ein Superfood ist. Grünkohl enthält auch viele sekundäre Pflanzenstoffe.

DARUM ESSEN

SEHKRAFT

Grünkohl enthält den Pflanzenstoff Lutein, ein Antioxidans, das die Augen vor Schäden durch Sonnenlicht schützen kann. Studien zeigen, dass eine luteinhaltige Ernährung das Risiko für altersbedingte Makuladegeneration senkt, die häufigste Augenerkrankung unter älteren Menschen. Grünkohl spendet auch Provitamin A – ebenfalls gut für die Augen.

KNOCHEN

Kalzium für gesunde Knochen macht den Grünkohl besonders wertvoll für Menschen, die keine Milchprodukte essen. Er versorgt uns auch mit reichlich Vitamin K, das zusammen mit Kalzium die Knochen kräftigt.

GESUNDES BLUT

Grünkohl liefert viel Folsäure (ein B-Vitamin) und Eisen, beide werden für die Bildung roter Blutkörperchen benötigt. Folsäure ist insbesondere für Schwangere in den ersten Wochen wichtig, um schwere Fehlbildungen bei Neugeborenen zu verhindern.

Grünkohl ist für Menschen, die keine **Milchprodukte essen,** besonders wertvoll, denn er enthält **Kalzium.**

DAS IST DRIN

100 g roher Grünkohl decken den Tagesbedarf an Vitamin K und C und liefern viel Provitamin A, Folsäure sowie Kalzium.

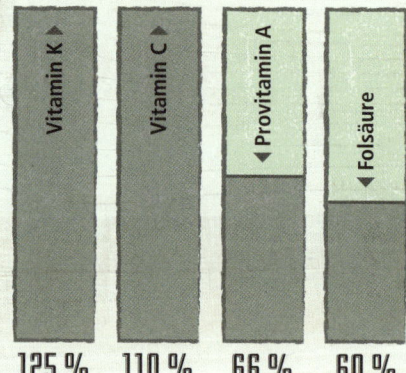

Vitamin K	Vitamin C	Provitamin A	Folsäure
125 %	110 %	66 %	60 %

Nährstoffgehalt bezogen auf den Referenzwert

Grünkohlblätter enthalten viele Ballaststoffe.

Krauser Grünkohl ▶

Gute Quelle für VITAMIN K

Grünkohl enthält **Lutein.** Dieser sekundäre **Pflanzenstoff** kann der **Makuladegeneration vorbeugen,** der häufigsten Ursache für **Erblindung** bei älteren Menschen.

DAS BESTE HERAUSHOLEN

BIOWARE
Bio-Grünkohl enthält doppelt so viele Nährstoffe wie herkömmlich angebauter.

ROH UND GEGART
Roher Grünkohl enthält mehr Vitamin C und B-Vitamine als gekochter, aber durch das Garen wird etwa Eisen besser aufgenommen. Also roh und gekocht essen.

MIT FETT
Butter, Öl oder Schmalz hilft dem Körper, fettlösliche Nährstoffe aufzunehmen.

DIE HERKUNFT

Grünkohl stammt von südeuropäischem Wildkohl ab. Die heutigen Sorten sind winterhart und werden auf der ganzen Welt in kalten bis gemäßigten Breiten angebaut. Durch Frost erhält Grünkohl ein süßliches Aroma, deshalb wird er im Herbst und Winter geerntet. Der krause Grünkohl ist in Europa und Nordamerika die meist verbreitete Sorte, der dunkle Cavolo nero (Palmkohl) in der italienischen Küche.

Verschiedene Sorten haben blaugrüne, hellgrüne, rote oder violette Blätter.

▲ *Wurzelgemüsesuppe mit Grünkohl*

SO SCHMECKT'S

1 WURZELGEMÜSESUPPE MIT GRÜNKOHL
Grünkohl kann Gemüsesuppen bereichern. Grob hacken und unter eine aromatische Suppe aus Wurzelgemüse mixen. Das sorgt für Farbe, Geschmack und Vitalstoffe.

2 GRÜNKOHLCHIPS
Für den ultimativen gesunden Snack Grünkohl waschen und trocknen. Entstielen und in Stücke (3 cm) zupfen. Mit Olivenöl einreiben, auf einem Backblech verteilen und im auf 140 °C vorgeheizten Ofen 20 Minuten unter Wenden backen. Vor dem Servieren salzen.

3 ROHKOST
Nur ganz junger Grünkohl hat zarte Blätter, später werden sie ziemlich fest. Um sie roh zu essen, in Streifen schneiden, Olivenöl und Salz darübergeben und einige Minuten vorsichtig durchkneten. Erst dann in den Salat geben.

KOHL

Kohl strotzt nur so vor Vitamin K und C und sorgt für starke Knochen, gesundes Blut und eine gute Immunabwehr. Außerdem bietet er sekundäre Pflanzenstoffe gegen Krebserkrankungen und für gute Augen.

DARUM ESSEN

KREBSVORBEUGUNG
Viele Studien haben gezeigt, dass Menschen, die häufig Kreuzblütengewächse wie Kohl essen, eine geringere Wahrscheinlichkeit haben, an Dickdarm-, Prostata- oder Lungenkrebs zu erkranken.

▼ Wirsing

Grünblättrige Kohlsorten enthalten viel Vitamin C.

Gute Quelle für VITAMIN C

IMMUNSYSTEM
Das reichlich enthaltene Vitamin C macht Kohl zu einem wertvollen Zellschutz für das Immunsystem. Vitamin C unterstützt zudem die Arbeit der weißen Blutkörperchen bei der Bekämpfung von Viren und Bakterien.

SEHKRAFT
Kohl hat einen hohen Gehalt an Lutein und Zeaxanthin – Pflanzenstoffe, die das Risiko für altersbedingte Makuladegeneration senken können. Das enthaltene Vitamin C schützt die Augen vor Schäden durch freie Radikale und reduziert das Risiko für grauen Star.

DAS IST DRIN

100 g grüner Kohl liefern mehr als den Tagesbedarf an Vitamin K und C, außerdem reichlich Folsäure sowie Kalium.

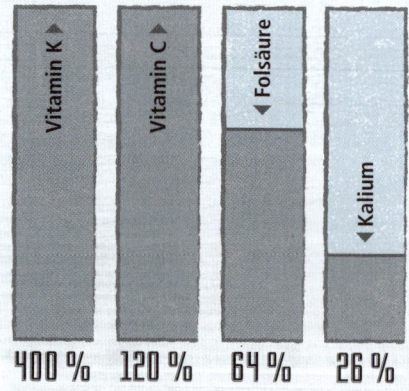

Vitamin K	Vitamin C	Folsäure	Kalium
400 %	120 %	64 %	26 %

Nährstoffgehalt bezogen auf den Referenzwert

Vitamin C im Kohl kann **die Augen** vor Schäden durch **freie Radikale** und vor **grauem Star** schützen.

TIPP
Rosenkohl und Kohlrabi enthalten dieselben Pflanzenstoffe wie Kohl. Sie können Krebs vorbeugen und die Augen schützen.

DIE HERKUNFT

▲ *Rotkohlsalat mit Äpfeln*

Kohl gedeiht in kühlen Klimazonen und wird seit etwa 1000 v. Chr. kultiviert. Es gibt rote, grüne und weiße Sorten.

Kohl ist erntereif, wenn sich feste Köpfe gebildet haben.

SO SCHMECKT'S

1 ROTKOHLSALAT MIT ÄPFELN

Roher geraspelter Rotkohl ist die Basis für einen nahrhaften Salat. Mit leicht gerösteten Walnüssen und fein geschnittenen Apfelscheiben vermengen.

2 SAUERKRAUT

Sauerkraut lässt sich leicht selbst herstellen: Fein geraspelten Weißkohl mit Salz kneten, bis sich Lake bildet. Bei Raumtemperatur 3–5 Tage in einem sterilisierten Gefäß gären lassen.

DAS BESTE HERAUSHOLEN

ROT UND GRÜN

Kohl mit grünen Blättern enthält mehr Vitamin K als andere Sorten. Es ist wichtig für starke Knochen und gesundes Blut. Rotkohl liefert Anthocyane, Pflanzenstoffe, die Krebs vorbeugen können.

ROH ODER KURZ GEGART

Kohl roh essen oder nur möglichst kurz garen. Zu lange gegart, büßt er viele wertvolle Vitalstoffe ein.

FERMENTIEREN

Gegorener Kohl wie Sauerkraut (s. links) und Kimchi ist eine wertvolle Quelle für unlösliche Ballaststoffe, die nützliche Darmbakterien fördern und die Verdauung wirksam unterstützen.

3 ASIA-KRAUTSALAT

Rotkohl ist auch eine tolle Basis für leckeren Krautsalat. Für eine asiatische Variante den geraspelten Kohl mit roter Zwiebel, Karotte, Minze und Koriander vermischen.

BROKKOLI

Reichlich Vitamin K zur Stärkung der Knochen und Vitamin C für gute Abwehrkräfte hat Brokkoli zu bieten. Zudem verspricht eine Gruppe von sekundären Pflanzenstoffen Schutz vor verschiedenen Krebsarten.

DARUM ESSEN

KREBS VORBEUGEN
Brokkoli weist eine Gruppe von sekundären Pflanzenstoffen auf, die Glucosinolate, die nach Meinung von Forschern helfen, Krebs in bestimmten Organen wie Blase, Brust, Dickdarm, Leber, Lunge und Magen vorzubeugen.

KNOCHEN
Der hohe Vitamin-K-Gehalt in Brokkoli hilft den Knochen bei der Kalziumaufnahme. Untersuchungen legen nahe, dass Menschen, die regelmäßig Vitamin K verzehren, ungleich seltener Osteoporose entwickeln als jemand, der es kaum zu sich nimmt.

IMMUNSYSTEM
Brokkoli enthält viel Vitamin C, darüber freut sich das Immunsystem. Das Vitamin stärkt die weißen Blutkörperchen bei der Bekämpfung von Krankheitserregern.

DAS IST DRIN

100 g gedämpfter Brokkoli liefern mehr als die empfohlene Tagesdosis Vitamin K, viel Vitamin C, Folsäure und Vitamin B_1. Außerdem Provitamin A, Vitamin E und B_2 sowie Ballaststoffe, Niacin, Kalzium, Eisen, Magnesium, Phosphor, Zink, Mangan und Selen.

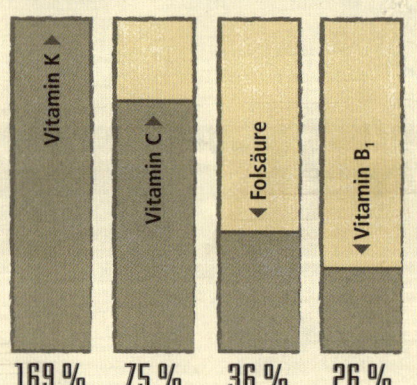

Vitamin K	Vitamin C	Folsäure	Vitamin B_1
169 %	75 %	36 %	26 %

Nährstoffgehalt bezogen auf den Referenzwert

Brokkoli ▼

Forscher gehen davon aus, dass die **Glucosinolate** in Brokkoli **präventiv** gegen verschiedenen **Krebsarten** wirken können.

Chlorophyll sorgt für die grüne Farbe und kann vor Krebs schützen.

Die Stiele sind essbar und voller Ballaststoffe.

DIE HERKUNFT

Brokkoli ist der Kopf einer essbaren Pflanze der Kohlfamilie. Er wird meist einjährig kultiviert und wächst in gemäßigten Zonen. Brokkoli war bereits in der Römerzeit beliebt und stammt aus dem Mittelmeerraum. Sprossenbrokkoli ist eine Züchtung aus Japan aus den 1990er-Jahren.

Brokkoliröschen sind die ungeöffneten Blüten der Brokkolipflanze.

Sprossenbrokkoli ▼

Gute Quelle für **VITAMIN K**

Brokkoli mit proteinreichen Erbsen und Eiern und Vitamin-C-haltigen Süßkartoffeln kombinieren.

▲ *Gemüsefrittata*

SO SCHMECKT'S

1 GEMÜSEFRITTATA

Für eine schnelle, gesunde Mahlzeit Brokkoli in eine Frittata geben: Etwas Öl in einer ofenfesten Pfanne erhitzen und gekochten Brokkoli, geröstetes Wurzelgemüse, Spinat und verquirlte Eier zufügen. 10–15 Minuten im Ofen überbacken.

2 SCHNELLE SUPPE

Fein gehackter Brokkoli braucht nur kurz gegart zu werden – und eine Suppe ist in 10 Minuten fertig. Brokkoli mit Zwiebeln und Knoblauch anschwitzen, mit Hühner- oder Gemüsebrühe aufgießen und 2–3 Minuten kochen, dann pürieren.

3 GERÖSTET

Brokkoli in Olivenöl, Salz und Pfeffer wenden und 20 Minuten im heißen Backofen rösten, bis das Gemüse weich und leicht gebräunt ist.

DAS BESTE HERAUSHOLEN

VERSCHIEDENE SORTEN

Sprossenbrokkoli ist eine Kreuzung aus Brokkoli und dem chinesischen Blattkohl Kai-lan. Er bietet einen höheren Gehalt an Vitamin C und bis zu 45 % mehr Glucosinolate als andere Brokkolisorten. Romanesco sieht dem Brokkoli sehr ähnlich, ist aber eine Blumenkohlsorte. Auch er ist sehr nahrhaft und spendet beachtliche Mengen an Vitamin C, Beta-Karotin und Vitamin K.

BLUMENKOHL

Kalorienarm und nährstoffreich – Blumenkohl steckt voller Ballaststoffe, krebshemmender sekundärer Pflanzenstoffe und knochenstärkendem Vitamin K.

DARUM ESSEN

KREBS VORBEUGEN
Sulforaphan, ein sekundärer Pflanzenstoff im Blumenkohl, kann das Wachstum von Tumoren hemmen, indem er die Teilung der Krebszellen verhindert.

KNOCHEN
Blumenkohl ist eine gute Quelle für Vitamin K, das die Knochen stärkt, indem es die Kalziumaufnahme erleichtert. Ein Mangel an Vitamin K führt zu einem erhöhten Risiko für Osteoporose und Knochenbrüche.

VERDAUUNGSAPPARAT
Mit seinem hohen Wasseranteil und den vielen Ballaststoffen regt Blumenkohl die Verdauung an und beugt Verstopfung vor.

Makellose, cremefarbene Köpfe versprechen Frische und hohen Nährstoffgehalt.

DAS IST DRIN

100 g Blumenkohl sind eine gute Quelle für die Vitamine K und C sowie für Folsäure und Kalium.

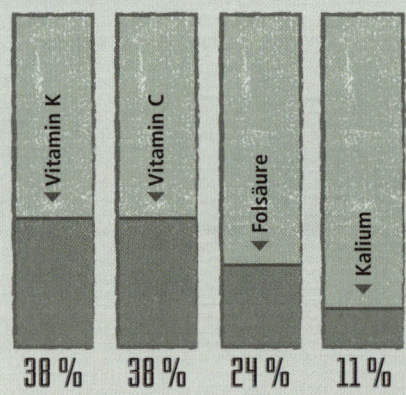

Vitamin K	Vitamin C	Folsäure	Kalium
38 %	38 %	24 %	11 %

Nährstoffgehalt bezogen auf den Referenzwert

DIE HERKUNFT

Blumenkohl wird seit dem 16. Jh. in Europa angebaut. Die Ernte erstreckt sich vom Frühjahr bis zum späten Herbst und Winter.

Kräftige Blätter schützen die Köpfe.

SO SCHMECKT'S

1 BLUMENKOHLREIS
Blumenkohl eignet sich als Reisersatz ohne Kohlenhydrate: Einfach in Röschen schneiden und auf einer Reibe oder im Mixer fein zerkleinern. Kurz al dente braten oder im Passiertuch dämpfen.

2 LAKTOSEFREIE SAUCE
Für eine cremige Sauce ohne Milchprodukte Blumenkohl in Brühe weich kochen. Mit etwas Olivenöl, Salz und Pfeffer glatt pürieren.

3 GERÖSTET
Für eine aromatische Beilage Blumenkohlröschen mit Olivenöl, Salz und Pfeffer im heißen Backofen rösten, bis er sich goldbraun färbt.

DAS BESTE HERAUSHOLEN

VITAMINE
Damit die wasserlöslichen Vitamine nicht verloren gehen, Blumenkohl am besten roh essen, mit wenig Wasser dämpfen und zu Suppen oder Saucen verarbeiten.

SHIITAKEPILZE

Diese Pilze haben viel zu bieten: neben wertvollem Kupfer vor allem spezielle Pflanzenstoffe, die cholesterin-senkend und krebshemmend wirken können.

DARUM ESSEN

KRANKHEITEN VORBEUGEN

Shiitakepilze enthalten den sekundären Pflanzenstoff Lentinan, der möglicherweise das Risiko, an Krebs zu erkranken, senken kann, indem er verhindert, dass gesunde Zellen in Tumorzellen umgewandelt werden. Die Pilze besitzen auch antivirale und antibakterielle Eigenschaften.

GESUNDES BLUT

Eritadenin, ein weiterer sekundärer Pflanzenstoff, der nur in Shiitakepilzen vorkommt, fördert die Ausscheidung von Cholesterin und senkt so den Cholesterinspiegel.

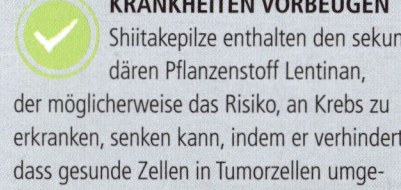

Frische Pilze enthalten mehr Nährstoffe als getrocknete.

DAS IST DRIN

100 g frische Shiitakepilze decken fast den Tagesbedarf an Kupfer und liefern reichlich Selen, außerdem Vitamin B_2 und B_6.

Kupfer	Selen	Vitamin B_2	Vitamin B_6
90 %	45 %	14 %	14 %

Nährstoffgehalt bezogen auf den Referenzwert

DIE HERKUNFT

Shiitakepilze stammen aus Ostasien, wo sie am feuchten, modrigen Holz von Laubbäumen wachsen.

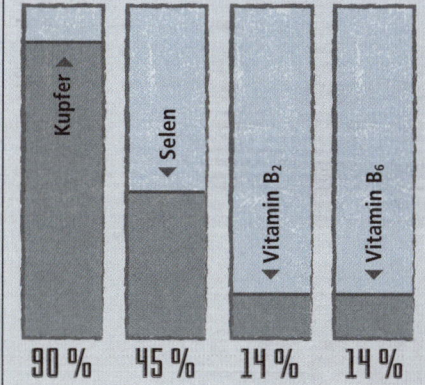

Die Köpfe der Pilze werden bis zu 20 cm breit.

Shiitake auf Brot ▲

SO SCHMECKT'S

1 AUF BROT

Frische Shiitakepilze mit halbierten Kirschtomaten, jungem Spinat und etwas Knoblauch in Olivenöl dünsten. Auf frisch geröstetes Vollkornbrot geben und genießen.

2 IN CURRYS

Ihr ausgeprägter Geschmack und die fleischige Textur machen Shiitakepilze zu einer perfekten Zutat für ein vegetarisches Curry – am besten mit Kokossauce oder in einem roten Thai-Curry probieren.

3 DUFTENDE BRÜHE

Shiitakepilze haben einen satten, erdigen Geschmack, sodass sie die ideale Zutat für eine Basisbrühe abgeben. Mit Zwiebeln und Kräutern köcheln lassen, bis die Brühe dunkel ist und duftet.

BLUMENKOHLREIS MIT OMELETTRÖLLCHEN

Knochenstärkendes Vitamin K und Pflanzenstoffe, die präventiv gegen Krebs wirken können, bringt der Blumenkohl mit, der in diesem Wok-Gericht als Low-Carb-Ersatz für Reis fungiert. Dazu buntes Gemüse für Haut und Augen.

Für 2 Personen **Vorbereitung** 10 Minuten **Garzeit** 15 Minuten

ZUTATEN

400 g **Blumenkohl**, grob gehackt

Sonnenblumenöl zum Braten

2 **Eier**, verquirlt

1 EL Kokosöl

1 TL **Sesamöl**

60 g **Karotte**, geschält und fein gewürfelt

60 g rote **Paprikaschoten**, entkernt und fein gewürfelt

2 **Knoblauch**zehen, zerdrückt

1 Stück **Ingwer** (5 cm), gerieben

60 g **Edamame** (grüne Sojabohnen, TK-Ware)

2 EL salzreduzierte Sojasauce

2 **Frühlingszwiebeln**, geputzt und fein gehackt

2 EL **Sonnenblumenkerne**

ZUBEREITUNG

1 Die Blumenkohlröschen in einem Mixer zerkleinern, bis die Stücke die Größe von Reiskörnern haben. Beiseitestellen.

2 Etwas Sonnenblumenöl in einer großen beschichteten Pfanne erhitzen. Die Eier hineingießen und die Pfanne schwenken, damit sich die Omelettmasse gleichmäßig verteilt. 2–3 Minuten bei mittlerer Hitze braten, bis das Ei gestockt ist, dann auf einen Teller heben und abkühlen lassen. Das Omelett aufrollen und in feine Streifen schneiden. Anschließend beiseitestellen.

3 Kokos- und Sesamöl in der Pfanne erhitzen und Karotte und Paprika darin bei mittlerer Hitze 3–4 Minuten braten, bis sie leicht Farbe annehmen. Knoblauch, Ingwer und Edamame zugeben und 1 Minute weiterbraten, bis alles weich, aber nicht braun ist.

4 Den Blumenkohlreis zufügen und 4–5 Minuten mitgaren – er soll bissfest bleiben. Schließlich Sojasauce, Omelettröllchen, Frühlingszwiebeln und Sonnenblumenkerne unterheben. Sofort servieren.

ENTHALTENE SUPERFOODS

BLUMENKOHL
enthält **krebshemmende Pflanzenstoffe**.

EIER
stärken das **Immunsystem**.

SESAMÖL
ist gut für ein **gesundes Herz**.

KAROTTEN
reduzieren das Risiko für **verschiedene Krebsarten**.

PAPRIKASCHOTEN
sorgen für **gesunde Haut**.

EDAMAME
sind gut für die **Augen**.

ZWIEBELN
regen das Wachstum nützlicher **Darmbakterien** an.

SONNENBLUMENKERNE
erhöhen den Anteil von **gutem HDL-Cholesterin**.

Nährwert pro Portion

Energie	472 kcal / 1877 kJ
Kohlenhydrate	19 g
– davon Zucker	10,5 g
Ballaststoffe	8 g
Fett	33 g
– davon gesättigt	9 g
Salz	1,6 g
Proteine	20 g
Cholesterin	213 g

SPARGEL

Die weißen oder grünen Stangen versorgen den Körper mit Folsäure, Vitamin K und löslichen Ballaststoffen – wichtig für gesundes Blut, starke Knochen und eine gute Verdauung. Folsäure ist insbesondere für Schwangere unverzichtbar.

DARUM ESSEN

VERDAUUNGSAPPARAT

Spargel enthält den Mehrfachzucker Oligofructose, der wie ein Ballaststoff wirkt, weil er nicht verdaut wird. Er stimuliert nützliche Darmbakterien und trägt so zu einer gesunden Darmflora bei.

GESUNDES BLUT

Vitamin K und Folsäure sind in hoher Konzentration in Spargel enthalten und werden für die Produktion roter Blutkörperchen und für die Blutgerinnung benötigt. Folsäure ist in den ersten zwölf Schwangerschaftswochen wichtig, damit sich das Neuralrohr schließt und das Baby nicht mit einem offenen Rücken (Spina bifida) zur Welt kommt.

KNOCHEN

In Spargel enthaltenes Vitamin K verbessert die Kalziumaufnahme in den Knochen. Studien belegen, dass Frauen mit hohem Vitamin-K-Gehalt im Blut seltener an Osteoporose leiden.

DAS IST DRIN

100 g kurz gedämpfter Spargel decken beinahe den Tagesbedarf an Folsäure. Neben reichlich Vitamin K sind auch Vitamin C und B_1 enthalten, außerdem Provitamin A, Vitamin E, B_2 und B_6 sowie Niacin, Ballaststoffe, Eisen, Kalzium, Magnesium, Phosphor, Kalium, Zink, Kupfer und Mangan.

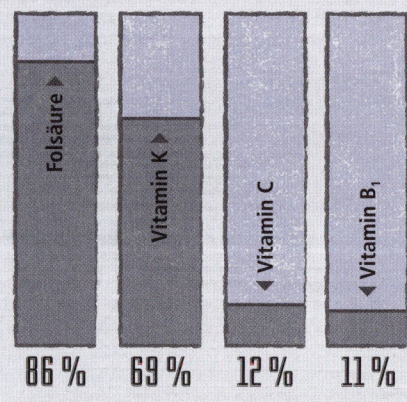

Folsäure	Vitamin K	Vitamin C	Vitamin B_1
86 %	69 %	12 %	11 %

Nährstoffgehalt bezogen auf den Referenzwert

Vitamin K und **Folsäure** stimulieren die Produktion **roter Blutkörperchen.**

Die Spitzen sind die ungeöffneten Blütenknospen des Spargels.

Die Stiele enthalten lösliche Ballaststoffe.

DIE HERKUNFT

Spargelpflanzen können nur alle zwei Jahre geerntet werden und die zarten Sprossen sind ein sehr hochpreisiges Gemüse. Die kurze Saison reicht von April bis Juni. Die meisten Sorten sind grün – das gilt auch für weißen Spargel, er wächst jedoch ohne Sonnenlicht.

Unter Licht-einwirkung bildet sich Chlorophyll in den Spargelstangen.

DAS BESTE HERAUSHOLEN

GRÜN

Bei uns ist weißer Spargel weiter verbreitet als grüner und gilt als edler. Während beide Sorten eine gute Quelle für Folsäure sind, enthält grüner Spargel mehr antioxidativ wirkende sekundäre Pflanzenstoffe als weißer, dazu zählen Rutin und Chlorophyll.

SO SCHMECKT'S

1 GEDÄMPFT
Kurz gedämpft bewahrt Spargel seine Nährstoffe und Textur am besten. Mischen Sie gedämpften Spargel mit gegartem Hähnchen, Radicchio und gegrillten Paprikaschoten. Nur mit Zitronensaft und Olivenöl anmachen.

2 ALS FRITTATA
In feine Scheiben geschnittener Spargel passt wunderbar in eine Frittata. Mit Knoblauch und eine Handvoll frischen Kräutern dünsten, dann in die Eimasse geben und braten, bis das Ei gestockt ist.

3 SALAT MIT GERÖSTETEM SPARGEL
Als nährstoffreiche Beilage Spargelstangen in der Grillpfanne in Olivenöl 10 Minuten braten. Mit gehackten Tomaten, Basilikum und Dill vermengen.

Salat mit gegrilltem Spargel ▶

Gute Quelle für FOLSÄURE

BOHNEN

Krebshemmendes Vitamin C, verdauungsfördernde Ballast-stoffe, sekundäre Pflanzenstoffe für die Augen – das alles steckt in frischen Bohnen. Besonders reich an Ballaststoffen sind Dicke Bohnen und grüne Bohnen.

DARUM ESSEN

VERDAUUNGSAPPARAT

Frische Bohnen versorgen uns mit reichlich Ballaststoffen, doch Dicke Bohnen enthalten etwa doppelt so viel davon wie alle anderen. Unlösliche Ballaststoffe in den Dicken Bohnen regen die Verdauung an und können gegen Verstopfung, Hämorrhoiden sowie Divertikulitis helfen und womöglich sogar das Risiko von Dickdarm- und Brustkrebs mindern.

KNOCHEN

Bohnen sind reich an Vitamin K, das die Kalziumaufnahme in den Knochen verbessert. Menschen mit geringer Vitamin-K-Zufuhr haben ein höheres Risiko, Osteoporose zu entwickeln und Knochenbrüche zu erleiden. Auch für die Blutgerinnung wird Vitamin K benötigt.

SEHKRAFT

Die Pflanzenstoffe Lutein und Zeaxanthin sowie Karotinoid-Bestandteile, die in Bohnen enthalten sind, schützen die Augen vor Schädigungen durch freie Radikale und können auch das Risiko für altersbedingte Makuladegeneration und grauen Star senken.

DAS IST DRIN

100 g gekochte Dicke Bohnen liefern ein Viertel des täglichen Bedarfs an Vitamin C und Ballaststoffen, außerdem Niacin und Folsäure sowie Provitamin A, die Vitamine B_2, K und Eisen.

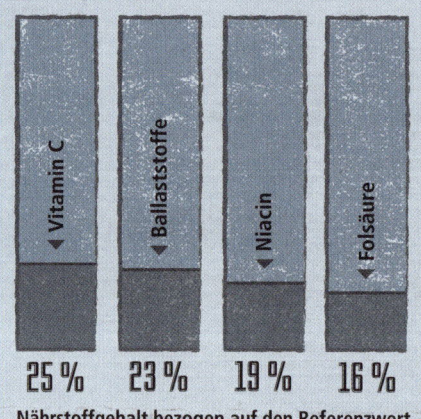

Vitamin C — Ballaststoffe — Niacin — Folsäure

| 25 % | 23 % | 19 % | 16 % |

Nährstoffgehalt bezogen auf den Referenzwert

Vitamin K in Bohnen kann die Knochen vor **Osteoporose** schützen.

Edamame-bohnen ▶

Pflanzenstoffe beugen grauem Star vor.

Grüne Bohnen ▶

◄ *Dicke Bohnen*

Dicke Bohnen haben mehr Ballaststoffe als andere Sorten.

Gute Quelle für VITAMIN C

Edamamebohnen enthalten mehr Protein als andere, aber auch mehr Fett.

DAS BESTE HERAUSHOLEN

DÄMPFEN

Um den Gehalt an Vitamin C in Bohnen zu bewahren, sollte man sie nur kurz garen. Eine besonders schonende Garmethode ist das Dämpfen.

MIT ÖL

Bohnen am besten mit etwas Öl servieren. Das hilft dem Körper, die Pflanzenstoffe aufzunehmen, die die Augen vor Schäden durch freie Radikale schützen.

SO SCHMECKT'S

1 SUPERFOOD-PASTA

So erhält auch Pasta primavera Superfood-Qualitäten: Einige Handvoll Dicke Bohnen und grüne Bohnen kurz garen, dann mit Zucchini-Nudeln und frischem Pesto vermengen.

2 EDAMAME-DIP

Aus tiefgekühlten Edamamebohnen lässt sich im Nu ein einfacher, nahrhaften Dip zubereiten: Die Kerne 2 Minuten garen, nach dem Abkühlen mit Joghurt und Minze pürieren – eine gesunde Alternative zu Hummus.

3 AUS DEM WOK

Für ein leckeres, nährstoffreiches Wokgericht grüne Bohnen mit Buchweizennudeln, Bohnensprossen, Brokkoli, Fenchel, Knoblauch und Ingwer rührbraten. Mit Kokosraspeln, Sesamsaat und Cashewkernen bestreuen.

Bohnen enthalten reichlich unlösliche **Ballaststoffe,** die das **Verdauungssystem in Schwung halten** und **krebserregende** Stoffe unschädlich machen können.

Mit etwas Öl kann der Körper die Nährstoffe der Bohnen optimal aufnehmen.

Grüne Wok-Bohnen ▶

HÜLSENFRÜCHTE

Getrocknete Hülsenfrüchte wie Erbsen und Bohnen unterstützen die Verdauung mit löslichen und unlöslichen Ballaststoffen und sind gut für unser Herz. Sie enthalten auch Proteine, Mangan und Folsäure sowie wichtige sekundäre Pflanzenstoffe.

▼ Kichererbsen

Rote Kidney-
bohnen▼

DARUM ESSEN

VERDAUUNGSAPPARAT

Hülsenfrüchte enthalten unlösliche Ballaststoffe, die verdauungsfördernd wirken. Dadurch verringert sich das Risiko, an Verstopfung, Hämorrhoiden oder Divertikulitis zu erkranken. Resistente Stärke in Hülsenfrüchten unterstützt die Darmflora.

STARKES HERZ

Getrocknete Hülsenfrüchte sind eine gute Quelle für lösliche Ballaststoffe, die den Cholesterinspiegel ausgleichen. In einer US-Studie verringerte sich bei Menschen, die mindestens viermal pro Woche Hülsenfrüchte aßen, das Risiko für Herz-Kreislauf-Erkrankungen um 22 %.

KRANKHEITEN VORBEUGEN

Bohnen enthalten Isoflavone, sekundäre Pflanzenstoffe, die mit einem reduzierten Risiko für Brust- oder Prostatakrebs in Verbindung gebracht werden, sowie Phytosterine, die das Risiko für Herz-Kreislauf-Erkrankungen senken.

Rote Kidneybohnen sind manganreich, was dem Körper hilft, Energie zu produzieren.

DAS IST DRIN

100 g gekochte rote Kidneybohnen liefern beträchtliche Mengen an Mangan, Folsäure, Kalium und Eisen. Außerdem enthalten sie die Vitamine B_1 und B_2 sowie Proteine und Ballaststoffe. Der Nährstoffgehalt anderer Hülsenfrüchte ist ähnlich.

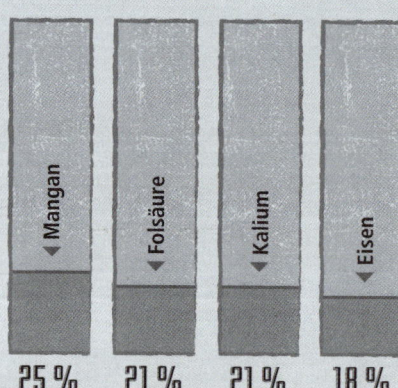

▼ Mangan	▼ Folsäure	◄ Kalium	◄ Eisen
25 %	21 %	21 %	18 %

Nährstoffgehalt bezogen auf den Referenzwert

▼ Weiße Bohnen

▲ Augen-
bohnen

Sie halten aufgrund ihres niedrigen GI den Blutzuckerspiegel konstant.

DAS BESTE HERAUSHOLEN

GETROCKNET ODER AUS DER DOSE

Ob getrocknet oder aus der Dose – der Nährstoffgehalt ist identisch. Getrocknete Bohnen müssen zunächst eingeweicht werden und haben eine lange Garzeit. Hülsenfrüchte aus der Dose sind zwar praktisch, können aber Zucker oder Salz enthalten. Deshalb abspülen, um Zucker zu entfernen, der Blähungen auslöst.

MIT KRÄUTERN UND GEWÜRZEN

Das Einweichwasser für getrocknete Bohnen mehrere Male wechseln. Die Bohnen mit Kurkuma, Kreuzkümmel, Ingwer, Fenchel oder Salbei würzen, um Blähungen vorzubeugen. Mit Vitamin-C-haltigen Lebensmitteln essen, damit das Eisen gut aufgenommen wird.

Weiße Bohnen enthalten viel Protein und sehr wenig Fett.

SO SCHMECKT'S

1 IM SALAT

Bohnensalat ist vielleicht nicht besonders hip, aber sehr lecker und nahrhaft: Einfach Hülsenfrüchte kochen und mit ordentlich Olivenöl, Zitronensaft und frischen Kräutern anmachen.

2 BOHNENSUPPE

Zwiebeln und Knoblauch in Olivenöl anschwitzen, dann Dosentomaten, eingeweichte und abgetropfte getrocknete Bohnen sowie gehackten Rosmarin zugeben. Kochen, bis die Bohnen weich sind.

3 KICHERERBSEN-KÜCHLEIN

Für leckere Küchlein Kichererbsen aus der Dose abtropfen lassen, zerdrücken und mit gehacktem Gemüse vermischen. Mit Ei, Salz und Pfeffer verrühren. Braten und mit Joghurt-Kräuter-Dip servieren.

Getrocknete **Hülsenfrüchte** können das **Risiko** für **Herz-Kreislauf-Erkrankungen** messbar **reduzieren.**

Kichererbsen-Küchlein ▼

Schwarze Bohnen ▲

Gute Quelle für **MANGAN**

Kichererbsen sind eine gute Grundzutat für Küchlein.

ERBSEN

Frische Erbsen versorgen uns mit einer Vielzahl von Vital-stoffen, darunter Ballaststoffe, Folsäure und Eisen. Davon profitieren Verdauung, Nerven und Blut. Der hohe Protein- und Eisengehalt macht dieses Superfood wertvoll für Vegetarier.

DARUM ESSEN

VERDAUUNGSAPPARAT
Erbsen liefern reichlich Ballast-stoffe, die für eine gute Verdau-ung sorgen. Sorten wie Zuckererbsen und Kaiserschoten, die mit der Hülse gegessen werden, enthalten besonders viele Ballaststoffe.

GESUNDES BLUT
Der hohe Eisengehalt macht Erbsen besonders für Vegetarier interessant. Das Gemüse glänzt zudem mit reichlich Folsäure, die zur Bildung von roten Blutkörperchen nötig ist.

STARKES HERZ
Erbsen enthalten lösliche Bal-laststoffe und den Pflanzenstoff Beta-Sitosterin – gemeinsam tragen sie zur Senkung des schlechten LDL-Cholesterins bei. Untersuchungen zeigen, dass 125 g Hülsenfrüchte am Tag das LDL-Cho-lesterin um bis zu 5 % senken.

Lösliche Ballast-stoffe und **Pflanzen-stoffe,** wie sie in Erbsen kombiniert sind, **senken den Cholesterin-spiegel.** Wer täglich Hülsenfrüchte isst, kann **das LDL-Cholesterin** im Blut um **bis zu 5 %** reduzieren.

Zuckererbsen, die mit der Hülse gegessen werden, enthalten sehr viele Ballaststoffe.

DAS IST DRIN

100 g gekochte TK-Erbsen decken gut die Hälfte des täglichen Bedarfs an Vitamin B$_1$ und liefern Folsäure, Ballaststoffe und Eisen, dazu Protein, Provitamin A, Vitamin E, B$_2$, B$_6$ und K sowie Niacin, Biotin, Kalium, Kalzium, Phosphor, Magnesium, Zink und Kupfer.

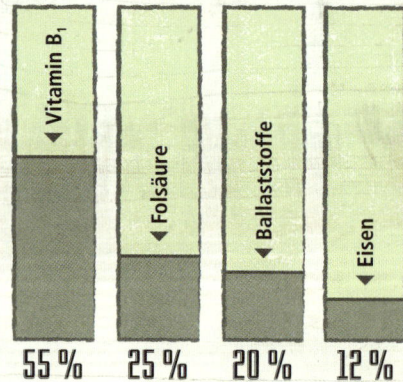

Vitamin B$_1$	Folsäure	Ballaststoffe	Eisen
55 %	25 %	20 %	12 %

Nährstoffgehalt bezogen auf den Referenzwert

Frische Erbsen sollten gleichmäßig grün und schön fest sein.

DIE HERKUNFT

Erbsen stammen ursprünglich aus der Mittelmeerregion und werden heute weltweit in gemäßigten Breiten angebaut. Sie gehören mit Bohnen und Linsen zu den Hülsenfrüchten. Botanisch gesehen sind sie eine Frucht, denn die Samen entwickeln sich aus der Erbsenblüte. Palerbsen und Markerbsen müssen aus der Hülse befreit werden, die nicht genießbar ist. Bei Zuckererbsen oder Kaiserschoten ist sie zart und wird mitgegessen.

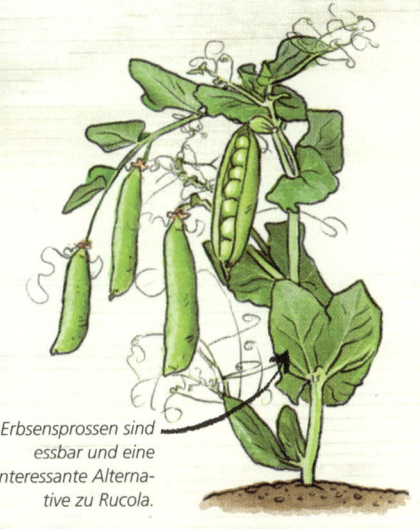

Erbsensprossen sind essbar und eine interessante Alternative zu Rucola.

SO SCHMECKT'S

1 GESCHMORT
Die zarte Süße frischer Erbsen kommt besonders gut zur Geltung, wenn man sie in Brühe mit Zwiebeln, Knoblauch und geviertelten Romanasalatherzen gart. Als Beilage servieren.

2 ALS PESTO
Erbsenpesto mit Minze ist ein schneller, gesunder Aufstrich für Bruschetta: Gekochte, abgekühlte Erbsen mit reichlich frischer Minze, etwas zerdrücktem Knoblauch und Olivenöl glatt pürieren.

3 SPAGHETTI MIT GEMÜSE
Einfachen Spaghetti mit Gemüse verleihen frische Erbsen zarte Süße. 2–3 Minuten vor Ende der Garzeit die Erbsen zu den Nudeln ins Kochwasser geben.

Spaghetti mit Gemüse ▶

Gute Quelle für **VITAMIN B₁**

DAS BESTE HERAUSHOLEN

RASCH ESSEN
Frische Erbsen sind süß und vollaromatisch, doch die Saison ist kurz. Wenn Sie frische Erbsen kaufen, sollten Sie sie so schnell wie möglich verzehren – der Vitamingehalt der Erbsen nimmt nach der Ernte rapide ab.

TK-WARE
Tiefkühl-Erbsen schneiden im Hinblick auf den Nährstoffgehalt fast ebenso gut ab wie frische. Studien belegen, dass tiefgefrorene oft sogar mehr Vitamin C enthalten, da sie bereits wenige Stunden nach der Ernte tiefgekühlt werden. Das hilft, die wertvollen Vitamine zu bewahren.

Süße Erbsen in einem einfachen Pastagericht steuern Proteine bei.

LINSEN

Diese Hülsenfrüchte sind reich an besonderen Ballaststoffen, die Cholesterin binden können. Die fettarmen Linsen versorgen den Körper zudem mit Eisen – wichtig für das Herz-Kreislauf-System und den Energiehaushalt.

Grüne und braune Linsen enthalten viele Ballaststoffe.

◄ Puy-Linsen

Geschälte rote Spaltlinsen sind genauso reich an Vitaminen, Mineralien und anderen Nährstoffen wie ganze Linsen.

◄ Rote Linsen

TIPP
Linsen mit Vitamin-C-haltigem Gemüse, wie Paprikaschoten, grünem Blattgemüse oder Tomaten kombinieren. So kann das Eisen besser aufgenommen werden.

DARUM ESSEN

VERDAUUNGSAPPARAT
Alle Linsensorten liefern viele unlösliche Ballaststoffe, die das Verdauungssystem in Schwung halten. Eine ballaststoffreiche Ernährung schützt vor Verstopfung, Divertikulitis, Hämorrhoiden und kann vermutlich bestimmten Krebsarten vorbeugen.

ENERGIEZUFUHR
Linsen haben einen niedrigen glykämischen Index (GI), das heißt, die Kohlenhydrate werden nur langsam aufgenommen und spenden nachhaltig Energie. Linsen sind zudem ein zuverlässiger Lieferant für Eisen, das für den Sauerstofftransport im Körper zuständig ist.

STARKES HERZ
Neben unlöslichen Ballaststoffen liefern Linsen auch viele lösliche Ballaststoffe, die Cholesterin binden, sodass es vom Körper gut ausgeschieden werden kann. Linsen enthalten ferner Kalium, das blutdrucksenkend wirkt, sowie Magnesium und Folsäure – ebenfalls wichtig für ein gesundes Herz.

DAS IST DRIN

100 g gekochte Linsen sind eine ausgezeichnete Quelle für Selen, Mangan, Kupfer und Eisen. Das gilt für alle Linsensorten. Außerdem enthalten sie die Vitamine B_1, B_2 und B_6 sowie Magnesium, Folsäure, Kalzium und Proteine.

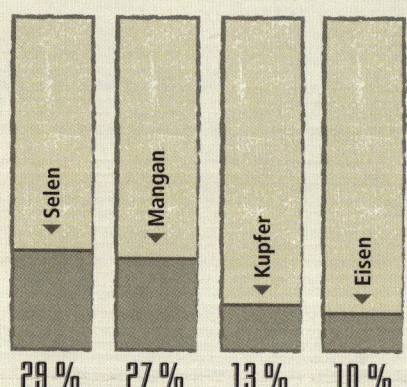

Selen	Mangan	Kupfer	Eisen
29 %	27 %	13 %	10 %

Nährstoffgehalt bezogen auf den Referenzwert

Ballaststoffe können vor **Verstopfung**, **Divertikulitis** und einigen **Krebsarten** schützen.

Lösliche Ballaststoffe in Linsen binden Cholesterin. Aber sie haben noch viel mehr zu bieten, etwa **Kalium,** das hohen **Blutdruck senkt,** sowie **Magnesium** und **Folsäure –** unerlässlich für ein starkes Herz.

Kräuter-Linsen-Salat ▲

Proteinhaltige Linsen sind eine gute Grundlage für einen leckeren Salat.

DIE HERKUNFT

Linsen stammen wahrscheinlich aus Zentralasien und gehören zu den Pflanzen, die schon sehr früh kultiviert wurden. Sie gehören wie auch Erbsen und Bohnen zur Gruppe der Hülsenfrüchte und gedeihen überall auf der Welt, in den Tropen wie in gemäßigten Breiten. Meist werden die Samen getrocknet. Unter den vielen verschiedenen Arten sind grüne und braune die am meisten verbreiteten. Es gibt aber auch gelbe, schwarze und rote Linsen. Die Samen kommen im Ganzen oder geschält und halbiert in den Handel.

Jede Schote enthält 1–2 essbare Samen.

SO SCHMECKT'S

1 SALAT

Manche Linsensorten zerfallen beim Kochen. Für einen Salat eine feste Sorte wie Beluga oder Puy wählen. Die grünen Puy-Linsen stammen aus Le Puy, Frankreich, und haben ein leicht pfeffriges Aroma. Die schwarzen Belugalinsen sind klein und rund, ihr Aussehen ähnelt Kaviar, daher der Name. Die Linsen kochen, nach dem Abtropfen mit einer Vinaigrette anmachen und mit reichlich gehackten Kräutern vermengt servieren.

2 PILAW

Linsen im Reispilaw sorgen für Farbe und Nährstoffe. Gekochten Naturreis mit gegarten Linsen, Zwiebeln, Knoblauch und Ingwer braten. Für zusätzliches Aroma eine Kardamomkapsel und eine Zimtstange dazugeben und vor dem Servieren entfernen.

3 DAL

Ein indischer Klassiker, in dem weiche Linsensorten groß rauskommen. Dazu die Linsen langsam mit etwas Ingwer und Knoblauch in Kokosmilch garen und mit Garam masala und Kurkuma würzen. Die Kokosmilch nicht stark kochen lassen, da sie sonst gerinnt. Das Dal mit Reis und einem Klecks Joghurt servieren.

DAS BESTE HERAUSHOLEN

GETROCKNET

Im Gegensatz zu anderen Hülsenfrüchten brauchen getrocknete Linsen vor der Verwendung nicht eingeweicht zu werden. Die Garzeit variiert je nach Sorte und ist jeweils auf der Packung angegeben.

AUS DER DOSE

In Dosenware sind die meisten Nährstoffe noch erhalten, doch manchmal wird bei der Verarbeitung Salz oder Zucker zugefügt, der Blähungen verursachen kann. Deshalb vor der Zubereitung abspülen.

VEGANE LINSEN-PILZ-BURGER

Mehr Nährstoffe als in einem Rindfleischburger stecken in dieser veganen Variante. Linsen enthalten lösliche Ballaststoffe, die den Blutzuckerspiegel stabil halten und lange sättigen. Zwiebeln sorgen für probiotische Ballaststoffe.

Für 4 Personen **Vorbereitung** 15 Minuten, plus Kühlen **Garzeit** 40–45 Minuten

ZUTATEN

- 100 g Puy-**Linsen**
- 4 EL Olivenöl
- 1 **Zwiebel**, fein gehackt
- 500 g Champignons, geputzt und grob gehackt
- 2 **Knoblauch**zehen, zerdrückt
- 1 TL gehackter frischer **Thymian**
- 1 EL fein gehackte glatte **Petersilie**
- 1 EL Balsamico-Essig
- 60 g frische Weißbrotbrösel
- 1 EL **Nährhefe**
- Salz und frisch gemahlener schwarzer Pfeffer

ZUBEREITUNG

1 Die Linsen in einen Topf geben, mit Wasser auffüllen und zum Kochen bringen. Die Temperatur reduzieren, bis das Wasser nur noch leicht köchelt, und den Schaum von der Oberfläche entfernen. 15 Minuten köcheln lassen, bis die Linsen gerade weich sind. In ein Sieb abgießen und abspülen, dann zum Abkühlen beiseitestellen.

2 In einer großen beschichteten Pfanne 1 EL Öl erhitzen. Die Zwiebel bei mittlerer Hitze 5 Minuten anschwitzen, bis sie weich, aber nicht braun ist. Noch 2 EL Öl und die Pilze zufügen und 15–20 Minuten garen, bis sie zusammengefallen sind und keine Flüssigkeit mehr in der Pfanne ist. Knoblauch, Thymian und Petersilie unterrühren und 1 Minute weiterbraten, bis der Knoblauch duftet. Den Essig zugeben und die Pfanne vom Herd nehmen.

3 Die Pilze und die abgekühlten Linsen mit den Bröseln und der Nährhefe im Mixer mit der Pulsfunktion leicht pürieren. Salzen und pfeffern, dann vorsichtig weitermixen, die Masse sollte nicht ganz glatt werden.

4 Die Masse 5 Minuten ruhen lassen, dann zu vier gleich großen Pattys formen. Abgedeckt in den Kühlschrank stellen und 30 Minuten fest werden lassen.

5 Die Pfanne mit Küchenpapier auswischen. Das restliche Öl in der Pfanne erhitzen und die Burger darin bei mittlerer Temperatur 3–4 Minuten von jeder Seite braten, bis sie gut gebräunt sind. In Brötchen mit Belag nach Wahl anrichten.

ENTHALTENE SUPERFOODS

LINSEN
stabilisieren den **Blutzucker** und reduzieren **Cholesterin**.

ZWIEBELN
regen das Wachstum **nützlicher Darmbakterien** an.

KNOBLAUCH
kann **krebserregende Stoffe** neutralisieren.

THYMIAN
kann helfen, den **Blutdruck** zu senken.

PETERSILIE
sorgt für **gesunde Knochen**.

NÄHRHEFE
hält das **Blut gesund**.

Nährwert pro Portion

Energie	450 kcal / 1793 kJ
Kohlenhydrate	59 g
– davon Zucker	6,5 g
Ballaststoffe	10 g
Fett	14 g
– davon gesättigt	2 g
Salz	1 g
Proteine	11 g
Cholesterin	0 g

PAPRIKASCHOTEN

Mit ihrem beeindruckenden Gehalt an Vitamin C
leisten Paprikaschoten unserem Immunsystem und der Haut
gute Dienste. Zudem können wertvolle Karotinoide das
Risiko für bestimmte Krebsarten senken.

DARUM ESSEN

SCHÖNE HAUT

Vitamin C benötigt der Körper für die Herstellung von Kollagen. Dieses Protein ist wichtig für die Gesundheit von Knochen, Zähnen, Zahnfleisch, Blutgefäßen und Bindegewebe. Als sehr wirksames Antioxidans hilft Vitamin C, freie Radikale zu neutralisieren, die unsere Haut altern lassen. Paprikaschoten liefern auch Beta-Karotin, das der Körper in Vitamin A umwandelt – auch das hilft der Haut.

IMMUNSYSTEM

Vitamin C unterstützt vor allem das Immunsystem und stärkt die Leistung der weißen Blutkörperchen bei der Abwehr von Krankheitserregern.

KREBS VORBEUGEN

Eine Ernährungsweise mit vielen Beta-Karotin und auch anderen Karotinoiden kann das Risiko für bestimmte Krebsarten wie Lungenkrebs senken. Paprikaschoten enthalten reichlich Karotinoide und gelten damit als bessere Quelle für diese Stoffe als Nahrungsergänzungsmittel, die manche Studien für gefährlich halten.

DAS IST DRIN

100 g rohe rote Paprikaschoten liefern mehr als den Tagesbedarf an Vitamin C und reichlich Provitamin A. Außerdem enthalten sie Kupfer und Vitamin B_6, ferner Ballaststoffe, die Vitamine E, B_1 und B_2 sowie Niacin, Folsäure, Eisen, Magnesium, Phosphor, Kalium.

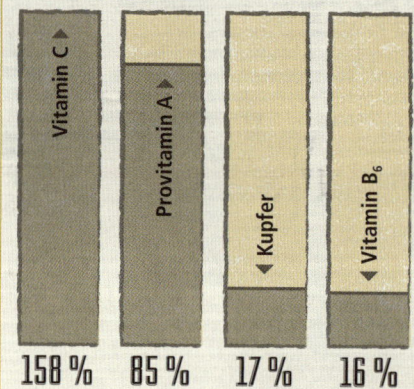

Vitamin C	Provitamin A	Kupfer	Vitamin B_6
158 %	85 %	17 %	16 %

Nährstoffgehalt bezogen auf den Referenzwert

Den Stielansatz und die Kerne entfernen.

Glänzende Schoten mit fester Haut und grünen Stielen sind frisch und nährstoffreich.

DIE HERKUNFT

Paprikaschoten stammen ursprünglich aus Mexiko und Mittelamerika und gehören mit Kartoffeln und Auberginen zu den Blüten bildenden Nachtschattengewächsen. Kolumbus brachte die Schoten im 15. Jh. aus Amerika mit nach Europa. Sowohl Paprika- als auch Chilischoten gehören zur Gattung *Capsicum*.

Verschiedene Sorten tragen rote, gelbe oder orange Früchte. Grüne Schoten sind unreif.

DAS BESTE HERAUSHOLEN

ROT GEWINNT

Paprikaschoten gibt es in verschiedenen Farben, die roten haben die höchste Nährstoffquote – sie enthalten 11-mal mehr Beta-Karotin und 1,5-mal mehr Vitamin C als grüne Schoten.

ROH ODER MIT ÖL

Für möglichst viel Vitamin C Paprikaschoten roh essen. Mit etwas Öl kann der Körper die Karotinoide besser aufnehmen.

SO SCHMECKT'S

1 GEFÜLLTE PAPRIKA

Entkernte Paprikahälften mit gekochtem Reis oder Buchweizen füllen. Ein Ei daraufschlagen und 8–10 Minuten bei mittlerer Hitze im Backofen garen.

2 MUHAMMARA

Ein Dip aus dem Nahen Osten, der zu Rohkost oder gegrilltem Fisch passt: Geröstete, entkernte Paprikaschoten mit gerösteten Walnüssen und Granatapfelsirup pürieren, würzen.

3 PEPERONATA

Eine klassische italienische Peperonata schmeckt nach Sommer: Rote und gelbe Paprikastreifen mit Zwiebeln, Knoblauch und gehackten Tomaten garen. Mit Salz und Pfeffer abschmecken und mit Petersilie bestreuen. Salzkartoffeln und schwarze Oliven schmecken gut dazu.

Peperonata ▶

Gute Quelle für **VITAMIN C**

Rote Paprikaschoten enthalten **11-mal** mehr **Beta-Karotin** und **1,5-mal** mehr **Vitamin C** als grüne Schoten.

TOMATEN

Sie sind reich an sekundären Pflanzenstoffen, die das Risiko für Herz-Kreislauf-Erkrankungen verringern können und möglicherweise sogar vor Krebs schützen. Unser Immunsystem freut sich zudem über das Vitamin C in Tomaten.

DARUM ESSEN

STARKES HERZ

Das Karotinoid Lycopin, dem die Tomate ihre Farbe verdankt, schützt das Herz. Untersuchungen ergaben, dass Männer, die einen hohen Lycopinwert im Blut aufwiesen, ein 50 % geringeres Risiko hatten, einen Herzinfarkt zu erleiden. Tomaten enthalten zudem Flavonoide, sekundäre Pflanzenstoffe, die ebenfalls mit einem geringeren Risiko für Herzerkrankungen in Verbindung gebracht werden.

KREBS VORBEUGEN

Das in Tomaten enthaltene Lycopin scheint auch gegen Krebs zu wirken. Studien legen nahe, dass dieser sekundäre Pflanzenstoff einen gewissen Schutz vor Prostata-, Magen- und Dickdarmkrebs bietet. Möglicherweise kann Lycopin das Wachstum von Tumoren hemmen oder sogar umkehren.

Gute Quelle für VITAMIN C

SCHÖNE HAUT

Tomaten sind sehr reich an Beta-Karotin, das in unserem Körper in Vitamin A umgewandelt wird. Dieser Vitalstoff hält die Haut gesund und schützt die Augen vor Schäden durch freie Radikale. Auch Spannkraft und Farbe der Haut profitieren von Beta-Karotin.

Die in Tomaten enthaltenen **Karotinoide** können helfen, das Risiko für **Herzerkrankungen** um bis zu **50 % zu reduzieren.**

DAS IST DRIN

1 mittelgroße Tomate (75 g) ist ein gute Quelle für Vitamin C, Folsäure, Kalium und Vitamin K. Tomaten enthalten außerdem Mangan.

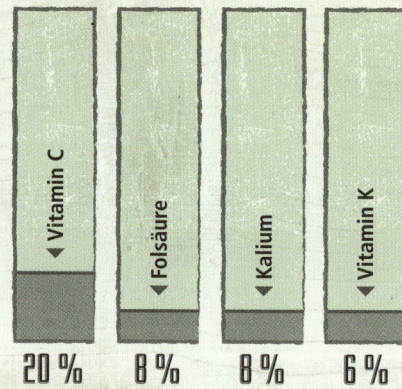

Vitamin C	Folsäure	Kalium	Vitamin K
20 %	8 %	8 %	6 %

Nährstoffgehalt bezogen auf den Referenzwert

Die Schale ist reich an herzschützenden Karotinoiden.

DIE HERKUNFT

Tomaten stammen aus Südamerika und wurden schon von Azteken und Maya kultiviert. Sie gehören zu den Blüten bildenden Nachtschattengewächsen. Es gibt über 5000 Sorten. Tomaten werden auf der ganzen Welt in den gemäßigten Klimazonen angebaut.

Die Früchte der verschiedenen Sorten sind rot, orange, gelb oder violett.

DAS BESTE HERAUSHOLEN

ROH ODER GEGART
Frische Tomaten haben einen höheren Gehalt an Vitamin C und Folsäure als gegarte oder Dosenware. Doch das wertvolle Lycopin nimmt der Körper besser auf, wenn man die Tomaten gart.

MIT AVOCADO UND BROKKOLI
Wenn wir Tomaten zusammen mit Avocados essen, nimmt der Körper 44-mal mehr Lycopin auf. Studien zeigen, dass mit Brokkoli die krebshemmende Wirkung maximiert wird.

VERSCHIEDENE SORTEN
Kirschtomaten enthalten große Mengen an antioxidativen Flavonoiden, violette Sorten steuern Anthocyane bei, gelbe Tomaten liefern Folsäure.

SO SCHMECKT'S

1 ALS SALAT
Das Beste aus der Fülle des Sommers mit einem bunten Salat herausholen, in dem möglichst viele verschiedene Tomatensorten enthalten sind. Einfach in Scheiben schneiden, Olivenöl, Salz und Pfeffer darübergeben und mit Basilikum bestreuen.

2 MIT PASTA
Für ein schnelles Pastagericht Kirschtomaten halbieren und mit etwas Knoblauch in Olivenöl anschwitzen. Dann mit gekochten Vollkornfusilli und blanchierten Brokkoliröschen vermengen. Mit Salz und Pfeffer bestreut sofort servieren.

3 TOMATENCONSOMMÉ
Für eine Tomatenconsommé frische Tomaten mit Dill, Basilikum, Estragon oder Schnittlauch pürieren und in einem Passiertuch über Nacht abtropfen lassen. Die Suppe mit Salz, Pfeffer, Sherryessig und Olivenöl abschmecken und gut gekühlt servieren.

Tomaten-consommé ▶

Tomaten liefern viel **Lycopin**, einen **Pflanzenstoff**, der **das Herz** schützt. Der Körper nimmt bis zu **44-mal mehr** Lycopin aus Tomaten auf, wenn man sie zusammen **mit Avocado** isst.

Frische Tomaten liefern viel Vitamin C.

AVOCADOS

Botanisch eine Frucht, zählt die Avocado in der Küche zum Gemüse. Sie enthält fast 20 verschiedene Vitalstoffe – Vitamine, Mineralien, Fettsäuren und sekundäre Pflanzenstoffe – die Herz und Nervensystem gesund erhalten.

Viele Pflanzenstoffe befinden sich im dunklen Fleisch direkt unter der Schale.

Reife Avocados lassen sich am Stielansatz eindrücken.

DARUM ESSEN

STARKES HERZ

Avocados liefern gleich ein Trio an herzstärkenden Nährstoffen: Vitamin E verhindert die Oxidation von LDL-Cholesterin, Kalium hilft, hohen Blutdruck zu senken, indem es die Wirkung von Salz aufhebt, und Beta-Sitosterin, ein sekundärer Pflanzenstoff, sorgt für einen guten Cholesterinspiegel.

SEHKRAFT

Lutein, ein in Avocados enthaltener Pflanzenstoff, schützt die Augen vor Schäden durch freie Radikale und reduziert so das Risiko für grauen Star und Makuladegeneration.

GEHIRNTÄTIGKEIT

Avocados enthalten Vitamin B_6, das für ein gesundes Nervensystem sorgt. Ein niedriger Vitamin-B_6-Gehalt im Blut wird mit Depression und chronischer Müdigkeit in Verbindung gebracht.

DAS IST DRIN

1 kleine Avocado (100 g) ist eine gute Quelle für die Vitamine E und B_6 sowie für Kalium und Kupfer. Avocados enthalten auch Vitamin C, B_1, B_2 und K sowie Niacin, Mangan, Eisen, Zink, Magnesium und Phosphor.

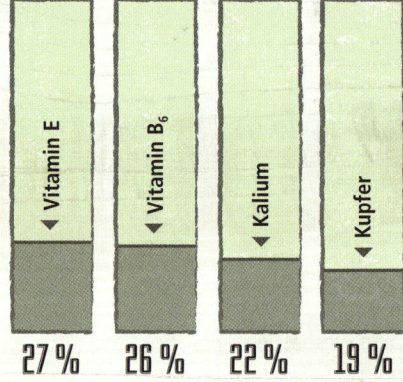

Vitamin E	Vitamin B_6	Kalium	Kupfer
27 %	26 %	22 %	19 %

Nährstoffgehalt bezogen auf den Referenzwert

Das buttrige Fleisch enthält gesunde einfach gesättigte Fette.

DIE HERKUNFT

Die Avocado ist die Frucht eines Baumes aus der Familie der Lorbeergewächse, der in Mittelamerika und der Karibik vorkommt. Vor allem in Mexiko ist die Avocado schon lange ein wichtiges Nahrungsmittel. Es gibt über 1000 Sorten, von rund bis birnenförmig, die Farbe kann zwischen Grün und Violett variieren.

Avocados sind eigentlich Beeren mit nur einem Kern.

DIE ZUBEREITUNG

Mit einem scharfen großen Messer die Avocado vertikal um den Kern herum einschneiden. Die beiden Hälften zum Trennen gegeneinanderdrehen. Die Messerschneide in den Kern drücken, drehen und den Kern herausheben.

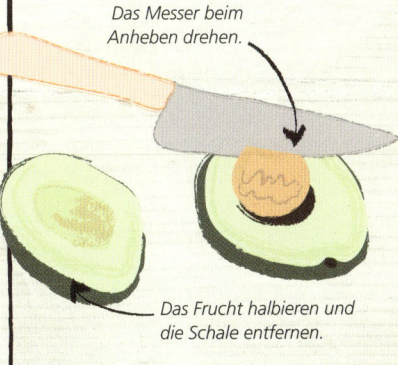

Das Messer beim Anheben drehen.

Das Frucht halbieren und die Schale entfernen.

SO SCHMECKT'S

1 SALSA
Aus gewürfelten Avocados mit Tomaten und frischen Maiskörnern eine leckere Salsa zubereiten. Ein echter Hingucker zum Beispiel zu gegrilltem Fisch.

2 GRÜNER SMOOTHIE
Avocados eignen sich besonders gut für grüne Smoothies mit Grünkohl oder Spinat. Die cremige Textur ist ein toller Ersatz für Milchprodukte. Eine Avocado halbieren, schälen und grob hacken und statt Joghurt oder Kefir in einem milchfreien Smoothie verarbeiten.

3 AVOCADOBROTE
Für einen schnellen Snack eine Scheibe Brot mit Cashewbutter bestreichen und mit Avocadostücken und anderen Superfoods wie Kirschtomaten, Noristreifen und Sesamsaat garnieren.

TIPP
Eine unreife Avocado wird schnell weich, wenn sie mit einem Apfel oder einer Banane zusammen in einer Papiertüte liegt.

Avocados mit Limetten- oder Zitronensaft beträufeln, damit sie nicht braun werden.

Avocado- brote ▶

KAKAOMOUSSE MIT AVOCADO

Der volle Geschmack einer üppigen Schokoladenmousse entsteht hier ganz ohne Sahne, Butter und Industriezucker. Avocados bringen antioxidative Pflanzenstoffe mit und Kakao kann blutdrucksenkend wirken.

Für 4 Personen **Vorbereitung** 5 Minuten, plus Kühlen

ZUTATEN

5 reife **Avocados**, geschält, entkernt und grob gehackt (zusammen etwa 400 g)

30 g rohes **Kakao**pulver

4 EL flüssiger Honig oder Ahornsirup

Mark von ½ Vanilleschote

4 EL **Mandel**drink oder Kokosmilch

Kakao-Nibs zum Servieren

ZUBEREITUNG

1 Für die Mousse alle Zutaten außer den Kakao-Nibs in einen Mixer geben und glatt pürieren. Bei Bedarf noch etwas mehr Mandeldrink oder Kokosmilch zugeben.

2 Die Masse in eine Servierschale oder vier Gläser à 150 ml füllen. Mindestens 1 Stunde in den Kühlschrank stellen, bis die Mousse gut durchgekühlt ist. Zum Servieren mit den Kakao-Nibs bestreuen.

TOLLER TAUSCH

• Erdnussbutter spendet einen Energie-Kick durch B-Vitamine.

• Zum Bestreuen gehackte getrocknete Kirschen verwenden – für guten Schlaf.

ENTHALTENE SUPERFOODS

AVOCADOS
sorgen für einen ausgeglichenen **Cholesterinspiegel** und schützen das **Herz.**

KAKAO
kann den **Blutdruck** senken und vor **Herz-Kreislauf-Erkrankungen** schützen.

MANDELN
sind gut für ein **gesundes Herz.**

Nährwert
pro Portion

Energie	290 kcal / 1142 kJ
Kohlenhydrate	18 g
– davon Zucker	16 g
Ballaststoffe	6 g
Fett	21 g
– davon gesättigt	5 g
Salz	0 g
Proteine	4 g
Cholesterin	0 g

BRAUNALGEN

Braunalgen wie Wakame und Kombu sind eine ganz besonders gute Quelle für Jod, das den Hormonhaushalt reguliert. Diese Algen enthalten zudem Alginsäure sowie Ballaststoffe – beides hilft der Verdauung.

DARUM ESSEN

VIEL JOD

Braunalgen haben einen extrem hohen Gehalt an Jod, wobei Wakame und Kombu ganz weit vorn liegen. Jod ist ein wichtiger Mineralstoff, der die Schilddrüse bei der Hormonproduktion und -regulierung unterstützt. Selbst ein geringer Jodmangel kann eine Vielzahl von gesundheitlichen Problemen zur Folge haben wie Müdigkeit, Muskelschwäche, Depression, Gewichtsprobleme und erhöhter Cholesterinspiegel. Es ist möglich – wenn auch selten – zu viel Jod aufzunehmen – eine tägliche Zufuhr von 800 mg reicht völlig aus.

VERDAUUNGSAPPARAT

Die in Braunalgen enthaltene Alginsäure schützt den Darm und beruhigt die Verdauung. Untersuchungen zeigen, dass Menschen, die regelmäßig Algen konsumieren, einen hohen Anteil an nützlichen Darmbakterien aufweisen.

GESUNDES BLUT

Braunalgen sind reich an Folsäure, die bei der Bildung roter Blutkörperchen hilft. Untersuchungen zeigen, dass Wakame zum Schutz vor hohem Blutdruck und Schlaganfall beitragen kann.

DAS IST DRIN

100 g Wakame liefern eine gewaltige Menge Jod, dazu Folsäure, Mangan und Magnesium. Wakame enthält mehr Jod als jede andere Braunalgensorte.

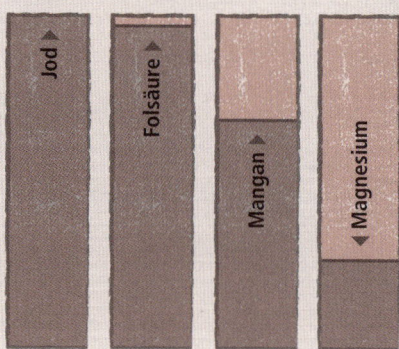

Jod	Folsäure	Mangan	Magnesium
8666 %	98 %	70 %	28 %

Nährstoffgehalt bezogen auf den Referenzwert

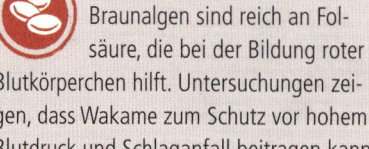

Wakame wird in kleinen Stücken getrocknet verkauft.

Wakame ▶

Kombu ▼

DIE HERKUNFT

Braunalgen gehören zur Klasse der *Phaeophyceae* und wachsen in den Küstenregionen kühler Meere. Wakame und Kombu sind die am weitesten verbreiteten essbaren Sorten. In den Ursprungsländern wie Japan werden Braunalgen frisch gegessen, aber auch getrocknet oder eingelegt.

Braunalgen wachsen in dichten Wiesen unter der Wasseroberfläche in Küstennähe.

Ramen mit Gemüse ▶

Jodhaltiger Kombu gibt einer Ramenbrühe Geschmack.

SO SCHMECKT'S

1 RAMEN MIT GEMÜSE

Kombu ist traditionell Bestandteil von Ramen, einer japanischen Suppe. Getrocknete Kombustreifen in heißer Brühe ziehen lassen, mit Sojasauce würzen und die Suppe mit gekochten Nudeln, Gemüse, gebratenem Tofu und einem gekochten, halbierten Ei in eine Schale füllen.

2 GEBRATEN

Feste Braunalgen wie etwa Wakame verleihen Wok-Gerichten auf Reisbasis Textur und einen salzigen Geschmack. Einfach 5 g eingeweichte, abgetropfte und gehackte Wakame unter das fertige Gericht (s. S. 32–33) mischen.

3 EINGELEGTER KOMBU

Eingelegter Kombu gibt Reisgerichten, Sandwiches und Sushi-Wraps einen tollen Geschmack. Die Blätter wässern, abspülen und klein schneiden. 1 Stunde in Reisessig und Mirin marinieren.

Kombu gibt es getrocknet oder eingelegt.

TIPP

Kombu in Suppen mit Hülsenfrüchten geben. Die Enzyme im Kombu helfen, die Hülsenfrüchte ohne Blähungen zu verdauen.

Das in Braunalgen reichlich vorhandene **Jod** kann **Müdigkeit** und **Muskelschwäche** vorbeugen und hilft, hohe **LDL-Cholesterinwerte** zu senken. Auch bei der **Gewichtskontrolle** spielt es eine Rolle.

ROTALGEN

Fettarme und ballaststoffreiche Rotalgen wie Nori und Dulse liefern viele Mineralien, besonders Jod für die Schilddrüsenfunktion und Kalzium für starke Knochen. Dulse enthält überdurchschnittlich viel Kalium, Nori ist reich an Protein.

DARUM ESSEN

GESUNDES BLUT
Schon eine kleine Menge Dulse reicht für die tägliche Zufuhr des Minerals Kalium aus. Es hilft, den Blutdruck zu senken, indem es die negativen Effekte von Natrium neutralisiert.

HORMONHAUSHALT
Algen enthalten viel Lignan, ein Phytoöstrogen, das das Risiko von Brustkrebserkrankung senken und die Symptome des prämenstruellen Syndroms (PMS) lindern kann.

VIEL JOD
Rotalgen enthalten weniger Jod als Braunalgen, aber dennoch überdurchschnittlich viel. Jod braucht unser Körper für viele Prozesse, wie Wachstum, Stoffwechsel der Schilddrüse, Gehirnentwicklung bei Fötus und Kleinkind. Eine Unterfunktion der Schilddrüse aufgrund von Jodmangel führt zu Symptomen wie Müdigkeit, Muskelschwäche und hohen Cholesterinwerten.

Rotalgen, insbesondere Dulse, sind reich an **Kalium,** dadurch wirken sie **blutdrucksenkend.**

DAS IST DRIN

10 g Nori decken den Tagesbedarf an Vitamin B$_{12}$ und Jod. Außerdem liefern sie Provitamin A und Kalium. Nori hat einen höheren Vitamingehalt als Dulse.

Vitamin B$_{12}$	Jod	Provitamin A	Kalium
112 %	98 %	31 %	14 %

Nährstoffgehalt bezogen auf den Referenzwert

Algenflocken
▼

Getrocknete Dulse gibt es in Form von Blättern, Flocken oder Pulver.

Noriblätter ▼

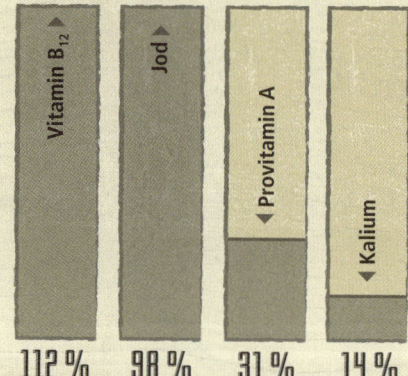

Proteinreiches Nori wird durch Trocknen grün oder schwarz.

Rotalgen sind eine ergiebige Quelle für das Mineral **Jod**, ohne das die **Schilddrüse** nicht funktionieren kann. Zudem unterstützt es die **Gehirnentwicklung** beim Fötus.

Sushi Handrolls ▶

DIE HERKUNFT

Rotalgen verdanken ihre Farbe dem Pigment Phycoerithrin. In Japan wird Nori kultiviert und kommt in Form von getrockneten Blättern in den Handel, die für Sushi Verwendung finden. Auch die in Irland und Schottland verbreitete Dulse sowie Knorpel- und Purpurtang zählen zu den Rotalgen.

Die lebenden Algen sind rot gefärbt.

TIPP
Wenn Noriblätter nicht mehr kross sind, kann man sie vorsichtig über einer Gasflamme rösten.

SO SCHMECKT'S

1 SUSHI HANDROLLS

Perfekte Sushirollen herzustellen erfordert viel Übung, aber Handrolls schafft jeder: Gekochten, kalten Vollkornreis mit Mirin würzen und mit Avocado- und Gurkenstreifen in einem Noriblatt in der Hand aufrollen. Ein toller Snack für zwischendurch.

2 SUPERWÜRZE

Japanische Reisgerichte werden oft mit Furikake bestreut – einer Algen-Würzmischung. So kann man sie selbst machen: Noriblätter zerbröseln und mit Sesamsaat, Chiliflocken und Meersalz zerstoßen.

3 ALGENSALAT

Dieser gesunde Asia-Salat kann süchtig machen: Getrocknete Dulse kurz wässern, dann trocken tupfen und mit feinen Karotten- und Gurkenstreifen vermischen. Mit einem Dressing aus Reisessig, Sesamöl, Ingwer und Sojasauce beträufeln.

Phytoöstrogene in Rotalgen können helfen, das Risiko für **Brustkrebs** zu **reduzieren**.

Frische Noriblätter brechen beim Rollen nicht auseinander.

Gute Quelle für JOD

DAS BESTE HERAUSHOLEN

NORI KÜHL UND TROCKEN LAGERN
Noriblätter mit dem Zusatz »geröstet« kühl und trocken aufbewahren.

FRISCHE ODER GETROCKNETE DULSE
Der Nährstoffgehalt von frischer und getrockneter Dulse unterscheidet sich kaum. Getrocknet können die Algen als ganzes Blatt, Flocken oder Pulver ohne Einweichen verzehrt werden. Wer ganze Blätter verwendet, sollte sie auseinanderziehen, um Steinchen zu entfernen.

OBST

ÄPFEL

Viel Vitamin C, K und B$_6$ steckt in Äpfeln – darüber freuen sich Immunsystem, Knochen, Herz und Kreislauf. Sekundäre Pflanzenstoffe helfen, den LDL-Cholesterinspiegel zu senken.

DARUM ESSEN

SEHKRAFT
Untersuchungen zeigen, dass Quercetin, das in hoher Konzentration in Äpfeln enthalten ist, grauem Star vorbeugen kann, indem die Augen vor freien Radikalen geschützt werden.

VERDAUUNGSAPPARAT
Äpfel liefern lösliche und auch unlösliche Ballaststoffe, die die Verdauung anregen. Forscher an der University of Denmark haben herausgefunden, dass Menschen, die regelmäßig Äpfel essen, große Mengen an nützlichen Darmbakterien aufweisen.

STARKES HERZ
Pektin ist ein löslicher Ballaststoff in Äpfeln, der hohen Cholesterinwerten entgegenwirken kann. In einer finnischen Studie sank mit einem Apfel pro Tag der LDL-Cholesterinwert innerhalb von 40 Tagen um bis zu 40 %.

Die Schale liefert Ballaststoffe und Vitamin C.

DAS IST DRIN

1 mittelgroßer Apfel ist eine gute Quelle für die Vitamine C, K, B$_6$ sowie für Kalium. Äpfel enthalten auch Ballaststoffe.

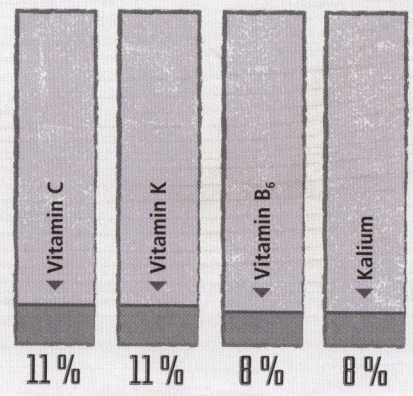

Vitamin C	Vitamin K	Vitamin B$_6$	Kalium
11 %	11 %	8 %	8 %

Nährstoffgehalt bezogen auf den Referenzwert

DIE HERKUNFT

Äpfel sind die Früchte eines Baumes aus der Familie der Rosengewächse. Apfelbäume werden auf der ganzen Welt in über 7000 Sorten kultiviert.

Aus hellen Blüten entstehen rote oder grüne Früchte.

SO SCHMECKT'S

Energiebällchen mit Apfel ▶

1 ENERGIEBÄLLCHEN MIT APFEL
Einen rohen geriebenen Apfel mit zerkleinertem Trockenobst, Nüssen und Haferflocken mischen und zu Bällchen rollen.

2 BRATAPFEL
Ganze Äpfel entkernen und mit gehackten Nüssen und Trockenobst füllen. Bei mittlerer Hitze im Backofen garen.

3 APFELSALAT
Fisch oder Huhn vom Grill mit einem schnellen Apfel-Fenchel-Weißkohl-Salat mit Zitronendressing servieren.

FEIGEN

Frisch oder getrocknet liefern die süßen Früchte Ballaststoffe und Kalium – für gute Cholesterinwerte, eine gesunde Verdauung und starke Nerven.

Reife Feigen können um den Stielansatz Zuckerperlen bilden.

DARUM ESSEN

VERDAUUNGSAPPARAT
Feigen versorgen uns mit löslichen wie auch mit unlöslichen Ballaststoffen, die die Verdauung ankurbeln, wobei die Früchte leicht abführend wirken können. Getrocknete Feigen haben eine höhere Konzentration an Ballaststoffen als frische: Schon 50 g getrocknete Feigen liefern etwa 20 % der täglich empfohlenen Menge. Die Früchte enthalten auch einen Ballaststoff, der die Vermehrung von nützlichen Darmbakterien anregt.

STARKES HERZ
Lösliche Ballaststoffe in Feigen können helfen, Cholesterin im Blut abzubauen. Feigen enthalten auch Polyphenole, Pflanzenstoffe, die das Herz schützen, sowie Kalium, das blutdrucksenkend wirkt.

KNOCHEN
Getrocknete Feigen sind ein guter Lieferant für Kalzium – wichtig für Menschen, die keine Milchprodukte essen. Kalzium ist für starke Knochen und Zähne unersetzlich. Feigen enthalten auch Vitamin K, das hilft, Kalzium im Körper zu verteilen und die Aufnahme des Minerals in den Knochen unterstützt.

DAS IST DRIN

100 g frische Feigen sind eine gute Quelle für Kalium, Vitamin B_6, Kalzium und Zink. Sie enthalten die Vitamine B_1, B_2 und K.

Kalium	Vitamin B_6	Kalzium	Zink
10 %	6 %	5 %	3 %

Nährstoffgehalt bezogen auf den Referenzwert

DIE HERKUNFT

Feigen sind die Früchte eines Baumes, der bis zu 100 Jahre alt werden kann, und stammen aus dem Nahen Osten und Westasien.

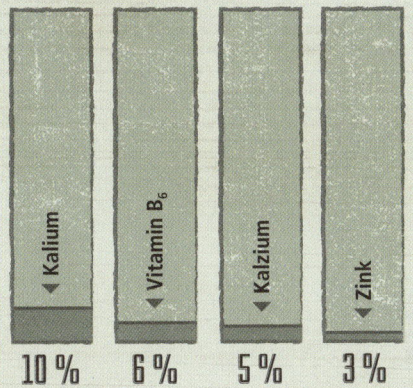

Es gibt Sorten mit violetten, grünen oder gelben Früchten.

SO SCHMECKT'S

1 SÜSSER SNACK
Als süßen Snack getrocknete Feigen mit gerösteten Mandeln und Honig pürieren und zu flachen Kuchen formen.

2 GEBACKEN
Sonnengereifte Feigen schmecken gebacken am allerbesten: Mit etwas Honig beträufeln und im Ofen backen, bis sie sehr weich sind. Noch warm mit Joghurt und Walnüssen servieren.

3 KONFITÜRE
Reife Feigen schälen und ohne Zucker köcheln lassen, bis die Masse dicklich wird. Auf knusprigen Brötchen zum Frühstück servieren oder mit einem guten Stück Ziegenkäse genießen.

GRANATÄPFEL

Vitamin B$_6$ und C, Ballaststoffe, Anthocyane – all das macht Granatäpfel sehr wertvoll für Nerven, Blut, Gehirn und Immunsystem. Sie bieten zudem Antioxidantien, die als herzschützend und krebshemmend gelten.

DARUM ESSEN

STARKES HERZ

Granatäpfel enthalten viele Polyphenole – Antioxidantien, von denen man annimmt, dass sie das Risiko für Herz-Kreislauf-Erkrankungen reduzieren. Granatapfelsaft kann helfen, einen hohen Blutdruck zu senken und den Blutfluss zum Gehirn zu verbessern.

KREBS VORBEUGEN

Es wird vermutet, dass die in Granatäpfeln enthaltenen Antioxidantien die Zellen schützen und DNA-Schäden, die zu Krebs führen, regulieren können. In Studien konnte mit Granatapfelsaft das Wachstum von Prostatakrebs verlangsamt werden. Weitere Untersuchungen deuten darauf hin, dass der Saft auch Brust und Dickdarmkrebs hemmen kann.

GEHIRNTÄTIGKEIT

Für die besondere Farbe der Granatäpfel sind Anthocyane, sekundäre Pflanzenstoffe, verantwortlich. Sie verbessern den Blutfluss zum Gehirn und man nimmt an, dass eine anthocyanreiche Ernährung das Gedächtnis im Alter stärkt.

In Studien konnte **Granatapfelsaft** die Entwicklung von **Prostatakrebs** verlangsamen.

DAS IST DRIN

Die Kerne eines mittelgroßen Granatapfels (200 g) decken fast die Hälfte des Tagesbedarfs an Vitamin B$_6$. Sie liefern außerdem viel Vitamin C und Ballaststoffe sowie Kalium.

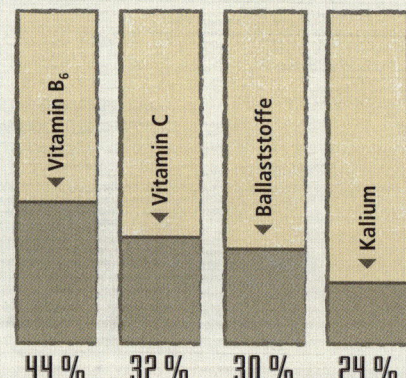

Vitamin B$_6$	Vitamin C	Ballaststoffe	Kalium
44 %	32 %	30 %	24 %

Nährstoffgehalt bezogen auf den Referenzwert

Granatapfelkerne sind äußerst ballaststoffreich.

Glänzende, schwere Früchte enthalten viele Kerne.

DIE HERKUNFT

Granatäpfel stammen aus dem Iran und wachsen weltweit in subtropischen Klimazonen. In den Früchten stecken viele Kerne. Jeder einzelne besteht aus einem kleinen, knackigen Samen, der von einer leuchtend roten oder weißen Hülle überzogen ist, die viel Saft enthält.

Der gekräuselte Rand ist ein Überbleibsel der Blüte, aus der sich die Frucht bildet.

DIE ZUBEREITUNG

Den Blütenansatz des Granatapfels herausschneiden und die Haut einritzen wie bei einer Orange. Die Frucht mit den Händen aufbrechen. Die Kerne mit den Fingern oder einem Löffel auslösen. Alternativ den Granatapfel halbieren und mit einem Löffel auf die Schale klopfen, bis die Kerne herausfallen.

Nur die Haut einschneiden, und nicht die Kerne verletzen.

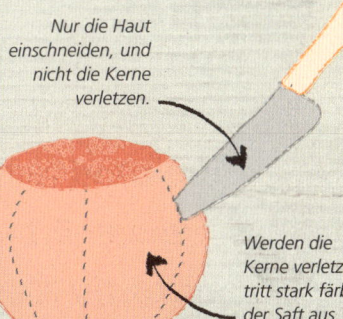

Werden die Kerne verletzt, tritt stark färbender Saft aus.

SO SCHMECKT'S

1 REINER SAFT
Die Kerne pürieren und das Fruchtmark durch ein feines Sieb oder ein Passiertuch pressen, und den Saft auffangen. Bei Bedarf mit etwas Honig süßen.

2 GELEE
Für ein erfrischendes, elegantes Sommerdessert aus reinem Granatapfelsaft mit Gelatine ein Gelee zubereiten. Vor dem Servieren mit frischen Granatapfelkernen bestreuen.

3 EXOTISCHER OBSTSALAT
In einem Obstsalat mit gewürfelter Mango, Ananas, Melone und Kiwi kommt die leuchtende Farbe der Granatapfelkerne besonders gut zur Geltung.

Exotischer Obstsalat ▶

Die **Samen eines Granatapfels** liefern mehr als **30 %** der täglich empfohlenen **Dosis** an Vitamin C.

TIPP
Ganze Früchte bleiben im Kühlschrank mehrere Wochen frisch. Die ausgelösten Kerne halten sich einige Tage, man kann sie auch tiefkühlen für Saft.

GRANITA MIT GRANAT-APFEL & HIMBEEREN

Diese erfrischende Granita ist eine einfache Superfood-Alternative zu Eiscreme – sogar ohne Eismaschine. Granatäpfel stecken voller Antioxidantien, Himbeeren sind reich an Vitamin C und Minze wirkt immunstärkend.

Für 8 Personen **Vorbereitung** 15 Minuten, plus Gefrieren

ZUTATEN

- 1 kg Wassermelone, geschält und gewürfelt
- 175 g **Himbeeren**, plus etwas mehr zum Garnieren
- 150 g **Granatapfel**kerne, plus etwas mehr zum Garnieren
- 1 große Handvoll **Minze**blätter, plus einige mehr zum Garnieren
- 1–2 EL flüssiger Honig

ZUBEREITUNG

1 Die Wassermelonenwürfel mit Himbeeren, Granatapfelkernen und Minze in einem Mixer fein pürieren. Portionsweise arbeiten, damit der Mixer nicht zu voll wird. Das Fruchtpüree in eine große Schüssel gießen.

2 Das Fruchtpüree durch ein feines Sieb in eine große Schüssel streichen, dabei mit einem Löffelrücken die Flüssigkeit aus dem Fruchtmark herausdrücken. Das Mark und Reste von Kernen entsorgen.

3 Honig nach Bedarf zugeben, je nach Süße der Melone. Denken Sie daran, dass Gefrorenes weniger süß schmeckt.

4 Die Flüssigkeit in einen gefriertauglichen Behälter füllen und tiefkühlen. Alle 2 Stunden aus dem Tiefkühlfach nehmen und die Granita mit einer Gabel kräftig durchrühren, dabei die entstandenen Kristalle zerkleinern. Den Vorgang dreimal wiederholen, bis die Granita vollständig gefroren ist.

5 Aus dem Gefrierfach nehmen und vor dem Servieren 30 Minuten in den Kühlschrank stellen. Zum Servieren die Granita mit einem Löffel in Servierschalen oder Gläser füllen und mit Himbeeren, Granatapfelkernen und Minzeblättern garnieren.

Nährwert pro Portion

Energie	66 kcal / 262 kJ
Kohlenhydrate	13 g
– davon Zucker	13 g
Ballaststoffe	2 g
Fett	0 g
– davon gesättigt	0 g
Salz	0 g
Proteine	1 g
Cholesterin	0 g

PFLAUMEN

Pflaumen sind schön süß, aber ihr niedriger GI sorgt dafür, dass der Blutzuckerspiegel nicht emporschnellt. Sie enthalten Kalium, wichtig fürs Herz, und viele Ballaststoffe für die Verdauung.

DARUM ESSEN

VIELE PFLANZENSTOFFE
Rote und violette Pflaumen enthalten Anthocyane, denen nachgesagt wird, dass sie das Gehirn auch im Alter leistungsfähig halten. Gelbe Pflaumen liefern viel Beta-Karotin, das der Körper in Vitamin A umwandelt.

VERDAUUNGSAPPARAT
Frisch oder getrocknet – Pflaumen sind ballaststoffreich. Pektin, Sorbit und Isatin wirken wie natürliche Abführmittel.

KNOCHEN
Untersuchungen deuten darauf hin, dass Pflaumen bei Frauen den Kalziumverlust nach den Wechseljahren verlangsamen können.

DAS IST DRIN

100 g Pflaumen sind eine gute Quelle für Kalium, Vitamin K, Kupfer und Provitamin A. Die Früchte enthalten auch Ballaststoffe.

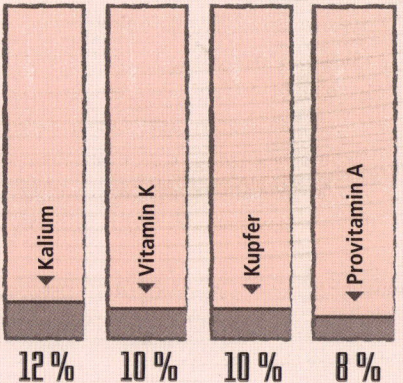

Kalium	Vitamin K	Kupfer	Provitamin A
12 %	10 %	10 %	8 %

Nährstoffgehalt bezogen auf den Referenzwert

SO SCHMECKT'S

1 GEBACKEN
Pflaumenhälften mit Honig, Fünf-Gewürze-Pulver und Sternanis im Ofen backen. Als Dessert mit Joghurt servieren.

2 PFLAUMENGRANITA
Entsteinte Pflaumen mit etwas Wasser, Honig und Gewürzen nach Wahl garen. Pürieren und durch ein feines Sieb streichen. Dann zu Granita verarbeiten (s. S. 146).

3 BARBECUESAUCE
Pflaumen mit Essig, Honig und Gewürzen kochen, dann glatt pürieren und zu gegrilltem Fleisch servieren.

DIE HERKUNFT

Pflaumen zählen wie auch Kirschen zum Steinobst. Es gibt unterschiedliche Sorten, die aus den gemäßigten Zonen der Erde stammen, aus dem Nahen Osten, China und Amerika.

Reife Pflaumen duften süß und geben auf Druck nach.

Je nach Farbe sind unterschiedliche Pflanzenstoffe in der Schale enthalten.

JOHANNISBEEREN

Mit außerordentlich hohen Mengen an Anthocyanen und Vitamin C sind Schwarze Johannisbeeren ein starkes Antioxidans – gut für Herz und Abwehrkräfte.

DARUM ESSEN

IMMUNSYSTEM
Schwarze Johannisbeeren enthalten sehr viel Vitamin C (dreimal mehr als Orangen) und unterstützen die weißen Blutkörperchen.

STARKES HERZ
In Schwarzen Johannisbeeren stecken viele Anthocyane, die das Risiko von Herzerkrankungen senken können.

KRANKHEITEN VORBEUGEN
Dank der Anthocyane vermehren sich nützliche Darmbakterien, wodurch das Risiko für einige Krebserkrankungen sinken kann. Der hohe Gehalt an Vitamin C schützt vor Infektionen.

Sommerliches Beerendessert ▼

DAS IST DRIN

100 g frische Schwarze Johannisbeeren liefern mehr als die doppelte Tagesdosis Vitamin C, außerdem Kalium, Mangan und Vitamin B_6. Auch die Vitamine B_1 und B_2 sowie Eisen sind enthalten.

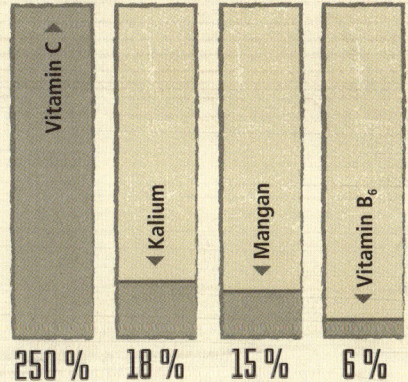

Vitamin C	Kalium	Mangan	Vitamin B_6
250 %	18 %	15 %	6 %

Nährstoffgehalt bezogen auf den Referenzwert

Dieses Dessert ist vitaminreich dank vieler Beeren.

DIE HERKUNFT

Schwarze Johannisbeeren (Cassis) sind die Früchte eines Strauchgewächses der Nordhalbkugel. Die dunklen Beeren enthalten mehr Antioxidantien als andere Johannisbeeren.

Reife Beeren sind prall und dunkelviolett.

SO SCHMECKT'S

1 SUPERFOOD-KONFITÜRE
Frische Schwarze Johannisbeeren mit Chiasamen, Ahornsirup und Zitronensaft pürieren und 30 Minuten eindicken lassen.

2 MIT MÜSLI
Schwarze Johannisbeeren mit etwas Honig kurz köcheln lassen, dann mit Joghurt und Knuspermüsli genießen.

3 ALS DESSERT
Schwarze Johannisbeeren und andere Beeren kurz garen und dann mit ihrem Saft in eine mit Weißbrotscheiben ausgelegte Schüssel geben. Gut abdecken, über Nacht kalt stellen, dann stürzen.

ESSEN FÜR DIE HAUT

Die richtige Ernährung trägt dazu bei, dass unsere Haut gesund bleibt, und mindert Schäden durch Sonneneinstrahlung und Alterungsprozesse. Hier stellen wir Ihnen ein Tagesmenü vor, das alles enthält, was die Haut braucht, um strahlend schön auszusehen.

GETRÄNK

Nach Möglichkeit 6–8 Gläser Wasser oder andere Flüssigkeiten wie Kräutertee oder Kokoswasser pro Tag trinken. Selbst eine leichte Dehydrierung lässt die Haut trocken, grau und müde aussehen. Am besten trinken, bevor ein Durstgefühl aufkommt, denn dann ist der Körper schon dehydriert.

Einen Krug mit Wasser bereitstellen, aus dem Sie über den Tag verteilt trinken.

Eine große Handvoll Kürbiskerne liefert fast ein Drittel des täglichen Zink-Bedarfs für die Haut.

In Kiwis steckt viel hautschützendes Vitamin C.

FRÜHSTÜCK

Einen Vitamin-C-reichen Smoothie aus Kiwi und Äpfeln zubereiten – Vitamin C ist ein Antioxidans, das die Haut vor Faltenbildung durch freie Radikale schützt. Mit einem pochierten Ei auf Vollkornbrot kombinieren – das hat einen niedrigen GI. Außerdem hilft es dabei, das Kollagen zu schützen, das die Haut vor Schäden durch hohen Blutzucker bewahrt.

VORMITTAGS-SNACK

Gönnen Sie sich eine Handvoll Kürbiskerne als Vormittagssnack. Die Samen sind reich an Zink, ein Vitalstoff, der die Talgdrüsen in der Haut anregt und Heilungsprozesse unterstützt.

Vitamine und Pflanzenstoffe von Äpfeln tun der Haut gut.

Karotten sind eine gute Quelle für Beta-Karotin.

Lachs liefert Omega-3-Fett-säuren zum Schutz der Haut.

MITTAGESSEN

Schon mit einer einfachen Karotten-suppe kann man der Haut viel Gutes tun. Beta-Karotin verleiht den Karotten ihre leuchtende Farbe – der Haut gibt es Spannkraft. Im Körper wird es zu Vitamin A umgewandelt, das für eine strahlend gesunde Haut sorgt.

ABENDESSEN

Omega-3-Fettsäuren im Lachs regen die Produktion entzündungshemmen-der Stoffe an, die der Hautalterung entgegenwirken und die Elastizität der Haut verbessern. Mit einer Beilage aus kurz gegartem Grünkohl erhält man eine perfekte Mahlzeit zum Schutz der Haut – Grünkohl enthält den Pflanzenstoff Lutein, das die Haut vor Schäden durch Sonneneinwirkung schützen kann.

Im Grünkohl enthaltenes Lutein kann die Haut vor Sonnenschäden schützen.

NACHMITTAGS-SNACK

Paranüsse liefern das Antioxidans Selen, das hilft, die Haut vor Krebs, Sonneneinwirkung und Altersflecken zu schützen. Eine Handvoll gegen die Nachmittagsmüdigkeit versorgt Sie gut bis zum Abendessen.

Paranüsse enthalten viel Selen, das die Haut schützt.

NIEDRIGER GI

Ein hoher Blutzuckerspiegel kann im Kör-per eine Reaktion auslösen, die Glykation genannt wird. Sie beeinträchtigt die Haut, indem das Kollagen beschädigt wird, das die Haut frisch aussehen lässt. Nahrungs-mittel mit niedrigem GI wie Vollkornpro-dukte oder zuckerfreie Nahrungsmittel sind am besten für die Haut.

KIRSCHEN

Die Früchte verdanken ihren Superfood-Status dem hohen Anteil an sekundären Pflanzenstoffen, insbesondere den antioxidativen und entzündungshemmenden Anthocyanen sowie Melatonin zur Regulierung des Schlafes.

DARUM ESSEN

RUHIGER SCHLAF
Kirschen enthalten den sekundären Pflanzenstoff Melatonin, ein Hormon, das die innere Uhr und den Schlaf-Wach-Rhythmus steuert. Studien zeigen, dass durch das Trinken von Kirschsaft die Schlafqualität und -dauer bei Menschen verbessert werden kann, die unter Schlaflosigkeit leiden.

VIELE ANTIOXIDANTIEN
Studien legen nahe, dass die in Kirschen enthaltenen Antioxidantien entzündungshemmend wirken und Schmerzen bei Gicht, Arthritis sowie Muskelkater lindern. Sie können auch krebshemmend wirken und vor Herzerkrankungen schützen.

GEHIRNLEISTUNG
Ihre tiefrote Farbe verdanken Kirschen sekundären Pflanzenstoffen, den Anthocyanen. Diese antioxidativen Pigmente begünstigen gute Gedächtnisleistung und kognitive Funktionen.

Der Pflanzenstoff **Melatonin** in Kirschen kann **Schlafqualität** und **-dauer verbessern.**

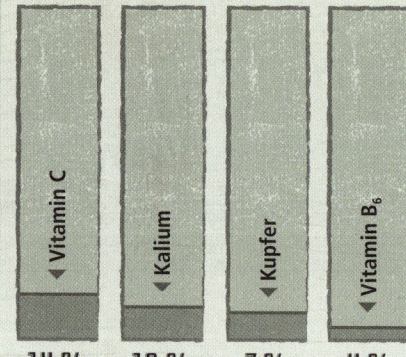

Eine glänzende Schale und hellgrüne Stängel sind ein Zeichen für Frische – und Nährstoffe.

DAS IST DRIN

100 g Kirschen sind eine gute Quelle für Vitamin C, Kalium, Kupfer und Vitamin B_6. Kirschen enthalten auch die Vitamine B_1 und B_2 sowie Niacin.

Vitamin C	Kalium	Kupfer	Vitamin B_6
14 %	10 %	7 %	4 %

Nährstoffgehalt bezogen auf den Referenzwert

Gute Quelle für VITAMIN C

DIE HERKUNFT

Kirschen zählen zum Steinobst. Sie stammen aus Osteuropa und Westasien. Zum Austreiben und Blühen benötigen die Bäume einen kalten Winter, deshalb gedeihen sie in gemäßigten Regionen.

Saftiges Fruchtfleisch umhüllt den Stein.

DAS BESTE HERAUSHOLEN

SAISON VERLÄNGERN

Die Saison für frische Kirschen ist kurz, aber man kann auch Kirschsaft trinken oder zu getrockneten und tiefkgekühlten Kirschen greifen. Saft und Trockenkirschen liefern fast genauso viele Antioxidantien wie frische Kirschen. Durch das Trocknen wird der Gehalt an Ballaststoffen und anderen Nährstoffen erhöht, allerdings sinkt der Vitamin-C-Gehalt und der Anteil an natürlichem Zucker steigt.

SO SCHMECKT'S

1 GEFRORENE SÜSSIGKEIT

Statt Schokolade oder Eiscreme kann man prima mit Joghurt überzogene tiefgekühlte Kirschen naschen. Die Kirschen in mit Vanille aromatisiertem Joghurt tauchen und vor dem Servieren mindestens 30 Minuten tiefkühlen.

2 EINGELEGT

Sauer eingelegte Süßkirschen sind eine köstliche Beilage zu kaltem Fleisch, Käse oder auf einem Sandwich: Die Früchte in Apfelessig mit Gewürzen einlegen und mindestens 2 Wochen an einem kühlen trockenen Ort ziehen lassen.

3 KIRSCH-KOMPOTT

Wenn im Garten die Kirschen reif sind, Kompott auf Vorrat kochen: Entsteinte Kirschen mit etwas Wasser dicklich einkochen lassen. Für Desserts, Saucen oder als süßen Brotaufstrich verwenden.

Antioxidantien sitzen vor allem in der Schale.

TIPP

Bei Raumtemperatur verlieren Kirschen an Aroma, deshalb ungewaschen in den Kühlschrank legen. Ganze Früchte oder Püree einfrieren.

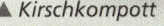

▲ *Kirschkompott*

Aus Kirschen lässt sich eine süße Sauce zubereiten – auch ohne zusätzlichen Zucker.

Untersuchungen zeigen, dass **Kirschen** wegen des **hohen Gehalts** an **Antioxidantien** das Risiko für **Herz-** und **Krebserkrankungen senken** können.

HEIDELBEEREN

Klein, aber voller guter Inhaltsstoffe: Der hohe Gehalt an Antioxidantien in Heidelbeeren wirkt sich günstig auf Herz und Gehirn aus. Mangan ist gut für den Kreislauf und die Knochen und hilft auch, den Blutzucker zu regulieren.

DARUM ESSEN

STARKES HERZ

Die Iowa Women's Health Study begleitete die Ernährung von über 34 400 Frauen nach der Menopause über einen Zeitraum von 16 Jahren. Es stellte sich heraus, dass Frauen, die mindestens einmal pro Woche Heidelbeeren aßen, wesentlich seltener an Herz-Kreislauf-Erkrankungen starben als Frauen, die keine verzehrt hatten.

Entzündungshemmende Anthocyane verleihen Heidelbeeren ihre tiefdunkle Färbung.

GEHIRNTÄTIGKEIT

Antioxidantien steigern die Sauerstoff- und Blutzufuhr im Gehirn und können es möglicherweise vor Alterserscheinungen schützen. Sie bieten womöglich auch Schutz vor Schäden durch freie Radikale, die mit altersbedingtem Gedächtnisverlust und Demenz in Verbindung gebracht werden.

GESUNDES BLUT

Studien zeigen, dass Menschen, die regelmäßig Heidelbeeren essen, seltener an hohem Blutdruck leiden. Dafür werden Pflanzenstoffe in den Beeren verantwortlich gemacht, die den Gehalt von Stickoxiden im Blut steigern. Dieser Stoff hilft bei der Erweiterung der Blutgefäße und lässt das Blut besser fließen.

Heidelbeeren mit silbrigem Glanz sind frisch und nährstoffreich.

DAS IST DRIN

100 g frische Heidelbeeren decken gut ein Drittel des Tagesbedarfs an Mangan. Außerdem enthalten: Vitamin C und E sowie Kupfer, ferner die Vitamine B_1, B_2 und B_6, Niacin, Folsäure, Kalium, Eisen und Zink.

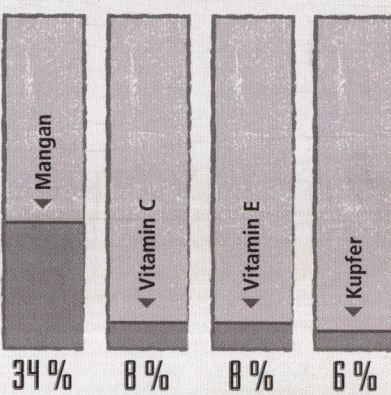

Mangan	Vitamin C	Vitamin E	Kupfer
34 %	8 %	8 %	6 %

Nährstoffgehalt bezogen auf den Referenzwert

Gute Quelle für MANGAN

DAS BESTE HERAUSHOLEN

FRISCH UND GETROCKNET

Frische, gefrorene und getrocknete Heidelbeeren sind gleichermaßen nahrhaft. Getrocknete enthalten ebenso viele Antioxidantien wie frische und gefrorene Beeren – bei höherem Ballaststoffgehalt. Doch durch das Trocknen verlieren sie an Vitamin C und konzentrieren gleichzeitig den Zucker. Trockenbeeren sollten daher nur in geringen Mengen gegessen werden, um den Blutzuckerspiegel nicht unnötig anschnellen zu lassen.

DIE HERKUNFT

Heidelbeeren stammen aus den Wäldern der gemäßigten Breiten auf der Nordhalbkugel. Sie sind die tiefblauen Früchte eines blühenden Busches, der mit den Cranberrys verwandt ist. Die Ureinwohner Nordamerikas nutzten die Beeren zum Färben von Kleidung, Körben und Holzgegenständen.

Sorten mit kleinen Beeren sind in der Regel aromatischer als Sorten mit großen Früchten.

Eine Studie zeigt, dass **regelmäßiger Verzehr** von Heidelbeeren **das Risiko** für **Herz-Kreislauf-Erkrankungen** bei älteren Frauen **senkt.**

SO SCHMECKT'S

1 FRUCHTLEDER

Selbst gemachtes Fruchtleder ist eine natürliche Süßigkeit für die ganze Familie: Heidelbeeren mit etwas Wasser pürieren, dünn auf ein Backblech streichen und bei schwacher Hitze im Backofen trocknen.

2 SCHNELLES KOMPOTT

Eine schnelle Alternative für eine selbst gemachte Konfitüre: Heidelbeeren mit Zitronensaft und etwas Ahornsirup in einem Topf kochen, bis sich eine dickliche Konsistenz ergibt. Schmeckt heiß oder kalt.

3 HEIDELBEER-BANANEN-SMOOTHIE

Gefrorene Heidelbeeren sind perfekt für einen Smoothie voller Antioxidantien: 75 g tiefgekühlte Heidelbeeren mit 2 EL Joghurt, 75 ml Milch und ½ Banane im Mixer pürieren.

TIPP

Um Heidelbeeren selbst einzufrieren, die Beeren nebeneinander auf ein Tablett legen und tiefkühlen. Dann in Beutel füllen.

Heidelbeer-Bananen-Smoothie ▲

SUPER-SMOOTHIE-BOWL

Verwandeln Sie einen einfachen Smoothie in ein vollwertiges Frühstück – antioxidative Heidelbeeren und Himbeeren, proteinreiche Nüsse und Saaten sowie Chiasamen mit viel Omega-3-Fettsäuren machen es möglich.

Für 1 Person **Vorbereitung** 5 Minuten

ZUTATEN

½ mittelgroße **Papaya**, geschält, entkernt, grob gehackt und gefroren (etwa 60 g)

1 kleine **Banane**, geschält, in Scheiben geschnitten und gefroren

120 ml **Mandel**drink

1 EL Mandelbutter

2 EL **Joghurt**

flüssiger Honig (nach Belieben)

SUPERFOODS ZUM SERVIEREN

frische **Heidelbeeren**

frische **Himbeeren**

selbst gemachtes Knuspermüsli (s. S. 24–25)

Sonnenblumenkerne

Chiasamen

Mandelblättchen

Açaipulver

ZUBEREITUNG

1 Alle Hauptzutaten in einen Mixer geben und pürieren, bis eine glatter, dicklicher Smoothie entstanden ist. Bei Bedarf mehr Mandeldrink zugießen.

2 Den Smoothie in eine Müslischale füllen und mit den Superfoods belegen. Falls nötig, mit etwas Honig süßen.

TOLLER TAUSCH

Papaya, Mandelbutter und Joghurt durch Apfel, Avocado, Grünkohl und Erdbeeren ersetzen. Das ist gut für Haut, Augen und Knochen.

ENTHALTENE SUPERFOODS

PAPAYA
hilft der **Verdauung**.

BANANE
kann hohen **Blutdruck** senken.

MANDELN
reduzieren das Risiko für **Herzerkrankungen**.

JOGHURT
ist gut für die **Verdauung**.

HEIDELBEEREN
können helfen, das Risiko für **Herzerkrankungen** zu senken.

HIMBEEREN
halten die **Augen** gesund.

SONNENBLUMENKERNE
sorgen für den Anstieg von **HDL-Cholesterin**.

CHIASAMEN
sind gut für ein gesundes **Herz**.

AÇAIPULVER
sorgt für **Energie**.

Nährwert pro Portion

Energie 375 kcal / 1530 kJ
Kohlenhydrate 39 g
– davon Zucker 30 g
Ballaststoffe 5,5 g
Fett 20 g
– davon gesättigt 10 g
Salz 0,4 g
Proteine 6 g
Cholesterin 37 g

GOJIBEEREN

Mit Kupfer und Vitamin B_2 kurbeln die Beeren aus dem Fernen Osten den Energiestoffwechsel an. Ein sekundärer Pflanzenstoff kann die Augen vor Schädigungen schützen.

DARUM ESSEN

SEHKRAFT
Gojibeeren verdanken ihre leuchtend rote Farbe dem Pflanzenstoff Zeaxanthin, von dem man annimmt, dass er die Augen vor Schädigungen durch freie Radikale schützt.

ENERGIEZUFUHR
Eine in der Zeitschrift *Journal of Alternative and Complementary Medicine* veröffentlichte Studie zeigt, dass Menschen, die 14 Tage lang Gojisaft zu sich nahmen, mehr Energie und eine größere mentale Aufnahmefähigkeit hatten. Teilnehmer gaben auch an, besser zu schlafen.

IMMUNSYSTEM
Untersuchungen zeigen, dass Gojibeeren, die reich an Antioxidantien sind, das Immunsystem stärken und Erkältungen und Grippe entgegenwirken.

Getrocknete Gojibeeren enthalten mehr Antioxidantien als frische.

DAS IST DRIN

28 g Gojibeeren decken mehr als die Hälfte des täglichen Bedarfs an Kupfer. Außerdem liefern die Beeren viel Vitamin B_2, Eisen und Kalium sowie Provitamin A und Vitamin C.

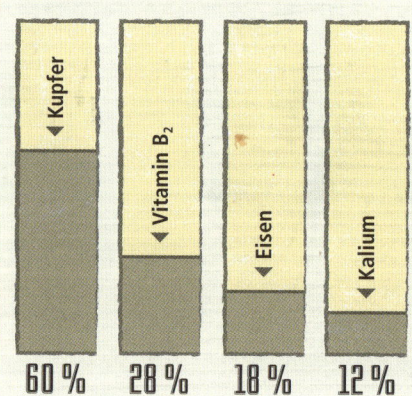

Kupfer | Vitamin B_2 | Eisen | Kalium
60 % | 28 % | 18 % | 12 %

Nährstoffgehalt bezogen auf den Referenzwert

DIE HERKUNFT

Die Gojibeere gehört zur Familie der Nachtschattengewächse und stammt aus der Himalayaregion von Tibet und China. Sie ist auch unter dem Namen Bocksdorn bekannt.

SO SCHMECKT'S

1 SUPER-SMOOTHIE-PULVER
Getrocknete Gojibeeren lassen sich nicht so einfach für einen Smoothie aufbereiten. Deshalb erst mit Saaten wie Lein- oder Chiasamen mahlen und dann das Pulver in Smoothies geben.

2 WÄSSERN
Getrocknete Gojibeeren einige Minuten in heißem Wasser einweichen, bis sie weich und prall sind. Als säuerliche Zutat in Reis- oder Getreidepilaw geben.

3 FRÜHSTÜCKSRIEGEL
Selbst gemachte Frühstücksriegel mit einer Mischung aus getrockneten Gojibeeren und Pistazien sind ein echter Hingucker.

Frühstücksriegel ▶

CRANBERRYS

Schon die amerikanischen Ureinwohner wussten sie zu schätzen – Cranberrys enthalten Mangan sowie antibakterielle Proanthocyane, die den Magen gesund halten.

DARUM ESSEN

IMMUNSYSTEM
Wer regelmäßig Cranberrysaft trinkt, kann häufige Harnwegsinfekte vermeiden. Experten nehmen an, dass Proanthocyane dafür verantwortlich sind. Sie verhindern, dass sich Bakterien, die Blasenentzündungen verursachen, in den Harnwegen festsetzen.

VERDAUUNGSAPPARAT
Die Proanthocyane in Cranberrys können außerdem vor Magengeschwüren schützen. Sie halten Helicobacter pylori – ein Bakterium, das Magengeschwüre verursacht – davon ab, sich in der Magenwand anzusiedeln.

STARKES HERZ
Es gibt Hinweise dafür, dass die Polyphenole in Cranberrys das Risiko für Herz-Kreislauf-Erkrankungen und hohen Blutdruck senken können.

DAS IST DRIN

100 g Cranberrys sind eine gute Quelle für Mangan, Vitamin C, Ballaststoffe und Vitamin B₆. Cranberrys enthalten auch die Vitamine E und K sowie Kupfer, Zink, Eisen und Kalium.

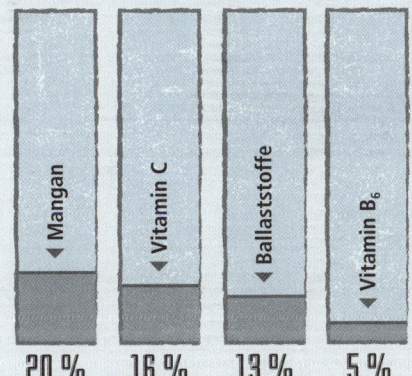

Mangan	Vitamin C	Ballaststoffe	Vitamin B_6
20 %	16 %	13 %	5 %

Nährstoffgehalt bezogen auf den Referenzwert

SO SCHMECKT'S

1 IN GEBÄCK
Ersetzen Sie in Backrezepten Rosinen oder Sultaninen durch getrocknete Cranberrys – für den Superfood-Kick.

2 KOMPOTT
Cranberrykompott ist eine tolle Beilage zu Truthahnbraten: Frische Cranberrys mit etwas Orangensaft und -schale kochen, bis sie weich sind. Mit etwas Honig oder Ahornsirup abschmecken.

3 SUPERSALAT
Ein einfacher grüner Salat kann mit Superfoods in ein Hauptgericht verwandelt werden, indem man je eine Handvoll getrocknete Cranberrys, Mandeln und zerkrümelten Feta zugibt.

DIE HERKUNFT

Cranberrys sind die Früchte eines immergrünen Strauches aus Nordamerika. Sie werden in der Regel in Feuchtgebieten angebaut, die man zur einfacheren Ernte mit Wasser fluten kann.

Rotglänzende Cranberrys haben im Winter Saison.

Reife Cranberrys sind fest und leuchtend rot.

WINTERLICHES WARMES KOMPOTT

Mit Vitamin C und Kalium stärkt dieses wärmende Kompott Immun- und Nervensystem. Joghurt fördert das Wachstum nützlicher Darmbakterien und Pistazien helfen, den Anteil an gesundem HDL-Cholesterin zu steigern.

Für 4 Personen **Vorbereitung** 15 Minuten **Garzeit** 35 Minuten

ZUTATEN

100 g getrocknete Aprikosen, grob gehackt

100 g getrocknete **Pflaumen**, grob gehackt

50 g getrocknete **Kirschen**

50 g getrocknete **Cranberrys**

1 **Zimt**stange

Saft von 2 großen Bio-**Orangen**, plus abgeriebene Schale von 1 **Orange**

1 **Apfel**, geschält, entkernt, und grob gehackt

1 Birne, geschält, entkernt und grob gehackt

30 g **Mandel**blättchen

Joghurt zum Servieren

gehackte **Pistazien** zum Servieren

ZUBEREITUNG

1 Trockenobst mit Zimt, Orangensaft und -schale sowie 120 ml Wasser in einen mittelgroßen Topf mit schwerem Boden geben.

2 Das Wasser zum Kochen bringen, dann die Temperatur reduzieren, einen Deckel auflegen und die Trockenfrüchte schwach köcheln lassen.

3 Den Deckel abnehmen und Apfel, Birne und Mandelblättchen in den Topf geben. Vorsichtig unters Trockenobst heben. Weitere 15 Minuten köcheln lassen, bis die frischen Früchte weich sind.

4 Die Früchte mit einem Schaumlöffel aus dem Topf heben und zum Abkühlen in eine hitzebeständige Schüssel geben. Die Zimtstange entsorgen und die Flüssigkeit im Topf erneut zum Kochen bringen. Die Temperatur reduzieren und den Sirup einige Minuten kochen lassen, bis er dick und dunkel ist.

5 Den warmen Sirup über die gekochten Früchte gießen und das Kompott sofort servieren. Dazu Joghurt und Pistazien reichen.

ENTHALTENE SUPERFOODS

KIRSCHEN
können die **Gedächtnis-
leistung** verbessern.

CRANBERRYS
beugen **Harnwegs-
infekten** vor.

ZIMT
hilft, **den Blut-
zuckerspiegel** zu **senken**.

ORANGEN
stärken
das **Immunsystem.**

ÄPFEL
können die **Augen** vor
Schäden durch freie Radikale
schützen.

MANDELN
reduzieren das Risiko für
Herzerkrankungen.

JOGHURT
sorgt für einen
gesunden Darm.

PISTAZIEN
gleichen **Cholesterin** aus.

Nährwert
pro Portion

Energie	268 kcal / 1069 kJ
Kohlenhydrate	47 g
– davon Zucker	46 g
Ballaststoffe	7,5 g
Fett	5 g
– davon gesättigt	0,5 g
Salz	0 g
Proteine	5 g
Cholesterin	0 g

ERDBEEREN

Mehr Vitamin C als in Orangen steckt in der gleichen Menge Erdbeeren, außerdem liefern sie Folsäure sowie Mangan für den Energiestoffwechsel und Kalium fürs Herz.

DARUM ESSEN

GESUNDES BLUT
Erdbeeren sind reich an Folsäure, einem B-Vitamin, das für die Bildung roter Blutkörperchen nötig ist. In den ersten zwölf Wochen der Schwangerschaft sollte die werdende Mutter darauf achten, genügend Folsäure aufzunehmen, um bestimmte Fehlbildungen zu vermeiden.

SCHÖNE HAUT
Die in Erdbeeren enthaltene Ellagsäure wirkt antioxidativ und kann damit die Haut vor Schädigungen durch Sonneneinstrahlung schützen und die Zerstörung des Kollagens verhindern.

SEHKRAFT
Eine Studie, die in *Archives of Ophthalmology* publiziert wurde, legt nahe, dass täglich drei Portionen Vitamin-C-reicher Früchte wie Erdbeeren das Risiko, an altersbedingter Makuladegeneration zu erkranken, um 36 % senken.

Antioxidative Flavonoide sind für die rote Farbe verantwortlich.

DAS IST DRIN

100 g frische Erdbeeren liefern reichlich Vitamin C, außerdem eine gute Menge Folsäure sowie Mangan und Kalium.

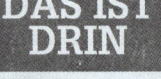

Vitamin C	Folsäure	Mangan	Kalium
71 %	30 %	16 %	8 %

Nährstoffgehalt bezogen auf den Referenzwert

DIE HERKUNFT

Erdbeeren gehören zur Familie der Rosengewächse und werden weltweit in gemäßigten Regionen angebaut. Die heutigen Gartenerdbeeren wurden im 17. Jh. in Europa gezüchtet.

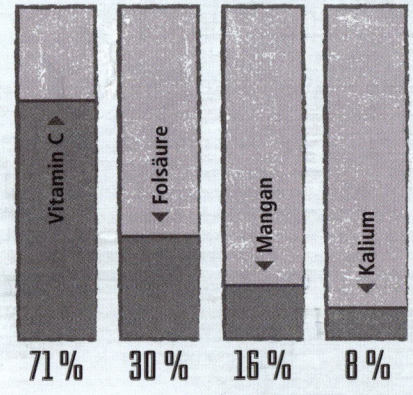

Reife Beeren sind gleichmäßig rot.

Smoothie-Bowl ▶

SO SCHMECKT'S

1 SMOOTHIE-BOWL
Wenn Ihnen Smoothies nicht substanziell genug sind, versuchen Sie eine Smoothie-Bowl. Mit Früchten, Nüssen und Saaten obendrauf wird daraus eine eigenständige Mahlzeit.

2 IM SALAT
Frische Erdbeeren mit jungen Spinatblättern, zerkrümeltem Ziegenkäse und einem Balsamicodressing sind einen Versuch wert.

3 EIS AM STIEL
Erdbeereis am Stiel herzustellen ist supereinfach: Vollreife süße Erdbeeren pürieren. Das Fruchtpüree in Formen gießen und mindestens 3 Stunden tiefkühlen.

HIMBEEREN

Nicht nur rot und süß und voller Vitamin C – Himbeeren sind auch reich an Pflanzenstoffen, von denen Augen und Haut profitieren, Mangan aktiviert den Energiestoffwechsel.

DARUM ESSEN

SEHKRAFT
Himbeeren enthalten Lutein und Vitamin C, die zusammen die Augen vor grauem Star und altersbedingter Makuladegeneration bewahren können.

SCHÖNE HAUT
Der antioxidative Pflanzenstoff Ellagsäure hilft, die Augen und die Haut vor Schäden durch Sonnenlicht zu schützen.

ENERGIEZUFUHR
Himbeeren haben einen niedrigen glykämischen Index (GI), was bedeutet, dass sie ihre Kohlenhydrate nur langsam ins Blut abgeben, sodass der Blutzuckerspiegel nicht nach oben schnellt.

TIPP
Tiefgekühlte Himbeeren haben einen ähnlichen Gehalt an Antioxidantien wie die frisch geernteten Früchte.

DAS IST DRIN

100 g frische Himbeeren sind eine gute Quelle für Vitamin C und liefern zudem Mangan, Folsäure sowie Kupfer.

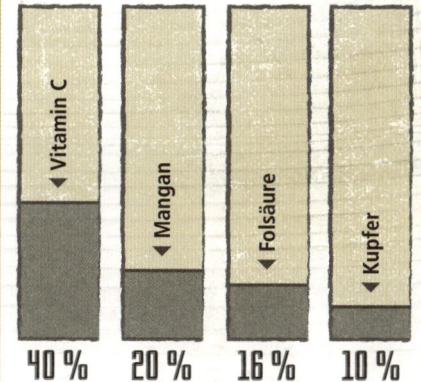

Vitamin C	Mangan	Folsäure	Kupfer
40 %	20 %	16 %	10 %

Nährstoffgehalt bezogen auf den Referenzwert

DIE HERKUNFT

Die Himbeerpflanze stammt aus Ostasien und gehört zur Familie der Rosengewächse. Die roten oder weißen Beeren gedeihen in gemäßigten Breiten.

Reife Himbeeren sind intensiv gefärbt.

SO SCHMECKT'S

1 HIMBEERCOULIS
Eine schnelle Himbeercoulis macht aus einem einfachen Dessert etwas ganz Besonderes: Frische oder gefrorene Himbeeren langsam kochen, bis sie zerfallen. Durch ein Sieb streichen und mit Honig süßen.

2 FRUCHTIGE GRANITA
Für eine Granita frische oder gefrorene Himbeeren pürieren, durch ein Sieb streichen und tiefkühlen (s. S. 146–147).

3 GEFRIERGETROCKNET
Gefriergetrocknete Himbeeren sind inzwischen weit verbreitet und ein toller Lieferant für Antioxidantien. Ihre kräftige Farbe und der säuerliche Geschmack machen sie zu einer perfekten Zutat in Smoothies.

Frische Beeren mit vielen Antioxidantien sind fest und trocken.

BANANEN

Der hohe Gehalt an Stärke und Ballaststoffen macht Bananen zu einem hervorragenden Superfood für die Verdauung. Sie enthalten aber auch viel Kalium fürs Herz; Aminosäuren und Vitamin B_6 unterstützen die Gehirnfunktion.

DARUM ESSEN

STARKES HERZ

Bananen haben einen hohen Kaliumgehalt. Eine kaliumreiche Ernährung neutralisiert die negativen Effekte von Natrium, sodass hoher Blutdruck gesenkt wird und das Herz gesund bleibt. Untersuchungen zeigen, dass viele Menschen nicht ausreichend Kalium zu sich nehmen. Wer sich dagegen kaliumreich ernährt, kann sein Risiko für einen Schlaganfall um bis zu 24 % senken und lebt möglicherweise länger.

VERDAUUNGSAPPARAT

Mit ihrem hohen Ballaststoffgehalt und resistenter Stärke – diese Art von Stärke wird nicht durch Enzyme abgebaut – kurbeln Bananen die Verdauung an. Sie enthalten ferner Oligofructose, einen löslichen Ballaststoff, der das Wachstum von nützlichen Bakterien im Darm anregt.

GEHIRNTÄTIGKEIT

Die Aminosäure Tryptophan in Bananen regt das Gehirn an, Serotonin zu produzieren, das als Glückshormon bekannt ist. Die Früchte liefern zudem viel Vitamin B_6, das bei der Produktion von Neurotransmittern hilft. Das ist der Stoff, der Botschaften zwischen den Gehirnzellen übermittelt.

DAS IST DRIN

1 mittelgroße Banane (100 g) ist eine gute Quelle für Vitamin B_6, Mangan, Kalium und Vitamin B_1. Bananen enthalten auch Vitamin C und B_2.

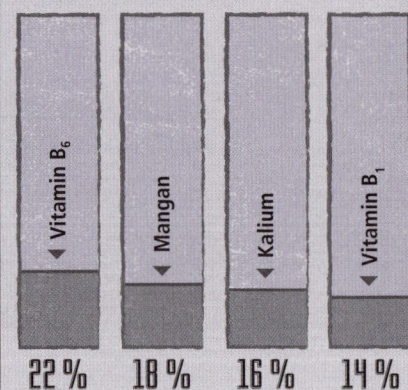

Vitamin B_6	Mangan	Kalium	Vitamin B_1
22 %	18 %	16 %	14 %

Nährstoffgehalt bezogen auf den Referenzwert

Bananen liefern viel **Kalium**. Eine **kaliumreiche** Ernährung kann das Risiko für **Schlaganfälle** um bis zu **24 %** **reduzieren**.

Reife Bananen mit kleinen braunen Punkten enthalten viele Antioxidantien.

DAS BESTE HERAUSHOLEN

REIF UND UNREIF

Unreife Bananen mit grünlicher Schale enthalten die größte Menge an resistenter Stärke, die bei der Verdauung hilft. Im weiteren Reifeverlauf verwandelt sich die Stärke in den Früchten in Zucker und der Gehalt an Antioxidantien steigt. Wer auf den höchsten Anteil an haut- und augenschützenden Antioxidantien aus ist, sollte warten, bis die Bananenschale gelb wird und sie kleine braune Flecken aufweist.

DIE HERKUNFT

Die ersten Bananen wurden vor etwa 8000 Jahren im Wahgi Valley, Papua-Neuguinea, angebaut, ihre Heimat sind die Tropen. Botanisch ist die Pflanze eine Staude – die größte der Welt – und kein Baum. Jede Pflanze bringt nur einen einzigen Fruchtstand hervor, an dem die Bananen in Bündeln sitzen. Nach der Ernte muss die Pflanze jedes Mal gestutzt werden, damit sie wieder Früchte trägt.

Jede Staude trägt 50–150 Früchte, die kleinere Bündel bilden.

SO SCHMECKT'S

1 EISCREME OHNE MILCH

Gefrorene Bananen können zu einer leckeren, laktosefreien Eiscreme ohne Zuckerzugabe verarbeitet werden: Bananenstücke einfrieren, dann mit Vanillemark glatt pürieren. 10 Minuten tiefkühlen, servieren.

2 FRUCHT-SMOOTHIE

Bananen sind die Basis der meisten Frucht-Smoothies. Sie geben Volumen und eine cremige Textur. Für einen sättigenden Frühstücks-Smoothie Bananen mit über Nacht eingeweichten Haferflocken, Mandeldrink und Ahornsirup pürieren.

3 CHIA-BANANEN-BOWL

Ein Chiapudding (s. S. 64–65) lässt sich ganz leicht in ein nahrhaftes Frühstück verwandeln: in Scheiben geschnittene Banane, Knuspermüsli und Erdbeeren dazugeben, für noch mehr Geschmack und Nährstoffe mit Saaten und Kakao-Nibs bestreuen.

Chia-Bananen-Bowl ▶

Lösliche Ballaststoffe in Bananen regen das Wachstum **nützlicher Darmbakterien** an und halten die **Verdauung** in Schwung.

TIPP

Bananen lassen sich gut einfrieren: schälen, in Scheiben schneiden und auf einem Tablett tiefkühlen. Dann in Beutel verpacken.

ANANAS

Die tropische Frucht ist eine gute Quelle für Vitamin C und liefert das einzigartige Enzym Bromelain, das Knochen, Verdauung und das Herz-Kreislauf-System unterstützt.

DARUM ESSEN

KNOCHEN UND GELENKE
Ananas enthält das Enzym Bromelain, das entzündungshemmend wirkt und entzündliche Gelenkerkrankungen lindern kann.

VERDAUUNGSAPPARAT
Bromelain hilft, Proteine in Lebensmitteln aufzuspalten, sodass sie leichter zu verdauen sind. Ananas spendet auch viele Ballaststoffe.

GESUNDES BLUT
Untersuchungen zeigen, dass Bromelain das Blut verdünnen kann, sodass es das Risiko für die Entstehung von Blutgerinnseln senkt.

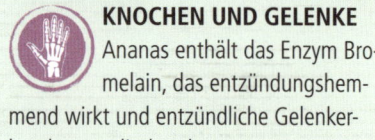

Saftige Ananasstücke sind gut für Herz, Verdauung und Gelenke.

DAS IST DRIN

100 g frische Ananas decken etwa die Hälfte des Tagesbedarfs an Vitamin C und Mangan. Ananas enthält auch Kupfer und Kalium, Vitamin B_1, B_2, B_6 und Ballaststoffe.

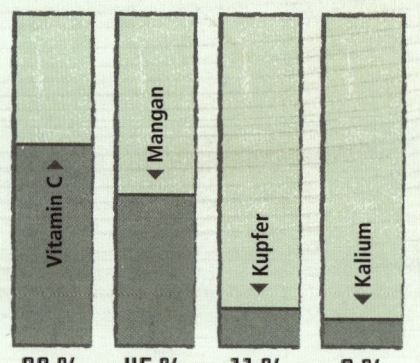

Vitamin C	Mangan	Kupfer	Kalium
60 %	45 %	11 %	8 %

Nährstoffgehalt bezogen auf den Referenzwert

DIE HERKUNFT

Die Ananaspflanze stammt aus Amerika und gedeiht in tropischen Regionen. Die Frucht bildet sich aus einer Vielzahl von Blüten, die auf einer Achse sitzen.

Zwischen den spitzen Blättern sitzt die Frucht.

SO SCHMECKT'S

1 EISKALT
Sollte eine Ananashälfte übrig bleiben, diese schälen, hacken und einfrieren. Für einen schnellen Slushie die gefrorenen Stücke mit etwas Apfelsaft im Mixer pürieren.

2 GETROCKNET
Feine Ananasscheiben im Backofen bei schwacher Hitze trocknen und als süßen Snack oder im Knuspermüsli genießen.

3 AUFGESPIESST
Für ein sommerliches Dessert Ananasstücke mit Honig einpinseln und grillen, bis sie schöne Streifen zeigen.

Ananasspieße ▶

Gute Quelle für VITAMIN C

KOKOSNUSS

Der hohe Fettgehalt macht Kokosnüsse zu einem etwas umstrittenen Superfood, doch sie enthalten viele Ballaststoffe und Mangan. Die Kokospalme liefert außerdem einen Süßstoff mit niedrigem GI.

DARUM ESSEN

VERDAUUNGSAPPARAT
Kokosfleisch ist eine gute Quelle für Ballaststoffe, die das Verdauungssystem in Schwung halten.

VIEL MANGAN
Die Kokosnuss enthält viel Mangan, das unter anderem für den Energiestoffwechsel benötigt wird. Dieses Mineral hält Blut, Gehirn und Nerven gesund. Studien bringen einen niedrigen Manganspiegel zudem mit einem erhöhten Risiko für Osteoporose in Verbindung.

ENERGIEZUFUHR
Kokosblütenzucker hat einen niedrigen glykämischen Index (GI), gibt also Energie nur langsam an den Körper ab.

DAS IST DRIN

100 g frische Kokosnuss liefert die Hälfte des täglichen Bedarfs an Mangan, außerdem Kupfer, Kalium und Phosphor. Frische Kokosnuss enthält auch die Vitamine B_6, C und E sowie Folsäure, Magnesium, Eisen, Zink und Selen, Jod und Ballaststoffe.

Mangan	Kupfer	Kalium	Phosphor
50 %	32 %	18 %	13 %

Nährstoffgehalt bezogen auf den Referenzwert

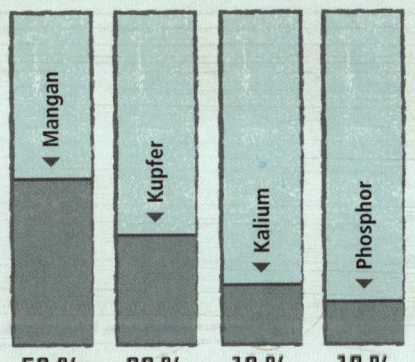

Das Fleisch der Kokosnuss enthält viele Ballaststoffe.

DIE HERKUNFT

Kokospalmen wachsen in tropischen Regionen in Küstennähe. Ihre Früchte haben eine sehr harte Schale. Aus den Blüten wird ein Süßungsmittel gewonnen.

Eine Kokospalme liefert etwa 50–100 Früchte pro Jahr.

SO SCHMECKT'S

1 EIS AM STIEL
Kokosfleisch mit Mango und einem Spritzer Limettensaft pürieren und in Formen einfrieren – ein gesundes Eis.

2 KOKOSSALAT
Für einen frischen, spritzigen asiatischen Kokossalat geraspelte Kokosnuss, Apfel- und Sellerieraspel vermischen. Mit Chili-Limetten-Vinaigrette servieren.

3 ZUM FRÜHSTÜCK
Kokos-Chips schmecken gut im Frühstücksmüsli, in einer Schale Haferflocken oder in Chiapudding (s. S. 64–65).

ORANGEN

Alle Zitrusfrüchte enthalten reichlich Vitamine, aber Orangen mit ihrem hohen Vitamin-C-Gehalt, Flavonoiden wie Hesperetin sowie anderen Antioxidantien und Vital-stoffen besetzen unangefochten einen Spitzenplatz.

DARUM ESSEN

VIEL VITAMIN C

Vitamin C ist ein starkes Antioxi-dans, das die Haut jung hält, indem es freie Radikale, die zur Faltenbil-dung führen, neutralisiert. Zudem kann es die Abwehrkräfte stärken und das Risiko für grauen Star, Demenz und Krebs verringern.

GEHIRNTÄTIGKEIT

Orangen enthalten Bioflavono-ide, darunter Hesperidin, das altersbedingte Vergesslichkeit reduzieren kann. Untersuchungen weisen auch darauf hin, dass Frauen, die täglich zwei oder mehr Orangen essen, ein um 18 % geringeres

Risiko haben, unter Depressionen zu leiden als Frauen, die nur eine Orange pro Woche zu sich nehmen.

STARKES HERZ

Studien zeigen, dass Menschen, die häufig Zitrusfrüchte wie Oran-gen essen, in der Regel ein geringeres Risiko für Herz-Kreislauf-Erkrankungen haben. Die Pflanzenstoffe in Zitrusfrüchten verbessern die Elastizität der Blutgefäße, was den Blut-fluss in den Herzkranzgefäßen verbessert.

Vitamin C ist ein starkes **Antioxidans,** das die Haut jünger aussehen lässt, indem es **freie Radikale,** die Faltenbildung bewirken, neutralisiert.

DAS IST DRIN

1 mittelgroße Orange ist eine hervorra-gende Quelle für Vitamin C und liefert außerdem Vitamin B_1 sowie Folsäure und Kalium. Orangen enthalten auch Provita-min A, Vitamin B_2, B_6 und E sowie Niacin, Phosphor, Magnesium und Kupfer.

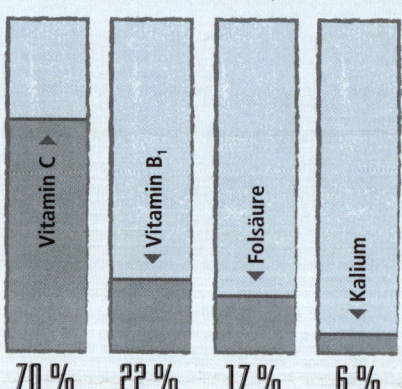

Vitamin C	Vitamin B_1	Folsäure	Kalium
70 %	22 %	17 %	6 %

Nährstoffgehalt bezogen auf den Referenzwert

Orangen liefern viel Pektin, einen Ballaststoff, der das LDL-Cholesterin reduziert.

Antioxidantien und **Kalium** in Orangen und anderen Zitrusfrüchten fördern den Blutfluss und können so das Risiko für **Herz-Kreislauf-Erkrankungen** reduzieren.

Frische Granatapfel-kerne steuern wertvolle Antioxidantien bei (s. S. 144–145).

Orangensalat mit Granatapfel ▲

DIE HERKUNFT

Die Orange ist eine Zitrusfrucht, die im Mittelmeerraum und in subtropischen Gegenden weltweit, insbesondere Spanien, USA, Brasilien, China und Mexiko, angebaut wird. Es gibt viele Sorten, die in Größe, Schalenstärke und Geschmack (von sauer bis süß) variieren. Die weltweit führende Orangensorte ist die spanische Valencia. Mandarinen sind kleiner und glatter und schmecken weniger sauer. Zu den Mandarinen gehören auch Tangerinen und Clementinen.

Die Schale ist nicht ganz glatt und kann von orange bis gelblich changieren.

SO SCHMECKT'S

1 ORANGENSALAT MIT GRANATAPFEL

Orangen werden meist als Dessert genossen, aber sie passen auch gut zu herzhaften Gerichten. Probieren Sie einmal einen Salat aus Orangen, Granatapfel, Minze und Pistazien zu gegrilltem Fisch oder Hähnchenspießen mit Rosmarin.

2 IN DER SUPPE

Frisch gepresster Orangensaft verleiht Gemüse eine frische, natürliche Süße. In eine selbst gemachte Karotten- oder Kürbissuppe fein gehackten Rosmarin und den Saft einer Orange geben.

3 GRILLORANGEN

Gegrillte Orangen sind gesund und schmecken gut zum Frühstück: Orangen schälen und in Scheiben schneiden, mit Honig und Gewürzen wie Zimt oder Piment bestreuen. Dann unter dem Backofengrill goldbraun rösten.

Gute Quelle für VITAMIN C

DAS BESTE HERAUSHOLEN

GANZE FRÜCHTE STATT SAFT
Ganze Früchte sind immer die bessere Wahl, denn sie enthalten mehr Antioxidantien und Ballaststoffe.

GUTE QUALITÄT
Früchte kaufen, die sich fest anfühlen. Die Schale sollte auf Druck leicht nachgeben, aber nicht eingedrückt bleiben. Frische Orangen sollten für ihre Größe schwer sein und süß duften. Sehr weiche Orangen mit Flecken oder Dellen liegen lassen, denn sie verderben schnell.

SALAT MIT ROTER BETE & BLUTORANGE

Dieser fruchtige, knackige Salat ist reich an Kalium und Vitamin C – gut für die Blutgefäße und das Immunsystem. Roher Fenchel steuert sekundäre Pflanzenstoffe bei, die verdauungsfördernd wirken.

Für 4 Personen   **Vorbereitung** 20 Minuten, plus Abkühlen   **Garzeit** 30 Minuten

ZUTATEN

2 mittelgroße **Rote Beten**, geschält

1 EL Olivenöl

Salz und frisch gemahlener schwarzer Pfeffer

30 g **Walnüsse**, grob gehackt

2 kleine Blut**orangen**

1 kleine **Fenchel**knolle, geputzt

75 g **Brunnenkresse**, gewaschen und trocken geschleudert

75 g kleine Rucolablätter, gewaschen und trocken geschleudert

FÜR DAS DRESSING

4 EL natives Olivenöl extra

1 TL Dijon**senf**

Salz und frisch gemahlener schwarzer Pfeffer

ZUBEREITUNG

1 Den Backofen auf 200 °C vorheizen. Jede Rote Bete in etwa acht Spalten schneiden. In einer ofenfesten Form verteilen, mit dem Olivenöl beträufeln und mit Salz und Pfeffer würzen. Die Rote Bete 30 Minuten im Ofen backen, nach der Hälfte der Zeit wenden. Die Stücke sollten weich und an den Rändern schön gebräunt sein. Zum Abkühlen beiseitestellen.

2 Die Walnüsse in einer Pfanne ohne Fett bei mittlerer Hitze unter ständigem Rühren 2–3 Minuten rösten, bis sie stellenweise braun sind. Zum Abkühlen beiseitestellen.

3 Die Orangen mit einem kleinen, scharfen Messer schälen, dabei die weiße Haut vollständig entfernen. Mit dem Messer die einzelnen Fruchtsegmente zwischen den weißen Trennwänden herausschneiden. Den Saft aus den Überresten in eine Schüssel pressen.

4 Für das Dressing Olivenöl, Senf, Salz und Pfeffer in die Schüssel mit dem Orangensaft geben und gut verrühren. Den Fenchel in feine Scheiben schneiden und sofort ins Dressing geben, damit er sich nicht verfärbt.

5 Die Salatblätter unterheben, den Salat auf eine große Servierplatte geben und mit Roter Bete, Blutorangen und Walnüssen belegen. Sofort servieren.

ENTHALTENE SUPERFOODS

ROTE BETE
kann das **Herz** gesund erhalten.

WALNÜSSE
stärken die **Abwehrkräfte**.

ORANGEN
unterstützen das **Immunsystem**.

FENCHEL
ist gut für die **Verdauung**.

BRUNNENKRESSE
kann verschiedenen **Krebs-arten** vorbeugen.

SENF
wirkt **entzündungshem-mend** und **antioxidativ**.

Nährwert pro Portion

Energie	228 kcal / 908 kJ
Kohlenhydrate	7,5 g
– davon Zucker	7 g
Ballaststoffe	3,5 g
Fett	19,5 g
– davon gesättigt	2,5 g
Salz	0,2 g
Proteine	4 g
Cholesterin	0 g

ZITRONEN

Sekundäre Pflanzenstoffe und Vitamin C in Zitronen regen das Immunsystem an und neutralisieren freie Radikale, die Krankheiten und Hautalterung verursachen können. Auch der Blutfluss zum Gehirn wird verbessert.

DARUM ESSEN

VIEL VITAMIN C
Der hohe Vitamin-C-Gehalt von Zitronen hat viele positive Effekte: Vitamin C stimuliert das Immunsystem und die Aktivität der weißen Blutkörperchen bei der Bekämpfung von Bakterien und Viren. Es neutralisiert zudem freie Radikale, die für Herzerkrankungen, Krebs, Hautalterung und ein erhöhtes Risiko für grauen Star verantwortlich sein können.

STARKES HERZ
Zitronen stecken voller Bioflavonoide, das sind sekundäre Pflanzenstoffe, die erwiesenermaßen vor Herz-Kreislauf-Erkrankungen schützen können. Studien zeigen, dass Frauen, die regelmäßig Zitrusfrüchte essen, ein um 19 % geringeres Risiko für solche Erkrankungen haben als andere.

GEHIRNTÄTIGKEIT
Von Pflanzenstoffen wie Hesperetin, Naringin und Naringenin nimmt man an, dass sie den Blutfluss zum Gehirn verbessern und das Risiko für altersbedingte Vergesslichkeit senken können.

Frauen, die regelmäßig Zitrusfrüchte essen, haben ein um **19 % geringeres Risiko** für **Herzerkrankungen** als Frauen, die keine zu sich nehmen.

DAS IST DRIN

Der Saft von 1 mittelgroßen Zitrone (100 g) spendet reichlich Vitamin C, außerdem Kupfer, Vitamin B_6 und Kalium. Zitronen enthalten auch die Vitamine B_1 und B_2.

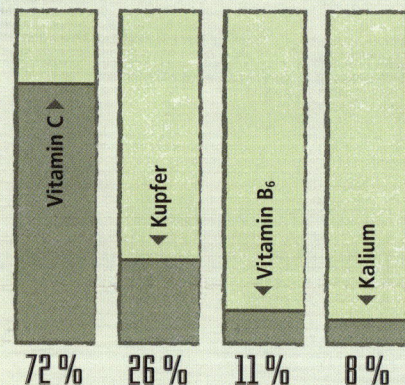

Vitamin C	Kupfer	Vitamin B_6	Kalium
72 %	26 %	11 %	8 %

Nährstoffgehalt bezogen auf den Referenzwert

Gute Quelle für VITAMIN C

Auch in der Schale steckt immunstärkendes Vitamin C.

DIE HERKUNFT

Zitronen sind die Früchte eines kleinen Baumes, der zur Familie der *Rutaceae* (Rautengewächse) gehört. Er stammt aus Ozeanien oder Südostasien und kam um 1000–1200 n. Chr. nach Spanien und Nordafrika. Heute werden Zitronen weltweit in mediterranen Klimata kultiviert. Der Baum wird bis zu 6 m hoch und trägt nach drei Jahren die ersten Früchte.

Ein Zitronenbaum trägt im Jahr bis zu 1500 Früchte.

DAS BESTE HERAUSHOLEN

FRISCH GEPRESST

Frische Bio-Zitronen enthalten die meisten Nährstoffe. Saft erst unmittelbar vor der Verwendung pressen und am Ende des Garprozesses zugeben, so bleiben die wichtigen Nährstoffe erhalten.

DIE SCHALE VERWENDEN

Zitronenschale enthält größere Mengen an Vitamin C als Zitronensaft, schmeckt aber etwas bitter. Die abgeriebene Schale von Bio-Zitronen oder eingelegte Zitronen zum Würzen verwenden.

SO SCHMECKT'S

1 IN LIMONADE

Für eine selbst gemachte Limonade mit viel Vitamin C und wenig Zucker frisch gepressten Zitronensaft mit etwas Honig verrühren und mit Sprudelwasser aufgießen. Nach Geschmack mehr Honig zugeben.

2 EINGELEGTE ZITRONEN

Bio-Zitronen waschen und in Scheiben schneiden. Kerne entsorgen und die Scheiben mit Salz und Kräutern wie Rosmarin oder Thymian in ein sterilisiertes Schraubglas schichten. Jede Schicht fest andrücken, um Saft zu gewinnen. Vor der Verwendung in Salaten, marokkanischen Gerichten oder zu gegrilltem Fisch zwei Wochen ziehen lassen.

3 ZITRONENSORBET

Ein Sorbet enthält weder Sahne noch Eier und es geht sogar fast zuckerfrei: 300 ml Zitronensaft mit derselben Menge Wasser und etwas Honig zum Süßen verrühren. 30–40 Minuten in der Eismaschine gefrieren lassen.

Zitronensorbet ▶

Pflanzenstoffe in Zitronen **verbessern den Blutfluss** zum **Gehirn** und können so das **Risiko** für **Gedächtnisschwäche** im Alter **reduzieren.**

TIPP

Ganze Früchte halten sich im Kühlschrank bis zu zwei Wochen. Vor dem Gebrauch auf Raumtemperatur bringen, so ergeben sie mehr Saft.

GUAVEN

Ihrem enormen Reichtum an Vitamin C
verdankt die Guave den Superfood-Status. Sie liefert
außerdem viel Folsäure – wichtig für gesundes Blut.

DARUM ESSEN

IMMUNSYSTEM
Auf das Gewicht bezogen enthalten Guaven viermal so viel immunstärkendes Vitamin C wie Orangen.

KRANKHEITEN VORBEUGEN
Guaven haben verschiedene Pflanzenstoffe zu bieten, darunter Lycopin und Quercetin, die erwiesenermaßen das Risiko für Herz- und bestimmte Krebserkrankungen reduzieren können.

SEHVERMÖGEN
Der hohe Gehalt an Vitamin C kann das Risiko für grauen Star verringern. Guaven spenden auch viel Beta-Karotin für die Augen.

DAS IST DRIN

100 g Guaven liefern fast die dreifache Tagesdosis Vitamin C, außerdem beachtliche Mengen Folsäure, Kupfer und Kalium. Guaven spenden ferner Provitamin A sowie die Vitamine E, B_1, B_2 und B_6, außerdem Niacin, Magnesium, Mangan und Ballaststoffe.

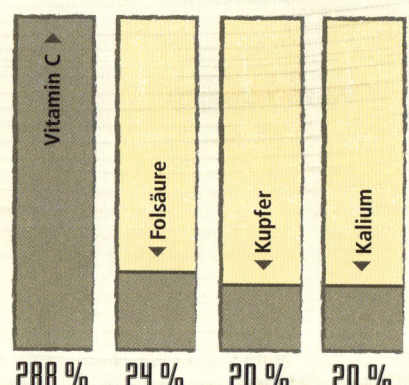

Vitamin C	Folsäure	Kupfer	Kalium
288 %	24 %	20 %	20 %

Nährstoffgehalt bezogen auf den Referenzwert

DIE HERKUNFT

Guaven gedeihen in tropischen und subtropischen Breiten. Die Früchte des immergrünen Strauches oder kleinen Baumes aus Mittelamerika erreichen bis zu 7,5 cm Durchmesser. In nicht tropischen Regionen sind die Bäume laubwechselnd.

SO SCHMECKT'S

1 IN VINAIGRETTE
Der frisch gepresste Saft einer reifen Guave ist eine leckere Basis für eine einfache Vinaigrette, die man über Blattsalate oder Spinatblätter geben kann.

2 GUAVENSAFT
Guavensaft hat eine schöne rosa Farbe. Mit einem Entsafter kann man das Beste aus den Früchten herausholen. Als erfrischendes Getränk mit Eiswürfeln und Minze servieren.

3 ALS CHUTNEY
Guavenchutney ist in Südindien zu Snacks oder Fladenbrot sehr beliebt. Dafür 500 g Guaven mit Gewürzen, Honig und etwas Essig köcheln lassen, bis sie weich sind.

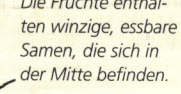

Die Früchte enthalten winzige, essbare Samen, die sich in der Mitte befinden.

PAPAYAS

Sekundäre Pflanzenstoffe sowie Vitamin C und Beta-Karotin sorgen für starke Abwehrkräfte und gesunde Augen.

Papaya ist eine gute Basis für Smoothie-Bowls.

Papaya-Smoothie-Bowl ▲

DARUM ESSEN

SEHKRAFT
Zeaxanthin, ein sekundärer Pflanzenstoff in Papayas, kann Netzhaut und Linse der Augen vor Schädigungen durch freie Radikale schützen und das Risiko für altersbedingte Makuladegeneration senken. Auch Vitamin C und Beta-Karotin kommen den Augen zugute.

VERDAUUNGSAPPARAT
Papayas sind ballaststoffreich und enthalten das Enzym Papain, das bei der Aufspaltung von Proteinen hilft und die Verdauung fördert.

KRANKHEITEN VORBEUGEN
Das Beta-Karotin in Papayas kann das Risiko für bestimmte Krebserkrankungen reduzieren.

Die dunklen Samen herausschaben und entsorgen.

DAS IST DRIN

100 g Papaya sind eine sehr gute Quelle für Vitamin C und spenden auch Provitamin A, Folsäure und Kalium. Papaya enthält außerdem die Vitamine B_1 und B_2.

Vitamin C ▲	Provitamin A ▲	Folsäure ▲	Kalium ◄
75 %	17 %	19 %	10 %

Nährstoffgehalt bezogen auf den Referenzwert

DIE HERKUNFT

Papayas wachsen in tropischen oder subtropischen Regionen wie Hawaii und Südafrika.

Sowohl reife gelbe Früchte als auch unreife grüne sind essbar.

SO SCHMECKT'S

1 PAPAYA-SMOOTHIE-BOWL
Pürierte Papaya hat eine cremige Textur und bildet eine leckere Basis für Smoothie-Bowls mit exotischen Früchten wie Kiwi oder Guave.

2 MIT LIMETTENSAFT
Papaya wird manchmal ein leicht modriger Geschmack nachgesagt. Doch das frische Aroma von Limettensaft kann für Abhilfe sorgen. Ein Spritzer Limettensaft genügt, dazu etwas Chilipulver und Salz.

3 GRÜNER PAPAYASALAT
Grüne Papayas werden in Thailand für den beliebten Som-Tam-Salat verwendet – dazu vermischt man sie mit geraspeltem Gemüse und Erdnussstücken und vermengt sie mit einem süßsauren Dressing.

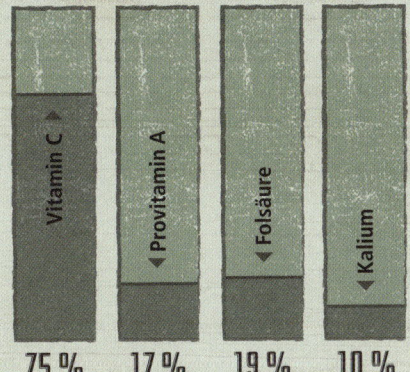

MATCHA-PANNA-COTTA MIT FRÜCHTEN

Eine Panna cotta ohne Milchprodukte! Sie wird mit Matchapulver aromatisiert, das konzentrationsförderndes Theanin enthält. Mango, Kiwi und Papaya steuern antioxidative Pflanzenstoffe und natürliche Süße bei.

Für 4 Personen **Vorbereitung** 25 Minuten, plus Kühlen **Garzeit** 10 Minuten

ZUTATEN

600 ml Kokosmilch
½ Päckchen gemahlene
  Gelatine (6 g)
2 EL brauner Zucker
½ TL **Matchapulver**
1 EL Sonnenblumenöl

FÜR DEN OBSTSALAT

1 Passionsfrucht
½ reife **Mango**, geschält
  und fein gewürfelt
1 reife **Kiwi**, geschält und
  fein gewürfelt
½ reife **Papaya**, geschält
  und fein gewürfelt

ZUBEREITUNG

1 Von der Kokosmilch 3 EL in eine mittelgroße hitzebeständige Schüssel geben. Die Gelatine einrühren und 5 Minuten quellen lassen. Inzwischen die übrige Kokosmilch in einem kleinen Topf mit schwerem Boden bei niedriger Temperatur erhitzen, aber nicht aufkochen.

2 Die heiße Kokosmilch vom Herd nehmen und mit einem Schneebesen in die Gelatinemischung rühren. Darauf achten, dass sich das Pulver vollständig auflöst. Zucker und Matchapulver sorgfältig einrühren.

3 Vier Soufflé- oder Muffin-Förmchen (à 150 ml Inhalt) mit einem Stück Küchenpapier, das in Sonnenblumenöl getränkt ist, auswischen. Die Kokosmasse auf die vier Förmchen verteilen und abkühlen lassen. In den Kühlschrank stellen und 4–6 Stunden fest werden lassen.

4 Für den Obstsalat die Passionsfrucht halbieren und das Mark mit den Samen in eine Schüssel schaben. Mit den gewürfelten Früchten vermengen und beiseitestellen.

5 Zum Servieren der Panna cotta eine Schüssel mit heißem Wasser füllen und die Förmchen kurz eintauchen (es darf aber kein Wasser hineinlaufen), damit die Creme sich löst. Mit einem kleinen Messer am Rand der Förmchen entlangfahren und jede Panna cotta auf einen Servierteller stürzen. Mit dem Obstsalat servieren.

ENTHALTENE SUPERFOODS

MATCHAPULVER
fördert die **Konzentration.**

MANGO
kann das Risiko für bestimmte **Krebsarten** senken.

KIWI
hilft, die **Haut** gesund zu erhalten.

PAPAYA
stimuliert das **Verdauungssystem.**

Nährwert pro Portion

Energie	352 kcal / 1427 kJ
Kohlenhydrate	19 g
– davon Zucker	17 g
Ballaststoffe	3 g
Fett	28 g
– davon gesättigt	22 g
Salz	0 g
Proteine	4 g
Cholesterin	0 g

MANGOS

Mit Vitamin C stärkt sie das Immunsystem und mit einer Gruppe von sekundären Pflanzenstoffen kann die Mango dazu beitragen, das Risiko für bestimmte Krebsarten zu senken.

DARUM ESSEN

KREBS VORBEUGEN

Mangos enthalten zwei Gruppen von sekundären Pflanzenstoffen, Karotinoide und Polyphenole, von denen man annimmt, dass sie das Risiko für Prostata-, Dickdarm- und Brustkrebs reduzieren können.

SEHKRAFT

Die sekundären Pflanzenstoffe Beta-Karotin und Zeaxanthin, die den Mangos ihre kräftige Farbe verleihen, helfen, die Augen vor Schädigungen durch freie Radikale zu schützen. Auch Vitamin C ist wichtig für gesunde Augen.

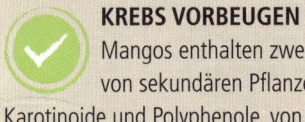

Reife Mangos verströmen am Stielansatz einen fruchtigen Duft.

DAS IST DRIN

1 mittelgroße Mango (150 g) spendet eine beachtliche Menge Vitamin C, außerdem Provitamin A, Vitamin B_6 und Kalium sowie Niacin, Folsäure und Vitamin E.

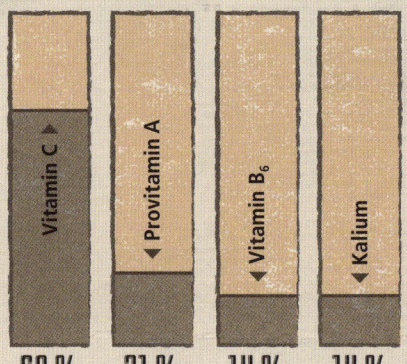

Vitamin C	Provitamin A	Vitamin B_6	Kalium
69 %	21 %	14 %	14 %

Nährstoffgehalt bezogen auf den Referenzwert

DIE HERKUNFT

Vor über 5000 Jahren wurden in Indien die ersten Mangobäume angepflanzt, heute gedeihen sie in vielen tropischen und subtropischen Regionen.

Die Schalenfarbe reicht von grün bis rot oder orange.

SO SCHMECKT'S

1 MANGOSALSA

Für eine Salsa vorzugsweise feste Früchte verwenden, da diese beim Schneiden besser die Form behalten. Fein gewürfelte Mango in einer Schüssel mit Frühlingszwiebel, Minze, roter Chilischote und Limettensaft vermengen.

2 ALS SORBET

Eine pürierte Mango mit etwas Honig süßen und einen Spritzer Limettensaft zugeben. In der Eismaschine zu einem sensationellen Superfood-Sorbet verarbeiten.

3 TAPIOKAPUDDING MIT MANGO & LIMETTE

Mangopüree aromatisiert viele verschiedene Zubereitungen. Rühren Sie es zum Beispiel mit Limettenschale und -saft unter Tapiokapudding.

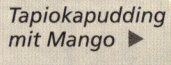

Tapiokapudding mit Mango ▶

KIWIS

Die grüne Schönheit sorgt nicht nur für gesunde Haut, sie enthält auch Pflanzenstoffe, die Schäden durch UV-Strahlung in den Augen vorbeugen.

Die raue, pelzige Schale ist ungenießbar.

DARUM ESSEN

SCHÖNE HAUT
Kiwis spenden Vitamin C, das für die Bildung von Kollagen, einem Protein des Bindegewebes, unerlässlich ist. In einer Studie, die die Hautalterung bei mehr als 4025 Frauen beurteilte, fand man heraus, dass Frauen mit hoher Vitamin-C-Aufnahme weniger Falten hatten.

SEHKRAFT
Der Pflanzenstoff Lutein in Kiwis ist ein Antioxidans, das die Augen vor Schäden durch UV-Strahlung und vor freien Radikalen schützen kann, die das Risiko für altersbedingte Makuladegeneration erhöhen.

DAS BESTE HERAUSHOLEN

GELBE UND GRÜNE KIWI
Gelbe Kiwis enthalten mehr Vitamin C als die grünen Sorten, aber grüne liefern mehr Lutein und Ballaststoffe. Vitamin C hilft dem Körper Eisen aus Lebensmitteln aufzunehmen. Deshalb ein paar Scheiben Kiwi ins Frühstücksmüsli geben.

DAS IST DRIN

1 Kiwi (60 g) deckt fast den Tagesbedarf an Vitamin C und liefert obendrein eine gute Portion Vitamin K sowie Folsäure und Kalium.

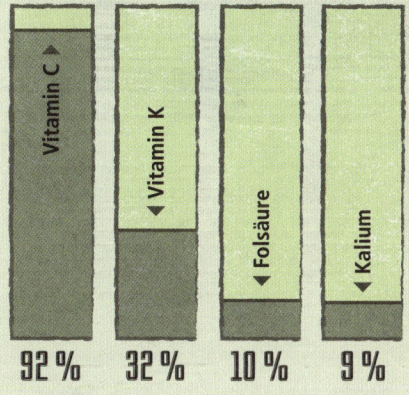

Vitamin C	Vitamin K	Folsäure	Kalium
92 %	32 %	10 %	9 %

Nährstoffgehalt bezogen auf den Referenzwert

DIE HERKUNFT

Kiwis stammen ursprünglich aus China, wurden aber erstmals im 20. Jh. in Neuseeland kultiviert. Inzwischen sind sie weltweit in gemäßigten Klimazonen verbreitet.

Der Zuckergehalt in der Frucht bestimmt den Erntezeitpunkt.

SO SCHMECKT'S

1 OBSTSALAT
Obstsalat kann schnell zu süß schmecken – Kiwis in einem Erdbeer- oder Bananensalat bilden einen schönen Kontrast. Sie liefern auch Farbe, Vitamine und sekundäre Pflanzenstoffe.

2 EIS AM STIEL
An heißen Tagen eine coole Sache. Geschälte Kiwis pürieren, wer mag, kann etwas Apfelsaft dazugeben. Die Masse in Formen für Eis am Stiel füllen und im Tiefkühlfach gefrieren lassen.

3 IN SMOOTHIES
Kiwis sorgen in grünen Gemüsesmoothies für Fruchtigkeit – und für reichlich Vitamin C. Eine geschälte Kiwi zu den üblichen grünen Zutaten geben und alles gemeinsam glatt pürieren.

KRÄUTER, GEWÜRZE & PULVER

KURKUMA

Der wichtigste Bestandteil dieses gelben Gewürzes ist Kurkumin, ein Pflanzenstoff, der entzündungshemmend und antioxidativ wirkt. Damit können zum Beispiel die Symptome einer Arthritis gelindert werden.

DARUM ESSEN

KNOCHEN

Kurkumin ist der wichtigste Wirkstoff von Kurkuma und bekannt für seine entzündungshemmende Wirkung. Studien zeigen, dass er bei Arthritis und Sehnenentzündungen Schmerzen lindern kann.

GESUNDES BLUT

Neuere Untersuchungen legen nahe, dass Kurkuma sich durch Erweiterung der Blutgefäße günstig auf den Blutdruck auswirkt. Es gibt zudem Hinweise auf eine vorbeugende Wirkung gegen Prozesse, die Demenz verursachen können.

KREBS VORBEUGEN

Kurkuma hat eine starke antioxidative Wirkung und kann möglicherweise sogar krebshemmend wirken. Eine Studie belegt, dass Kurkumin die Größe und Anzahl von präkanzerösen Dickdarmpolypen hemmt. Eine andere Studie deutet darauf hin, dass der Stoff die Zellteilung in Brust- und Lungenkarzinomen unterbinden kann.

Kurkuma enthält **entzündungshemmendes Kurkumin**, das die Symptome von **Sehnenentzündung** und **Arthritis** lindern kann.

DAS IST DRIN

5 g gemahlene Kurkuma sind eine Quelle für kleinere Mengen Eisen, Mangan, Kalium und Kupfer. Kurkuma enthält auch Phosphor.

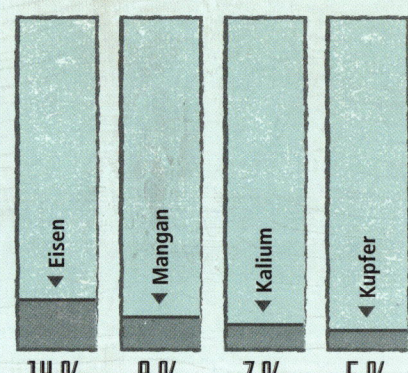

Eisen	Mangan	Kalium	Kupfer
14 %	9 %	7 %	5 %

Nährstoffgehalt bezogen auf den Referenzwert

Die leuchtende Farbe bewirkt der Inhaltsstoff Kurkumin.

▼ *Gemahlene Kurkuma*

▼ *Frische Kurkuma*

Frische Rhizome sind fest, glatt und glänzend.

DIE HERKUNFT

Seit mindestens 2500 Jahren wird Kurkuma in Süd- und Südostasien als Arzneimittel und Gewürz geschätzt. Die Pflanze gehört zur Familie der Ingwergewächse und wird wegen ihrer unterirdisch wachsenden aromatischen Wurzeln (Rhizome) kultiviert. Wie Ingwer kann sie frisch verwendet werden, getrocknet und gemahlen ist sie länger haltbar. Kurkuma wird in tropischen Klimazonen auf der ganzen Welt angebaut, vor allem in Indien.

Die Rhizome sind frisch sowie getrocknet und pulverisiert im Handel.

DAS BESTE HERAUSHOLEN

FETT DAZUGEBEN
Kurkumin ist fettlöslich, deshalb kann der Körper den Wirkstoff mit einer kleinen Menge Öl oder Butter besser aufnehmen.

MIT ZWIEBELN ODER BLUMENKOHL
Neuere Studien schreiben Kurkuma in Kombination mit quercetinhaltigen Pflanzen wie Zwiebeln oder Blumenkohl eine präventive Wirkung bei Dickdarm- und Prostatakrebs zu.

SO SCHMECHT'S

1 RÜHREI MIT KURKUMA
Einem Rührei oder gebratenem Tofu verleiht eine Prise Kurkuma eine sattgelbe Farbe. Buntes Gemüse wie gedünstete rote oder grüne Paprikaschote sorgt für zusätzliche Nährstoffe.

2 IN SMOOTHIES
Geschälte, fein geriebene Kurkuma in einem Karotten-Orangen-Ingwer-Smoothie erfrischt und verleiht Farbe.

3 KURKUMA-LATTE
Gibt man frische Kurkuma in kochendes Wasser oder heiße Milch, kann das leuchtende Kurkumin extrahiert werden. Vor dem Servieren durch ein Sieb gießen. Alternativ 1 TL gemahlene Kurkuma verwenden. Mit etwas Honig süßen.

Die starke **antioxidative** Wirkung von **Kurkuma** kann möglicherweise sogar die **Entstehung von Krebszellen verhindern**.

TIPP
Ungeschälte, frische Kurkuma hält sich im Kühlschrank bis zu 3 Wochen. In Küchenpapier einwickeln, damit sie trocken bleibt, oder einfrieren.

Kurkuma-Latte ▶

SÜSSKARTOFFEL-SPINAT-CURRY

Dieses Vitamin-C-reiche Gericht enthält Süßkartoffeln, Spinat und Kokosmilch. Aromatisiert wird es mit besten Superfood-Gewürzen: Senfkörner und Kurkuma wirken entzündungshemmend, Zimt reguliert den Blutzucker.

Für 4 Personen **Vorbereitung** 10 Minuten **Garzeit** 20 Minuten

ZUTATEN

2 EL Kokosöl

1 **Zwiebel**, fein gehackt

2 **Knoblauch**zehen, zerdrückt

1 Stück **Ingwer** (etwa 5 cm), gerieben

1 TL **Senf**körner

¼ TL gemahlener **Zimt**

½ TL **Kurkuma**pulver

¼ TL **Cayennepfeffer**

1 TL gemahlener **Kreuzkümmel**

1 TL gemahlener **Koriander**

1 Dose fettreduzierte Kokosmilch (400 ml)

250 ml salzarme Gemüsebrühe

700 g **Süßkartoffeln**, geschält und in Würfel (3 cm) geschnitten

100 g kleine **Spinat**blätter

Salz

1 kleine Handvoll **Koriander**grün, grob gehackt

ZUBEREITUNG

1 Das Kokosöl in einem großen, flachen Topf zerlassen. Die Zwiebel darin bei mittlerer Hitze 3–4 Minuten anschwitzen, bis sie weich, aber nicht braun ist. Knoblauch und Ingwer zugeben und 1 Minute mitbraten. Dann die Gewürze zufügen und bei schwacher Hitze unter ständigem Rühren 1 Minute mitbraten, bis sie beginnen, sich zu verfärben und zu duften.

2 Kokosmilch und Gemüsebrühe dazugießen. Die gewürfelten Süßkartoffeln unterrühren und die Mischung zum Kochen bringen. Dann die Temperatur reduzieren, bis alles nur noch leicht köchelt, einen Deckel auflegen und das Curry 10–12 Minuten garen, bis die Süßkartoffeln gerade weich sind.

3 Den Deckel abnehmen und vorsichtig die Spinatblätter einrühren, um die Süßkartoffeln nicht zu beschädigen. Das Curry ist fertig, wenn der Spinat zusammengefallen ist, das sollte 1–2 Minuten dauern. Mit Salz abschmecken.

4 Den Topf vom Herd nehmen und kurz vor dem Servieren den Koriander unterheben. Das Curry mit gekochtem Naturreis reichen.

ENTHALTENE SUPERFOODS

ZWIEBELN
regen die Vermehrung **nützlicher Darmbakterien** an.

KNOBLAUCH
kann **krebserregende Stoffe neutralisieren.**

INGWER
senkt das Risiko für **hohen Blutdruck.**

GEWÜRZE
- **Senf** wirkt antioxidativ.
- **Zimt** reguliert den Blutzuckerspiegel.
- **Kurkuma** wirkt entzündungshemmend.
- **Cayennepfeffer** regt den Stoffwechsel an.
- **Kreuzkümmel** ist gut für die Verdauung.
- **Koriander** ist gut für Haut und Augen.

SÜSSKARTOFFELN
stärken das **Immunsystem.**

SPINAT
schützt die **Augen.**

Nährwert pro Portion

Energie	336 kcal / 1336 kJ
Kohlenhydrate	40 g
– davon **Zucker**	13 g
Ballaststoffe	7 g
Fett	16 g
– davon **gesättigt**	13 g
Salz	0,3 g
Proteine	4,5 g
Cholesterin	0 g

CAYENNEPFEFFER

Dieses scharfe Gewürz verdankt seinen Superfood-Status dem antibakteriellen Pflanzenstoff Capsaicin, der die Verdauung und die Blutzirkulation unterstützt.

DARUM ESSEN

KRANKHEITEN VORBEUGEN
Capsaicin ist der Pflanzenstoff, der für die Schärfe verantwortlich ist. Darüber hinaus wirkt er antibakteriell, fungizid und schmerzlindernd.

VERDAUUNGSAPPARAT
Das Capsaicin in Cayennepfeffer kann Magengeschwüren vorbeugen, indem es die Produktion von Schleim fördert, der die Magenwände schützt. Untersuchungen legen nahe, dass Capsaicin auch die Fettverbrennung anregt.

STARKES HERZ
Cayennepfeffer senkt den Blutdruck und fördert die Blutzirkulation. Das hält die Arterien frei von Ablagerungen, wodurch das Risiko für Herz-Kreislauf-Erkrankungen sinkt.

Cayennepfeffer wird aus Chilischoten hergestellt.

DAS IST DRIN

10 g Cayennepfeffer liefern eine beachtliche Menge Provitamin A sowie Mangan, Kalium und Vitamin B_2. Das Gewürz enthält auch Vitamin B_1, Niacin und Magnesium.

Provitamin A	Mangan	Kalium	Vitamin B_2
77 %	12 %	10 %	7 %

Nährstoffgehalt bezogen auf den Referenzwert

DIE HERKUNFT

Cayennepfeffer wird aus den getrockneten Schoten eines Nachtschattengewächses gewonnen. Seine Heimat ist Amerika.

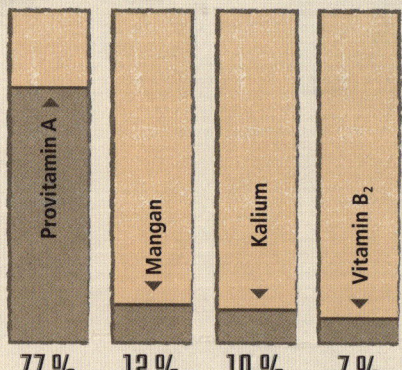

Die grüne Frucht wird mit zunehmender Reife feuerrot.

SO SCHMECKT'S

1 HEISSGETRÄNK
Mit einem erfrischenden Getränk aus heißem Wasser, etwas Honig, Zitrone und einer Prise Cayennepfeffer in den Tag starten.

2 MARINADE
Cayennepfeffer mit Olivenöl, Zitronensaft, Salz und Pfeffer verrühren und als schnelle süßscharfe Marinade für gegrilltes Fleisch oder Fisch verwenden.

3 ROMESCOSAUCE
Geröstete, enthäutete rote Paprikaschoten mit Cayennepfeffer, blanchierten Mandeln sowie etwas Knoblauch und Olivenöl im Mixer fein pürieren und als Dip servieren.

TIPP
Cayennepfeffer kann man auch selbst machen: Chilischoten längs in Streifen schneiden und 6–8 Stunden im Ofen bei schwacher Hitze trocknen. Dann fein mahlen.

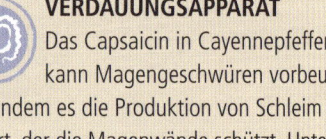

ZIMT

Mit Mangan kurbelt er den Energiestoffwechsel an, außerdem wirkt Zimt antibakteriell und schützt möglicherweise sogar vor Demenz.

Zimtpulver würzt süße Gerichte.

Bratäpfel ▲

DARUM ESSEN

ENERGIEZUFUHR
Neueste Untersuchungen zeigen, dass Zimt die Aufnahme von Zucker verlangsamen kann, sodass es kein Emporschnellen des Blutzuckerspiegels gibt.

KRANKHEITEN VORBEUGEN
Zimtaldehyd ist ein wirkungsvoller Bestandteil von Zimt mit antibakteriellen und antimykotischen Eigenschaften. Antioxidantien in Zimt wirken entzündungshemmend.

GEHIRNTÄTIGKEIT
Eine Studie der Universität Tel Aviv zeigt, dass Bestandteile von Zimt das Risiko für Demenz senken können. Diese hemmen die Bildung eines Proteins, das mit der Krankheit in Verbindung gebracht wird.

Zimtrinde wird im Ganzen oder zu Pulver gemahlen verwendet.

DAS IST DRIN

25 g Zimtpulver sind ein hervorragende Quelle für Mangan und liefern außerdem geringe Mengen Eisen, Kupfer und Kalium. Zimt enthält auch Zink, Magnesium und Kalzium sowie die Vitamine B_6 und K.

Mangan ▲	Eisen ▼	Kupfer ▼	Kalium ▼
218 %	15 %	9 %	5 %

Nährstoffgehalt bezogen auf den Referenzwert

DIE HERKUNFT

Der Zimtbaum gedeiht in Südostasien. Seine Rinde wird für kulinarische Zwecke getrocknet.

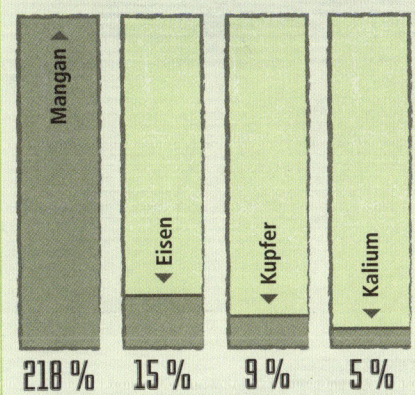

Die Rinde von Stamm und Zweigen wird geerntet.

SO SCHMECKT'S

1 BRATÄPFEL
Für ein einfaches Dessert entkernte Äpfel mit einem Mix aus Trockenfrüchten, Nüssen und gemahlenem Zimt füllen. Bei mittlerer Hitze im Ofen backen.

2 ZUM FRÜHSTÜCK
Zimt schmeckt schon zum Frühstück, zum Beispiel in einem Smoothie oder zum Aromatisieren von selbst gemachtem Knuspermüsli (s. S. 24–25).

3 FÜR BANANENCHIPS
Für selbst gemachte Bananenchips feste Bananen in feine Scheiben schneiden und in Zitronensaft und Zimt wenden. Auf einem Gitter im Backofen bei schwacher Hitze vollständig trocknen lassen, falls nötig wenden. Die Chips schmecken als Snack oder als Zutat im Müsli.

INGWER

Nicht weniger als 14 Pflanzenstoffe, von denen viele eine beeindruckende antioxidative und entzündungshemmende Wirkung haben, bringt der Ingwer mit. Er ist auch eine gute Quelle für Kupfer – wichtig für Knochen, Blut und Nerven.

DARUM ESSEN

ÜBELKEIT VORBEUGEN
Verschiedene Studien belegen, dass durch den Verzehr von Ingwer – frisch oder in Pulverform – Übelkeit nachlassen kann, sei es auf Reisen, während der Schwangerschaft oder bei einer Chemotherapie.

VERDAUUNGSAPPARAT
Heilpraktiker empfehlen Ingwer bei verschiedenen Verdauungsproblemen wie Darmträgheit, Blähungen und Blähbauch. Vermutlich regt er Verdauungssekrete an und neutralisiert Säure.

STARKES HERZ
Eine Studie hat gezeigt, dass der regelmäßige Verzehr von Ingwer hohem Blutdruck vorbeugen und das Risiko für Herz-Kreislauf-Erkrankungen um 13 % reduzieren kann.

Gute Quelle für KUPFER

Der regelmäßige Verzehr von Ingwer kann **hohem Blutdruck** vorbeugen und das Risiko für **Herz-Kreislauf-Erkrankungen** um bis zu **13 % senken.**

Ingwerschale ist essbar und voller Ballaststoffe.

Die Rhizome sollten fest, glatt, prall und schwer sein.

DAS IST DRIN

100 g Ingwer liefern beachtliche Mengen Kupfer, Kalium, Mangan und Vitamin B_6. Ingwer enthält auch die Vitamine C, B_1, B_2 und B_3 sowie Folsäure, Magnesium, Eisen und Zink.

Kupfer	Kalium	Mangan	Vitamin B_6
23 %	21 %	12 %	11 %

Nährstoffgehalt bezogen auf den Referenzwert

Frischer Ingwer wie auch das **Pulver** können **Übelkeit lindern,** gerade in den ersten Wochen der **Schwangerschaft.**

DIE HERKUNFT

Ingwer gehört botanisch zur Familie der *Zingiberaceae*, wozu auch Kurkuma und Kardamom zählen. Er ist in Südostasien, Indien und China zu Hause. Verwertet wird das Rhizom, also der unterirdische Hauptspross der Pflanze. Heute wird Ingwer in vielen tropischen Ländern kultiviert und ist sowohl frisch wie in vielfältiger Weise verarbeitet erhältlich, auch getrocknet und pulverisiert.

Das Ingwerrhizom ist der unterirdische Hauptspross der Pflanze.

SO SCHMECKT'S

1 INGWER-AHORNSIRUP

Ein Sirup ist eine tolle Basis für alkoholfreie Cocktails. Geschälten frischen Ingwer mit Apfelessig, Wasser und Ahornsirup im Mixer pürieren. Durch ein Sieb gießen und mit Sprudelwasser auffüllen.

2 FÜR EIN CURRY

Kreuzkümmel, Koriandersamen und Kardamomkapseln mit frisch geriebenem Ingwer im Mörser zerstoßen. Mit gehackten Zwiebeln in etwas Rapsöl braten, bis alles zu duften beginnt und die Zwiebeln weich werden. Als Grundlage für ein Fleisch- oder Gemüsecurry verwenden.

DIE ZUBEREITUNG

Die wertvollen Inhaltsstoffe des Ingwers liegen direkt unter der Schale, deshalb am besten nur vorsichtig mit der Spitze eines kleinen Löffels abkratzen. Mit einem Messer oder Sparschäler wird zu viel vom nährstoffreichen Fruchtfleisch entfernt. Den geschälten Ingwer in feine Scheiben schneiden, hacken oder reiben.

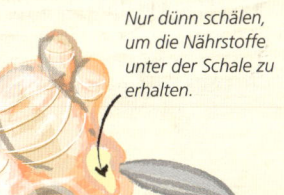

Nur dünn schälen, um die Nährstoffe unter der Schale zu erhalten.

TIPP

Ungeschälter frischer Ingwer hält sich im Kühlschrank bis zu 3 Wochen. Geschält und gerieben kann man ihn einfrieren, um die Nährstoffe zu erhalten.

3 PAPAYA-INGWER-SMOOTHIE

1–2 TL frisch geriebener Ingwer geben einem Smoothie einen warmen, würzigen Kick. Ingwer passt besonders gut zu Karotten- oder Papayasaft.

Papaya-Ingwer-Smoothie ▶

KREUZKÜMMEL

Das Gewürz spendet Eisen, gleicht den Blutzuckerspiegel aus und kann den Cholesterinspiegel senken. Und seine verdauungsfördernde Wirkung ist schon seit Langem bekannt.

DARUM ESSEN

VERDAUUNGSAPPARAT
Untersuchungen zeigen, dass Kreuzkümmel die Verdauung anregt, indem er die Produktion von Gallenflüssigkeit zur Fettverdauung stimuliert.

GESUNDES BLUT
Neuere Forschungen an der Mysore University in Indien belegen, dass Kreuzkümmel hilft, den Blutzucker zu senken und so Diabetes vorbeugen kann.

STARKES HERZ
Kreuzkümmel ist sehr reich an sekundären Pflanzenstoffen wie Phytosterolen, die den Gehalt an LDL-Cholesterin im Blut senken.

Ganze Samen kaufen und im Ganzen oder frisch gemahlen verwenden.

DAS IST DRIN

25 g Kreuzkümmelsamen sind eine ausgezeichnete Quelle für Eisen und Mangan und liefern auch Kalium und Vitamin B_6, außerdem die Vitamine B_1, B_2 und E sowie Kupfer, Zink und Magnesium.

Eisen	Mangan	Kalium	Vitamin B_6
119 %	42 %	23 %	11 %

Nährstoffgehalt bezogen auf den Referenzwert

DIE HERKUNFT

Kreuzkümmel stammt aus dem östlichen Mittelmeerraum und ist mit der Petersilie verwandt.

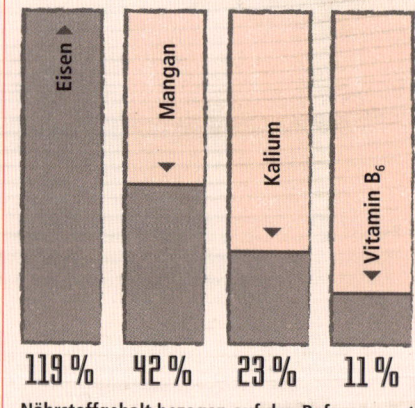

Genutzt werden die Samen.

SO SCHMECKT'S

1 ALS TEE
Für einen leichten Abführtee einen Teelöffel Kreuzkümmelsamen 5 Minuten in Wasser köcheln lassen. Den Tee durch ein Sieb gießen und mit Honig gesüßt servieren.

2 GEWÜRZMISCHUNG
Gemahlenen Kreuzkümmel mit Koriander und Kurkuma mischen. Fisch oder Hähnchen vor dem Grillen damit einreiben und vor dem Servieren mit Limettensaft beträufeln.

3 IN EINEM DIP
Das Fleisch einer gebackenen Süßkartoffel mit etwas Kreuzkümmel und Honig zu einem Dip verrühren.

TIPP
Gemahlener Kreuzkümmel verliert schnell an Aroma, deshalb ganze Samen kaufen und jeweils frisch zerstoßen.

SENFKÖRNER

Sekundäre Pflanzenstoffe in Senfkörnern können das Risiko für Krebserkrankungen reduzieren und cholesterinsenkend wirken. Phosphor stärkt die Knochen.

DARUM ESSEN

KREBS VORBEUGEN
Senfkörner enthalten Glucosinolate, eine Gruppe von Pflanzenstoffen, die erwiesenermaßen die Vermehrung von Krebszellen hemmt. Auch der hohe Selengehalt im Senf soll dazu beitragen, das Risiko für bestimmte Krebserkrankungen zu senken.

STARKES HERZ
Die Samen liefern Phytosterine. Diese Pflanzenstoffe konkurrieren mit Cholesterin um die Aufnahme im Darm, sodass die Aufnahme von Cholesterin reduziert wird und der Cholesterinspiegel sinkt.

KNOCHEN
Senf ist eine gute Quelle für Phosphor, der in Kombination mit Kalzium für starke Knochen und gesunde Zähne sorgt.

Schwarze Senfkörner enthalten am meisten Glucosinolate.

DAS IST DRIN

50 g Senfkörner liefern eine beträchtliche Menge Phosphor, Mangan und Magnesium sowie Vitamin B_1. Senfkörner enthalten ferner Vitamin B_2, Niacin, Eisen, Zink, Kalium, Selen und Kupfer.

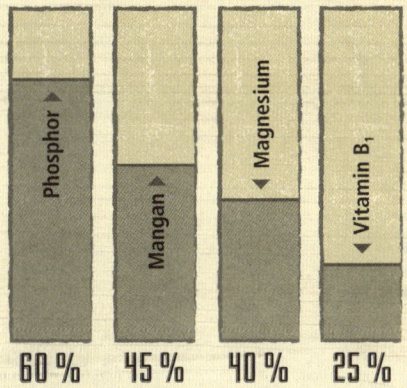

Phosphor	Mangan	Magnesium	Vitamin B_1
60 %	45 %	40 %	25 %

Nährstoffgehalt bezogen auf den Referenzwert

DIE HERKUNFT

Senf wurde bereits um 3000 v. Chr. kultiviert. Die hellen oder dunklen Samen stammen aus den Schoten einer Blütenpflanze.

Senfschoten enthalten bis zu 20 Körner.

Senf-vinaigrette ▶

Geröstete Senfkörner

SO SCHMECKT'S

1 SENFVINAIGRETTE
Geröstete Senfkörner mit 150 ml Olivenöl, 4 EL Weißweinessig, 1 TL Dijonsenf, Salz und Pfeffer zu einer Vinaigrette verrühren.

2 SELBST GEMACHTER SENF
100 g Senfkörner 2–3 Tage in 150 ml Essig und 100 ml kaltem Wasser einweichen. Mit etwas Honig glatt pürieren.

3 SPROSSEN
Pfeffrige Senfsprossen peppen Salate auf: Zuerst die Körner einweichen, dann regelmäßig abgießen und abspülen, bis sie beginnen zu keimen.

PETERSILIE

Eine hervorragende Quelle für Vitamin K und C sowie Folsäure und Eisen ist die Petersilie. Davon profitieren Blut und Knochen, die Haut erhält Schutz vor freien Radikalen.

DARUM ESSEN

SCHÖNE HAUT
Wenn man nach dem Gewicht geht, enthält frische Petersilie dreimal mehr Vitamin C als Orangen. Es bietet antioxidativen Schutz vor freien Radikalen, die die Haut schädigen.

KNOCHEN
Petersilie hat einen außerordentlich hohen Gehalt an Vitamin K, das den Knochen hilft, mehr Kalzium einzulagern.

GESUNDES BLUT
Eine ordentliche Menge Eisen und das B-Vitamin Folsäure in Petersilie unterstützen die Bildung roter Blutkörperchen.

Chlorophyll sorgt nicht nur für die grüne Farbe, es gilt auch als krebshemmend.

DAS IST DRIN

15 g frische Petersilie decken den Tagesbedarf an Vitamin K und liefern außerdem eine gute Portion Vitamin C sowie Folsäure und Eisen, Provitamin A und Vitamin B_1.

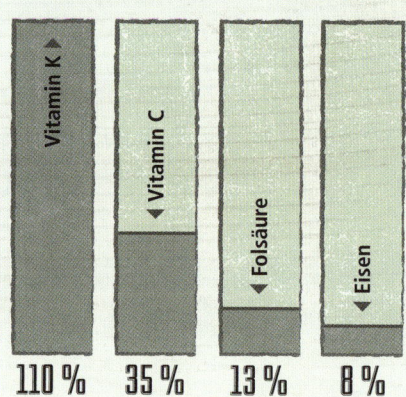

Vitamin K — Vitamin C — Folsäure — Eisen

| 110 % | 35 % | 13 % | 8 % |

Nährstoffgehalt bezogen auf den Referenzwert

DIE HERKUNFT

Petersilie ist ein vielseitiges Kraut und stammt aus der östlichen Mittelmeerregion. Heute wird es in allen gemäßigten Breiten kultiviert. In mildem Klima ist die wuchsfreudige Petersilie eine zweijährige Pflanze, in kälteren Regionen ist sie einjährig. Es gibt glatte und krause Sorten. Der Geschmack der glatten ist etwas feiner.

SO SCHMECKT'S

1 IN SUPPEN
In einer Suppe mit Frühlingsgemüse sorgt eine große Handvoll Petersilie für Farbe, Geschmack und Nährstoffe.

2 IM SMOOTHIE
Grünkohl, Spinat und Sellerie mit einer Handvoll Petersilie zu einem göttlichen grünen Smoothie mixen.

3 SALSA VERDE
In Italien schätzt man *salsa verde* (grüne Sauce) zu gegrilltem Fleisch und Fisch. Für diese Sauce Petersilie, Minze, Basilikum, Knoblauch und Olivenöl im Mixer pürieren. Mit Salz und Pfeffer abschmecken.

Wenn jeder Petersilienstängel drei Blätter ausgebildet hat, kann geerntet werden.

MINZE

Die frischen Blätter wirken antioxidativ und entzündungs-hemmend. Minze beruhigt außerdem das Verdauungs-system und liefert Folsäure, die das Blut gesund hält.

DARUM ESSEN

VERDAUUNGSAPPARAT

Menthol und Methylsalicylat sind zwei Wirkstoffe von Pfefferminze, die krampflösend und beruhigend auf die Muskeln des Verdauungstrakts wirken. Pfefferminze kann auch nach einem reichlichen Essen das Völlegefühl im Magen lindern und die Produktion von Gallenflüssigkeit zur Fettverdauung anregen.

IMMUNSYSTEM

Minze enthält antioxidative und entzündungshemmende Ros-marinsäure, die Heuschnupfensymptome lindern kann. Das Menthol in der Minze schafft Erleichterung bei den Symptomen von Husten und Erkältung.

Frische Minzeblätter enthalten mehr Nähr-stoffe als getrocknete.

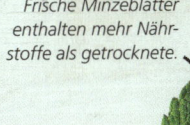

DAS IST DRIN

100 g frische Minze enthalten beträchtliche Mengen Folsäure, Kalzium und Vitamin B_2 sowie Kalium.

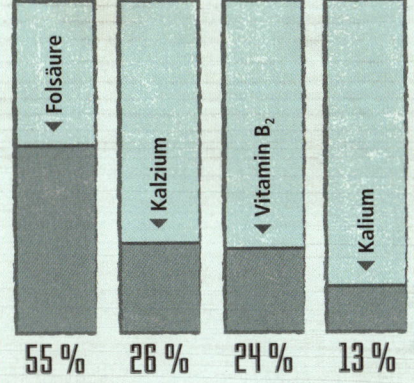

Folsäure	Kalzium	Vitamin B_2	Kalium
55 %	26 %	24 %	13 %

Nährstoffgehalt bezogen auf den Referenzwert

DIE HERKUNFT

Minze stammt aus Südeuropa und dem Mittelmeerraum und wächst wild in allen gemäßigten Breiten.

Kurz vor der Blüte sind die ätherischen Öle in der Pflanze hoch konzentriert.

Das Tiefkühlen konserviert die Nährstoffe.

▲ *Minz-Eiswürfel*

SO SCHMECKT'S

1 MINZ-EISWÜRFEL
Frische Minzeblätter in eine Eiswürfel-schale geben, mit Wasser auffüllen und tiefkühlen. Die Eiswürfel verleihen Wasser oder Fruchtsaft einen Hauch Minzaroma. Man kann sie auch auftauen und die Blätter wie frische Minze verwenden.

2 ALS TEE
Eine Tasse Minztee ist gut für die Ver-dauung. Die frischen Blätter mit kochen-dem Wasser übergießen und 5 Minuten ziehen lassen; mit Honig süßen.

3 ASIATISCHER SALAT
Frische Kräuter sind die perfekte Zutat in asiatischen Salaten: Geraspeltes Ge-müse mit einem Dressing aus fein gehackter Chilischote, Limettensaft, etwas Olivenöl und viel frischer Minze verrühren.

KRÄUTERTABOULÉ

Ein Salat aus dem Nahen Osten, in dem Petersilie und Minze ganz groß rauskommen. Die Superfood-Kräuter sind reich an Vitamin K und C sowie Mangan – davon profitieren Knochen, Blutzirkulation, Nerven- und Immunsystem.

Für 4 Personen **Vorbereitung** 30 Minuten, plus Einweichen

ZUTATEN

120 g Bulgur

½ rote **Zwiebel**, geschält und sehr fein gewürfelt

Salz und frisch gemahlener schwarzer Pfeffer

50 g glatte **Petersilie**, nur die Blätter, fein gehackt

50 g **Minze**blätter, fein gehackt

4 EL **Zitronen**saft

4 EL natives Olivenöl extra

2 reife **Tomaten**, entkernt und fein gewürfelt

ZUBEREITUNG

1 Den Bulgur in einem Sieb unter fließendem kaltem Wasser abspülen und in eine große Schüssel geben. Mit reichlich kaltem Wasser bedecken und 2 Stunden einweichen. Gut abtropfen lassen und beiseitestellen.

2 Die Zwiebelwürfel in eine Salatschüssel geben und mit Salz und Pfeffer bestreuen. Die Zwiebel zwischen den Fingern 1 Minute reiben, damit sie weich wird. Das Salz entzieht der Zwiebel Feuchtigkeit.

3 Gehackte Kräuter, Zitronensaft und Olivenöl zur Zwiebel geben und alles vermengen. Bulgur und Tomaten zufügen und rühren, bis die Zutaten gut vermischt sind.

4 Der Salat kann sofort serviert werden, am besten schmeckt er aber, wenn man ihn abgedeckt 4 Stunden in den Kühlschrank stellt, damit die Aromen sich verbinden. Umrühren und vor dem Servieren noch einmal mit Salz und Pfeffer abschmecken.

TOLLER TAUSCH

Den Bulgur durch gedämpften und abgetropften Blumenkohlreis ersetzen (s. S. 112) – eine leckere Alternative, gluten-frei und ohne Kohlenhydrate.

ENTHALTENE SUPERFOODS

ZWIEBELN
fördern das Wachstum
nützlicher Darmbakterien.

PETERSILIE
sorgt für
gesunde Knochen.

MINZE
stimuliert das
Immunsystem.

ZITRONE
kann die
Abwehrkräfte stärken.

TOMATEN
können das Risiko für
Herzerkrankungen senken.

Nährwert pro Portion

Energie	243 kcal / 975 kJ
Kohlenhydrate	27 g
– davon Zucker	4 g
Ballaststoffe	4 g
Fett	12 g
– davon gesättigt	2 g
Salz	0 g
Proteine	5 g
Cholesterin	0 g

ROSMARIN

Die aromatischen Blätter liefern Eisen für gesundes Blut sowie verschiedene Pflanzenstoffe, die dem Nachlassen der Gedächtnisleistung im Alter vorbeugen können.

DARUM ESSEN

GEHIRNTÄTIGKEIT

Rosmarin enthält Cineol, einen Pflanzenstoff, von dem angenommen wird, dass er den Verlust von Acetylcholin im Gehirn bremst. Dieser Neurotransmitter sorgt für den Austausch zwischen den Zellen im Gehirn und ein Mangel beeinträchtigt die Gehirnfunktion. Ein weiterer Pflanzenstoff in Rosmarin ist Carnosinsäure, die freie Radikale neutralisiert, bevor sie das Gehirn schädigen können.

KRANKHEITEN VORBEUGEN

Studien zufolge können verschiedene Pflanzenstoffe im Rosmarin das Wachstum von Krebszellen hemmen, Carnosinsäure etwa, die auch die Augen vor Schäden durch freie Radikale schützt.

GESUNDES BLUT

Rosmarin spendet Eisen, das der Körper für die Bildung roter Blutkörperchen benötigt, die den Sauerstoff transportieren. Müdigkeit ist ein Signal für Eisenmangel.

Die Blätter enthalten antioxidative und entzündungshemmende Stoffe.

DAS IST DRIN

100 g frischer Rosmarin sind eine gute Quelle für Eisen, Kalzium, Vitamin B_6 und Mangan. Rosmarin enthält auch Zink, Kalium und Folsäure.

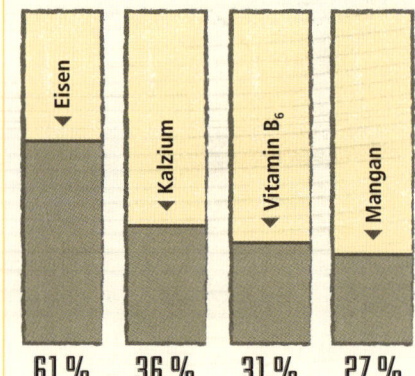

Eisen	Kalzium	Vitamin B_6	Mangan
61 %	36 %	31 %	27 %

Nährstoffgehalt bezogen auf den Referenzwert

DIE HERKUNFT

Der Rosmarinstrauch gehört zur Familie der Minze und stammt aus der Mittelmeerregion. Die Blätter werden frisch oder getrocknet verwendet.

Die nadelähnlichen Blätter sind immergrün.

SO SCHMECKT'S

1 FÜR KARTOFFELN

Rosmarin und Kartoffeln sind ein Traumpaar. In Scheiben geschnittene neue Kartoffeln mit Knoblauch, Rosmarin und Olivenöl mischen und knusprig rösten.

2 FRÜCHTE MIT ROSMARIN

Im Ofen gebackenen Aprikosen oder Pflaumen einen Aromakick verleihen: Einen Rosmarinzweig in eine ofenfeste Form legen, darauf die entsteinten Früchte. Backen, bis sie weich sind.

3 GEWÜRZÖL

Einige frische Zweige Rosmarin in eine Flasche Olivenöl geben und 1 Woche ziehen lassen. Das Öl zum Würzen von Fleisch-, Fisch- und Gemüsegerichten verwenden.

Der holzige Stiel ist ungenießbar.

THYMIAN

Reich an Mangan, unterstützt Thymian die Aufnahme von Energie. Entzündungshemmende Wirkstoffe helfen dem Immunsystem.

Süßkartoffel-Tarte mit Thymian ▲

Thymian passt gut zu Röstgemüse.

DARUM ESSEN

KRANKHEITEN VORBEUGEN
Thymian enthält eine Reihe von sekundären Pflanzenstoffen, darunter Thymol und Carvacrol, die entzündungshemmend wirken. Thymian kann das Immunsystem stärken und vor Krebs schützen.

GESUNDES BLUT
Jüngste Studien zeigen, dass Thymian als Antioxidans wirkt, das den Blutdruck und den Cholesteringehalt senken kann.

VERDAUUNGSAPPARAT
Thymian hilft der Verdauung, indem er die Leber dazu anregt, Verdauungsenzyme zu produzieren.

Thymianblätter enthalten entzündungshemmende Pflanzenstoffe.

DAS IST DRIN

100 g frischer Thymian liefern beachtliche Mengen Mangan, Kalzium, Folsäure und Zink sowie die Vitamine B_1, B_6 und C, außerdem Magnesium, Phosphor und Niacin.

Mangan	Kalzium	Folsäure	Zink
131 %	79 %	46 %	21 %

Nährstoffgehalt bezogen auf den Referenzwert

DIE HERKUNFT

Thymian stammt aus Eurasien und ist mit Minze verwandt. Die Blätter werden frisch oder getrocknet verwendet.

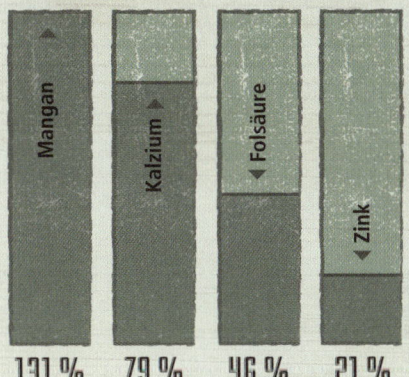

Kleine Blätter wachsen an holzigen Stielen.

SO SCHMECKT'S

1 SÜSSKARTOFFEL-TARTE MIT THYMIAN
Für eine leckere Superfood-Tarte Blätterteig mit gekochter Süßkartoffel und roten Zwiebel belegen, mit Thymian bestreuen und goldbraun backen.

2 ALS TEE
Für ein beruhigendes aromatisches Getränk frische oder getrocknete Thymianzweige in heißem Wasser ziehen lassen. Mit Honig und Zitronensaft abschmecken.

3 ZU GEMÜSE
Thymian ist ein sehr aromatisches, holziges Kraut, das sparsam dosiert und – bis auf junge Blätter – mitgegart werden sollte. Man kann Backofengemüse damit bestreuen, bevor es in den Ofen kommt.

KORIANDER

Eine exzellente Quelle für Vitamin K, enthält Koriander zudem viele Antioxidantien, die zum Beispiel die Augen vor Schädigungen durch freie Radikale schützen können.

DARUM ESSEN

VERDAUUNGSAPPARAT
Koriander wurde traditionell verwendet, um das Verdauungssystem zu beruhigen. Studien zeigen, dass er die Bildung von aromatischen Aminen unterbinden kann. Das sind karzinogene Verbindungen, die beim Garen von Fleisch mit hohen Temperaturen entstehen.

SEHKRAFT
Karotinoide wie Beta-Karotin, Lutein und Zeaxanthin im Koriander wirken antioxidativ und können die Augen vor Schädigungen durch freie Radikale und altersbedingter Makuladegeneration schützen.

VIEL VITAMIN K
Vitamin K ist wichtig für starke Knochen und gesundes Blut. Ein niedriger Vitamin-K-Spiegel wird mit erhöhtem Risiko für Osteoporose assoziiert.

Die zarten Blätter sollten erst zum Schluss zugegeben werden.

DAS IST DRIN

100 g frischer Koriander liefern eine rekordverdächtige Menge Vitamin K, dazu reichlich Vitamin C, Folsäure und auch Kalium.

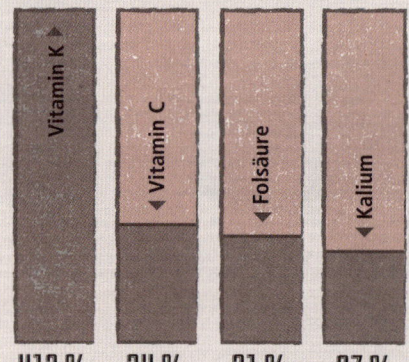

Vitamin K	Vitamin C	Folsäure	Kalium
413 %	34 %	31 %	27 %

Nährstoffgehalt bezogen auf den Referenzwert

DIE HERKUNFT

Das einjährige Kraut gehört zur Familie der *Apiaceae* und stammt aus dem Mittelmeerraum und Westasien. Koriander wird weltweit angebaut.

Alle Teile der Pflanze, von der Wurzel bis zu den Blättern, sind essbar.

SO SCHMECKT'S

1 KRÄUTERSALAT
Ein frischer Kräutersalat ist die beste Beilage zu gegrilltem Fleisch oder Fisch: Einige Handvoll Koriander, glatte Petersilie und Minze mischen und mit einer Zitrusvinaigrette anmachen.

2 IN SUPPEN
Karotte und Koriander sind eine klassische Kombination für Suppen. Für eine superaromatische Version gemahlenen Koriander als Suppengewürz und frischen zum Garnieren verwenden.

3 IN CURRYPASTE
Stängel und Wurzeln von frischem Koriander werden oft übersehen, doch sind sie für viele Currys unverzichtbar. Gehackte Korianderstängel zum Beispiel für grüne Thai-Currypaste verwenden.

Gute Quelle für **VITAMIN K**

MATCHAPULVER

Grüner Tee enthält eine Gruppe von Antioxidantien, die Polyphenole. Sie können das Risiko für Herzerkrankungen und einige Krebsarten verringern.

DARUM ESSEN

KREBS VORBEUGEN

Eine Reihe von Studien lässt vermuten, dass Matchatee das Risiko für bestimmte Krebsarten verringert, darunter Dickdarm-, Brust-, Eierstock-, Prostata- und Lungenkrebs. Das Pulver enthält Catechine, eine Gruppe von Pflanzenstoffen, die vermutlich das Wachstum von Krebszellen verlangsamen oder stoppen.

ENERGIEZUFUHR

Matcha enthält Epigallocatechingallat, einen Pflanzenstoff, der den Stoffwechsel beschleunigt. Einige Untersuchungen zeigen, dass Matcha bei der Gewichtsabnahme hilfreich sein kann, da der Stoffwechsel während sportlicher Aktivitäten angeregt wird.

GEHIRNTÄTIGKEIT

Matchapulver enthält große Mengen der Aminosäure Theanin, die die Gehirnfunktion stimuliert. Der Stoff reduziert die Auswirkungen von Stress, während das Gehirn gleichzeitig wach bleibt. Matcha enthält auch Koffein, das die Konzentration fördern kann.

DAS IST DRIN

1 gestrichener TL Matchapulver enthält eine ordentliche Portion Vitamin K, außerdem Provitamin A, Vitamin B_2, B_1 sowie Magnesium und Kalium.

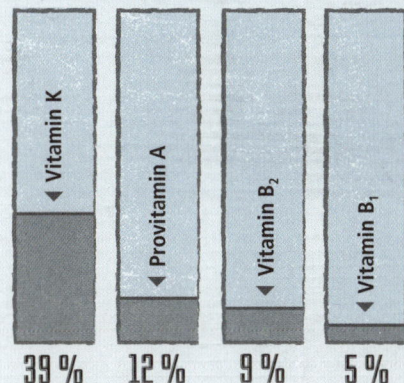

Vitamin K	Provitamin A	Vitamin B_2	Vitamin B_1
39 %	12 %	9 %	5 %

Nährstoffgehalt bezogen auf den Referenzwert

DIE HERKUNFT

Matcha wird aus den Blattspitzen der Teepflanze *Camellia sinensis* hergestellt. Der Strauch stammt aus Südchina.

Wochen vor der Ernte wird der Strauch vor Sonnenlicht geschützt.

SO SCHMECKT'S

1 FRÜHSTÜCKS-BOWL

Joghurt mit etwas Matchapulver aufpeppen – einfach unterrühren oder darüberstreuen. Obstwürfel und eine Handvoll Knuspermüsli dazugeben.

2 MEHR AROMA

Mit etwas Matchapulver können auch Desserts auf Milchbasis, Smoothies und Milchshakes aromatisiert werden. Matchapulver verleiht ihnen auch eine schöne Grünfärbung.

3 MATCHATEE

Matchapulver wird aus grünen Teeblättern gewonnen und kann wie ein Instanttee verwendet werden – einfach in heißem Wasser auflösen und nach Geschmack mit Honig süßen.

Matchatee ▶

MORINGAPULVER

Wer bietet mehr? Die Blätter des Moringabaumes enthalten über 50 Antioxidantien und Pflanzenstoffe, die Krankheiten bekämpfen, außerdem viel Vitamin K und Eisen.

DARUM ESSEN

ENERGIEZUFUHR
Der hohe Eisenanteil erklärt die traditionelle Verwendung von Moringa als Mittel gegen Müdigkeit – häufig ein Symptom für Eisenmangel.

KRANKHEITEN VORBEUGEN
Unter den zahlreichen Pflanzenstoffen befinden sich Quercetin und Chlorogensäure. Einer Studie zufolge kann die regelmäßige Einnahme des Pulvers dem Körper Antioxidantien zuführen, die bei der Neutralisation von freien Radikalen helfen und so Krebs vorbeugen.

GESUNDES BLUT
Ältere Untersuchungen zeigen, dass Moringa helfen kann, nach einer Mahlzeit den Blutzuckerspiegel im Zaum zu halten.

Pflanzenstoffe verleihen Moringa die sattgrüne Farbe.

DAS IST DRIN

10 g Moringapulver decken mehr als zweimal den Tagesbedarf an Vitamin K und liefern außerdem Eisen sowie von Provitamin A, Kalzium, Magnesium, Phosphor und Zink.

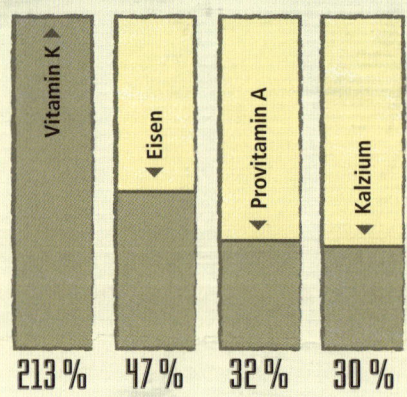

Vitamin K	Eisen	Provitamin A	Kalzium
213 %	47 %	32 %	30 %

Nährstoffgehalt bezogen auf den Referenzwert

DIE HERKUNFT

Der Moringabaum wächst im Himalaya und in tropischen Regionen Asiens und Afrikas. Er ist wegen seiner sehr aromatisch-scharfen Wurzeln auch unter dem Namen Meerrettichbaum bekannt. Der Baum wächst bis zu 9 m hoch und trägt hellgrüne Blätter in Form von Wedeln, aus denen das Pulver hergestellt wird.

SO SCHMECKT'S

1 ALS TEE
Moringapulver hat eine schöne Grünfärbung und wird traditionell als Tee getrunken. 1 TL Pulver in kochendem Wasser auflösen und mit Honig abschmecken.

2 GRÜNER SMOOTHIE
In Smoothies auf Grünkohl- oder Spinatbasis 1 TL Moringapulver einrühren. So erhält man ein eisenhaltiges Getränk.

3 EIS AM STIEL
Eis selbst herstellen, indem man Moringapulver mit dem Saft von Äpfeln, Orangen und Gurke vermischt. In Formen füllen, tiefkühlen und eine gesunde, nährstoffreiche Erfrischung genießen.

Moringapulver wird aus getrockneten Blättern hergestellt.

MACAPULVER

Jodhaltige Macawurzel kann helfen, den Hormonhaushalt und den Stoffwechsel zu regulieren. Außerdem liefert sie Eisen für gesundes Blut sowie B-Vitamine.

DARUM ESSEN

ENERGIEZUFUHR
Die Pflanze enthält Eisen, das der Körper braucht, um Hämoglobin zum Sauerstofftransport zu produzieren, Vitamin B$_6$, das ebenfalls für die Bildung roter Blutkörperchen benötigt wird, und Vitamin B$_2$ für die Verwertung von Energie.

HORMONHAUSHALT
Jod hilft bei der Bildung von Schilddrüsenhormonen, die für viele Prozesse im Körper unerlässlich sind, etwa Wachstum und Stoffwechsel. Traditionell wurde Maca bei den Inkas zur Erhöhung der Fruchtbarkeit eingenommen. Untersuchungen zeigen, dass Maca die Spermaproduktion ankurbeln kann.

WARNUNG
Schwangere sollten auf den Verzehr von Macapulver verzichten!

DAS IST DRIN

10 g Macapulver liefern eine gute Portion Jod, dazu Eisen, Kalium und Vitamin B$_6$. Es enthält auch Kupfer, Mangan, Vitamin B$_2$, Magnesium, Selen, Niacin und Kalzium.

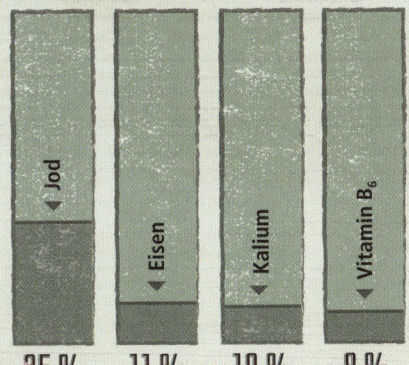

Jod	Eisen	Kalium	Vitamin B$_6$
35 %	11 %	10 %	8 %

Nährstoffgehalt bezogen auf den Referenzwert

DIE HERKUNFT

Seit über 3000 Jahren wird Maca in den peruanischen Anden kultiviert. Die Pflanze ist mit der Kresse verwandt.

Die Wurzel wird getrocknet und pulverisiert.

SO SCHMECKT'S

1 IN RIEGELN
Macapulver hat einen malzigen Geschmack, der jeden Energieriegel aufpeppt: Trockenobst, Nüsse und Samen mit 1 EL Macapulver fein pürieren und die Masse auf eine Platte streichen. Im Kühlschrank fest werden lassen und dann in Riegel schneiden.

2 IM BROWNIE
Ein Brownie-Rezept (s. S. 58) mit 1 Löffel Pulver-Power anreichern. Kakao und Maca sind eine köstliche Kombination.

3 MACA-SMOOTHIE
Einen leckeren Bananen-Smoothie mit Joghurt und Apfel mit 1 Prise Zimt und 1 TL Macapulver aufpeppen – das gibt ein warmes, malziges Aroma.

Maca-Smoothie ▶

Macapulver verleiht Smoothies einen malzigen Geschmack.

ESSEN FÜR MEHR ENERGIE

Eine Ernährung mit Superfoods ist der Schlüssel zu einem dynamischen, aktiven Leben, denn sie stecken voller stimulierender Vitalstoffe und gesunder Energie, die nur langsam abgegeben wird. Hier stellen wir Ihnen ein Tagesmenü vor, das den Energiepegel steigert und Tiefs vermeiden hilft.

GETRÄNK

Über Nacht kann der Körper leicht dehydrieren, sodass man sich am Morgen schlapp fühlt. Ein großes Glas kaltes Wasser oder ein kleines Glas Fruchtsaft wirken Wunder und sorgen für einen Kickstart in den Tag.

Fruchtsaft spendet Flüssigkeit und Vitamine.

Genug trinken

Abgespanntheit und Müdigkeit sind ein Signal dafür, dass der Körper zu wenig Flüssigkeit hat. Deshalb viel trinken.

FRÜHSTÜCK

Niemals das Frühstück ausfallen lassen, denn es liefert Energie für den Morgen. Müsli ist eine hervorragende Wahl: Die Kohlenhydrate in Haferflocken werden langsam aufgenommen, sodass sich kein nagendes Hungergefühl meldet. Auch zu empfehlen: Eine Handvoll Haferflocken in ein Smoothie geben.

VORMITTAGS-SNACK

Etwa 3 Stunden nach dem Frühstück kann der Blutzuckerspiegel wieder sinken und die Energie geht in den Keller. Zur Vorbeugung einen kleinen, nahrhaften Snack essen: eine Handvoll frische oder getrocknete Früchte oder ein Haferkeks mit Nussbutter sind eine gute Wahl.

Frische oder getrocknete Kirschen sind ein gesunder Snack.

Müsli liefert Kohlenhydrate, die lange vorhalten.

Proteinreiche Nüsse machen satt ohne zu ermüden.

MITTAGESSEN

Mittags sollte man es vermeiden, eine üppige Mahlzeit zu sich zu nehmen, denn der Körper kann durch die Fokussierung auf die Verdauung müde werden. Stattdessen protein- und ballaststoffreiche Lebensmittel essen, die Energie spenden, etwa einen Salat mit Gerste, Walnüssen und Mandeln.

Das Abendessen sollte eisenhaltig sein, Linsen sind ideal.

NACHMITTAGS-SNACK

Nüsse und Bananen sind ideal, um den Energiepegel auch am Nachmittag konstant zu erhalten. Beide enthalten Magnesium, womit die Energie aus der Nahrung umgesetzt werden kann (eine kleine Handvoll Nüsse sollte reichen, sonst nimmt man zu viele Kalorien auf). Statt zuckriger Energydrinks sollte man lieber selbst gemachte Obst- und Gemüse-Smoothies trinken.

Magnesium in Mandeln sorgt für einen Energieschub.

ABENDESSEN

Das Abendessen sollte viel frisches Gemüse und gesunde Kohlenhydrate enthalten, wie Naturreis oder Süßkartoffeln. Eisenmangel ist die Hauptursache für Müdigkeit, deshalb rotes Fleisch, grünes Blattgemüse oder Linsen zur Eisenaufnahme in die Mahlzeit integrieren.

EISENREICHE LEBENSMITTEL

Die Ursache Nummer eins in Sachen Müdigkeit ist Anämie – Eisenmangel im Blut, der in den USA eine von vier Frauen betrifft. Eisen wird für die Bildung roter Blutkörperchen verwendet, die den Sauerstoff durch den Körper transportieren. Ohne Sauerstoff können Zellen keine Energie produzieren. Mit eisenhaltigen Lebensmitteln in Ihrer Ernährung können Sie für einen guten Energiepegel sorgen.

BAOBABPULVER

Das Pulver aus den Früchten des afrikanischen Affenbrotbaumes steckt voller Antioxidantien, Vitamin C und Ballaststoffen. Es nützt Haut und Verdauung und hilft, Krankheiten vorzubeugen.

DARUM ESSEN

VIELE BALLASTSTOFFE

Baobabpulver liefert sowohl lösliche als auch unlösliche Ballaststoffe. Die löslichen helfen, überschüssiges Cholesterin aus dem Blut zu entfernen und die Aufnahme von Zucker ins Blut zu verlangsamen, sodass es nicht zu einem ungesunden Anstieg des Blutzuckerspiegels kommt. Unlösliche Ballaststoffe sorgen für eine gesunde Verdauung und reduzieren das Risiko für Verstopfung, Hämorrhoiden und Divertikulitis.

KRANKHEITEN VORBEUGEN

Die Früchte des Affenbrotbaumes sind extrem reich an Antioxidantien – vielleicht sogar reicher als jede andere Frucht. Antioxidantien helfen, freie Radikale zu neutralisieren, instabile Moleküle, die gesunde Zellen schädigen und Herz-Kreislauf-Erkrankungen, Krebs und Demenz Vorschub leisten können.

SCHÖNE HAUT

Vitamin C in Baobab sorgt für strahlende Haut. Es hilft, freie Radikale zu neutralisieren, die Falten und andere Anzeichen der Hautalterung beschleunigen. Außerdem bildet es Kollagen, ein Strukturprotein der Haut.

DAS IST DRIN

10 g Baobabpulver sind ein guter Lieferant für Vitamin C, Ballaststoffe, Kalium und Magnesium. Baobabpulver enthält zudem die Vitamine B_1 und B_6 sowie Kalzium.

Vitamin C	Ballaststoffe	Kalium	Magnesium
56 %	17 %	13 %	4 %

Nährstoffgehalt bezogen auf den Referenzwert

DIE HERKUNFT

Baobab ist die Frucht eines afrikanischen Baumes. Die Frucht trocknet an der Pflanze und wird nach der Ernte pulverisiert.

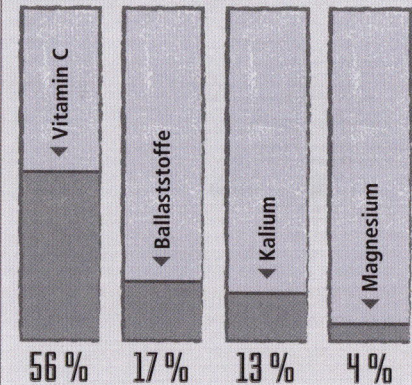

Die grünen Schoten enthalten pulvriges weißes Fruchtmark.

SO SCHMECKT'S

1 ERFRISCHUNGSGETRÄNK
Baobabpulver hat ein frisches Zitrusaroma. Mit etwas Wasser zu einer Paste vermischen, dann mit Sprudelwasser zu einem erfrischenden Getränk auffüllen.

2 IM MÜSLI
Für Fruchtgeschmack etwas Baobabpulver zum Müsli geben. Mit in Scheiben geschnittenen Bananen und Mandelblättchen servieren.

3 BAOBAB-SMOOTHIE
Der sorbetartige Geschmack macht Baobab zu einer guten Smoothiezutat. Mit exotischen Früchten wie Mango oder Papaya und Kokoswasser probieren.

DIE BESTE VERWENDUNG

ROHES PULVER

Der Vitamingehalt von Baobabpulver bleibt am besten in kalten Gerichten erhalten. Das Pulver kann auch zum Backen verwendet werden, dabei bleiben Ballaststoffe und Mineralien erhalten, doch der Vitamin-C-Gehalt nimmt durch das Erhitzen sehr stark ab.

LUCUMAPULVER

Die getrockneten, pulverisierten Früchte des Lucuma-baumes sind reich an Beta-Karotin. Ihr Karamell-geschmack macht sie zu einem Zuckerersatz.

Lucuma sorgt für Geschmack und Nährstoffe.

Frühstücks-Bowl ▲

DARUM ESSEN

GESUNDE HAUT
Das Beta-Karotin in Lucuma sorgt für strahlende, gesunde Haut. Untersuchungen an der Rutgers University, USA, legen nahe, dass Lucuma Alterungsprozesse der Haut verzögert und die Wundheilung beschleunigt.

HORMONHAUSHALT
Lucumapulver ist natürlich süß, hat aber einen niedrigen GI. Das heißt, im Gegensatz zu Zucker verursacht es kein Ansteigen des Blutzuckerspiegels, sodass der Körper kein Insulin als Gegenreaktion produziert. Lucuma kann helfen, das Verlangen nach Süßem zu zügeln.

KRANKHEITEN VORBEUGEN
Man nimmt an, dass der sekundäre Pflanzenstoff Beta-Karotin in Lucuma das Risiko für bestimmte Krebsarten senkt. Er stärkt außerdem das Immunsystem und besitzt antibakterielle Eigenschaften.

DAS IST DRIN

100 g Lucumapulver sind ein gute Quelle für die Vitamine B_1 und B_2 sowie für Phosphor und Kalzium. Lucuma enthält auch Eisen, Zink und Niacin.

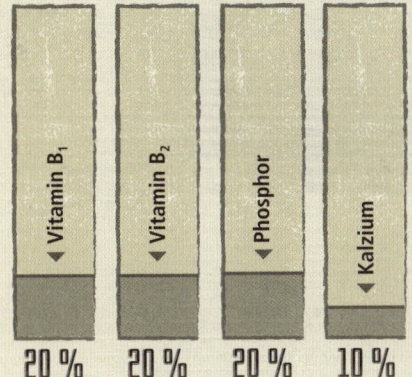

Vitamin B_1	Vitamin B_2	Phosphor	Kalzium
20 %	20 %	20 %	10 %

Nährstoffgehalt bezogen auf den Referenzwert

DIE HERKUNFT

In den Anden wurde Lucuma schon vor 2000 Jahren von den Inkas kultiviert. Das Fruchtmark wird getrocknet und pulverisiert.

Das Fruchtfleisch ist leuchtend orange.

SO SCHMECKT'S

1 FRÜHSTÜCK
Eine Schale Joghurt mit frischem Obst belegen und mit Lucumapulver anstelle von Honig oder Ahornsirup süßen.

2 DURSTLÖSCHER
Wasser mit Lucumapulver anstatt mit Sirup oder Saft süßen: 1–2 TL Lucumapulver in ein großes Glas kaltes Wasser geben und rühren, bis es vollständig aufgelöst ist.

3 IN CHIAPUDDING
Chiasamen mit Mandeldrink oder Kokosmilch und 1 TL Lucumapulver verrühren. Die Chiasamen zum Ausquellen über Nacht in den Kühlschrank stellen.

AÇAIPULVER

Die brasilianische Wunderfrucht enthält große Mengen an Antioxidantien und viel Provitamin A – wertvolle Unterstützung für das Immunsystem.

DARUM ESSEN

VIELE ANTIOXIDANTIEN
Studien zufolge enthalten Açai-früchte mehr Antioxidantien als Heidelbeeren, insbesondere Anthocyane, Pflanzenstoffe, die das Risiko für Herz-Kreislauf-Erkrankungen und bestimmte Krebsarten reduzieren können.

IMMUNSYSTEM
Açaipulver ist eine gute Quelle für Provitamin A, das die Abwehr-kräfte und das Immunsystem stärkt.

DIE HERKUNFT

Açaipalmen stammen aus Mittel- und Südamerika und wachsen im Mündungs-delta des Amazonas. Die Früchte verder-ben schnell, deshalb werden sie für den Export getrocknet oder tiefgekühlt.

Açaibeeren wachsen an langen Stielen.

DAS IST DRIN

10 g Açaipulver decken fast die Hälfte des Tagesbedarfs an Provitamin A und spenden reichlich Kalium und Kalzium sowie Eisen und sekundäre Pflanzenstoffe wie Anthocyane.

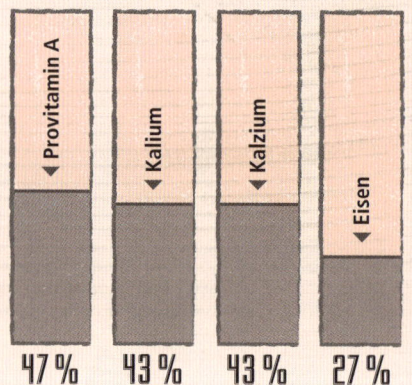

Provitamin A	Kalium	Kalzium	Eisen
47 %	43 %	43 %	27 %

Nährstoffgehalt bezogen auf den Referenzwert

Açaibällchen ▶

SO SCHMECKT'S

1 FRÜHSTÜCK
Açaifrüchte schmecken süßsauer. Das Pulver kann man über Knuspermüsli streuen oder in Joghurt rühren.

2 BEEREN-SMOOTHIE
Açaipulver in einen antioxidativen Super-Smoothie mit Heidelbeeren, Banane und Mandeldrink geben.

3 AÇAIBÄLLCHEN
Frische Heidelbeeren weich kochen und mit Açaipulver, Haferflocken, Kürbis- und Sonnenblumenkernen grob pürieren. Abkühlen lassen und zu mundgerechten Bällchen formen. Vor dem Servieren im Kühlschrank fest werden lassen.

Açaipulver gibt diesem Super-food-Snack reichlich Antioxidantien.

WARNUNG
Bei einer Pollenallergie Açai unbedingt meiden, da es allergische Reak-tionen auslösen kann.

NÄHRHEFE

Nährhefe ist ein Pilz mit sehr hohem Gehalt an B-Vitaminen. Sie stimulieren den Energiestoffwechsel und sind wichtig für gesundes Blut.

DARUM ESSEN

ENERGIEZUFUHR
Nährhefe hat einen extrem hohen Gehalt an B-Vitaminen und hilft damit dem Körper bei der Energiegewinnung. Ein Mangel führt zu Müdigkeit.

IMMUNSYSTEM
Eine Reihe von sekundären Pflanzenstoffen in Nährhefe können das Immunsystem stärken.

GESUNDES BLUT
Nährhefe wird in der Regel mit dem Vitamin B_{12} versetzt, das oft in der veganen Ernährung fehlt. Der Körper braucht es für die Bildung roter Blutkörperchen.

DIE HERKUNFT

Nährhefe ist ein Pilz, der auf Rückständen aus der Zuckerproduktion wächst, bevor er zu Pulver oder Flocken verarbeitet wird.

Die Hefe wird gewaschen und durch Hitzebehandlung inaktiviert.

DAS IST DRIN

5 g Nährhefe liefern enorme Mengen Vitamin B_1 und B_6, außerdem viel Vitamin B_{12} und etwas Folsäure. Nährhefe enthält auch Vitamin B_2, Zink, Kupfer und Mangan.

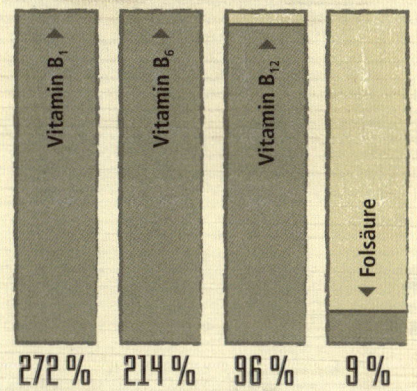

Vitamin B_1	Vitamin B_6	Vitamin B_{12}	Folsäure
272 %	214 %	96 %	9 %

Nährstoffgehalt bezogen auf den Referenzwert

TIPP
Nicht alle Nährhefeprodukte enthalten viel Vitamin B_{12}, deshalb die Liste der Inhaltsstoffe vergleichen.

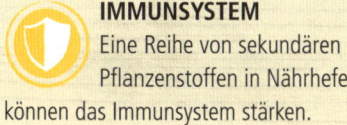

Nährhefe wird als Pulver oder in Flocken angeboten.

Nährhefeflocken ▲

SO SCHMECKT'S

1 IN WOKGERICHTEN
Nährhefe schmeckt angenehm herzhaft und löst sich leicht auf. Für einen schönen Umami-Geschmack über Wokgerichte mit Naturreis streuen.

2 WÜRZE FÜR KARTOFFELPÜREE
Kartoffelpüree erhält durch Nährhefe einen satteren Geschmack, sodass man auf Butter oder Sahne gut verzichten kann.

3 MEHR GESCHMACK FÜR POPCORN
Das leicht käsige Aroma von Nährhefe passt wunderbar zu Popcorn. Frisch zubereitetes Popcorn in etwas Kokosöl wenden, dann großzügig mit Nährhefeflocken bestreuen und alles gut vermischen.

KAKAO

Rohkakao ist sehr nährstoffreich. Sekundäre Pflanzenstoffe stärken das Herz und können stimmungsaufhellend wirken. Kakao enthält außerdem reichlich Mangan, wovon Blut, Gehirn und Nerven profitieren.

DARUM ESSEN

STARKES HERZ
Kakao enthält Flavonoide, eine Gruppe von Pflanzenstoffen, die antioxidativ wirken und so das Risiko für Herz-Kreislauf-Erkrankungen verringern können. Man nimmt an, dass sie die Bildung von HDL-Cholesterin fördern und blutdrucksenkend wirken.

VIEL MANGAN
Der hohe Mangangehalt im Kakao führt dazu, dass viele chemische Prozesse im Körper verbessert werden. Von diesem Vitalstoff profitieren insbesondere Blut, Gehirn und Nervensystem. Möglicherweise kann es auch den Blutzuckerspiegel beeinflussen und vor Osteoporose schützen.

HORMONHAUSHALT
Der sekundäre Pflanzenstoff Phenylethylamin in Kakaobohnen regt die Bildung von Serotonin im Gehirn an. Dieser Stoff gilt als Glückshormon und sorgt für Wohlbefinden.

Flavonoide im Kakao regen die Produktion von **HDL-Cholesterin** an und **verringern** das Risiko für **Herzerkrankungen.**

Gute Quelle für **MANGAN**

DAS IST DRIN

100 g Kakao-Nibs decken fast den Tagesbedarf an Mangan und liefern reichlich Magnesium sowie Eisen und Kalium, dazu geringe Mengen Kalzium und Zink.

Mangan	Magnesium	Eisen	Kalium
89 %	64 %	24 %	24 %

Nährstoffgehalt bezogen auf den Referenzwert

Kakaopulver ▼

Rohes Kakaopulver wird aus ungerösteten Kakaobohnen mit vielen Antioxidantien gewonnen.

Kakao-Nibs ▼

Kakao-Nibs sind geschälte, gehackte Kakaobohnen.

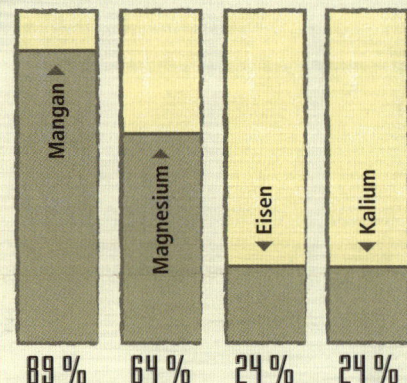

Kakao enthält **große Mengen** des Vitalstoffs **Mangan**, der für viele **chemische Prozesse** im Körper unverzichtbar ist, dazu zählt auch der **Energiestoffwechsel**.

Kakaopulver verleiht Haferflocken einen schokoladigen Geschmack.

▲ Porridge mit Kakao

DIE HERKUNFT

Kakao stammt aus Mittelamerika und dem Amazonasgebiet und wurde durch die europäischen Kolonialmächte über die ganze Welt verbreitet. Die Bäume wachsen in den feuchten tropischen Regionen 20° nördlich und südlich des Äquators, doch die weltweit größte Produktion kommt von Plantagen in Westafrika. Erst nach fünf Jahren liefert der Baum die ersten Früchte, aus denen die Kakaobohnen entnommen werden. Fermentiert, getrocknet, geschält und gehackt, liefern sie die essbaren »Nibs«.

Die Kakaofrüchte entwickeln sich aus winzigen Blüten, die direkt aus dem Stamm herauswachsen.

SO SCHMECHT'S

1 ZUM FRÜHSTÜCK

Haferflocken mit Mandeldrink und rohem Kakaopulver kochen, bis sie weich sind. Mit etwas Honig süßen und mit Kakao-Nibs, in Scheiben geschnittener Banane und gerösteten Mandeln als nährstoffreiches Frühstück genießen.

2 IN ENERGIERIEGELN

Eine Handvoll Kakao-Nibs verleiht Energieriegeln (s. S. 48–49) nicht nur ein nussiges Aroma, sie liefern auch Mineralien und wertvolle sekundäre Pflanzenstoffe.

3 IN GEBÄCK

Wer Rohkakao zum Backen verwendet, sollte das Gebäck mit etwas Honig süßen. Im Gegensatz zu gerösteten Produkten hat Rohkakao einen leicht säuerlichen, grasigen Geschmack.

TIPP

Kakao-Nibs werden auch unter dem Begriff »Kakaosplitter« im Handel angeboten.

DAS BESTE HERAUSHOLEN

ROH

Rohkakaoprodukte werden aus ungerösteten Kakaobohnen hergestellt und enthalten größere Mengen an wertvollen Antioxidantien als geröstete Bohnen.

NATÜRLICH

Kakao ist ein nährstoffreiches Naturprodukt, doch zu Schokolade verarbeitet verliert es durch das Erhitzen seine gesundheitsfördernden Vitalstoffe, Fett und Zucker werden hinzugefügt. Besser ist es, Rohkakao zu konsumieren.

SPIRULINA

Spirulina enthält sekundäre Pflanzenstoffe, B-Vitamine stimulieren die Energiegewinnung und von Kupfer profitieren Knochen und Blut.

DARUM ESSEN

IMMUNSYSTEM
Studien legen nahe, dass in Spirulina drei Pflanzenstoffe enthalten sind – Phycocyanin, Polysaccharide und Sulfolipide –, die das Immunsystem stärken können.

ENERGIEZUFUHR
Spirulina enthält sechs B-Vitamine: Thiamin, Riboflavin, Niacin, Pantothensäure, Pyridoxin und Folsäure. Diese werden zur Energiegewinnung benötigt. Untersuchungen zufolge kann Spirulina das Energielevel bei Menschen mit chronischer Müdigkeit anheben und die Ausdauer beim Sport steigern.

Spirulina wird meist als Pulver verkauft, aber es gibt auch Flocken, Kapseln und Tabletten.

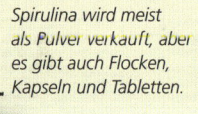

DAS IST DRIN

100 g Spirulinapulver liefern beträchtliche Mengen Kupfer, Vitamin B_2 und B_1 sowie Eisen. Spirulina enthält auch andere B-Vitamine, ferner Vitamin K und D.

Kupfer ▶	◀ Vitamin B_2	◀ Vitamin B_1	Eisen ◀
60 %	26 %	22 %	20 %

Nährstoffgehalt bezogen auf den Referenzwert

DIE HERKUNFT

Spirulina gedeiht in Süß- und Salzwasser und gehört zu den Cyanobakterien. Früher bezeichnete man sie als Blaualgen.

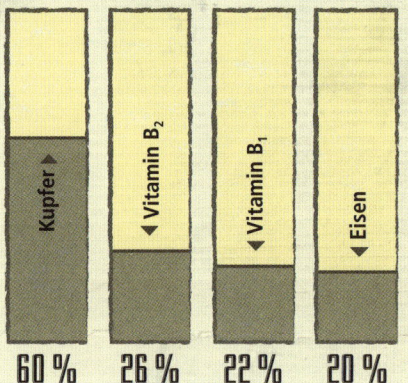

Spirulina wird in Aquakulturen kultiviert.

Spirulina-Guacamole ▲

SO SCHMECKT'S

1 SPIRULINA-GUACAMOLE
1–2 TL Spirulina mit vier reifen, zerdrückten Avocados, einer gehackten Tomate, gewürfelter Zwiebel, etwas Knoblauch und einer Handvoll gehacktem Koriander mischen.

2 GRÜNER REIS
Die blaugrüne Farbe von Spirulina sticht ins Auge. Das Pulver über gegarten Naturreis streuen, das verleiht ihm Farbe und reichert ihn mit Nährstoffen an.

3 IM SMOOTHIE
Spirulinapulver hat einen ausgeprägten Geschmack und eine dunkelgrüne Farbe. Hier ist weniger mehr, deshalb in Smoothies sparsam dosieren.

CHLORELLA

Die Mikroalge spendet viel blutbildendes Eisen und wirkt günstig auf den Blutzuckerspiegel. Auch das Immunsystem und die Verdauung profitieren.

Chlorophyll sorgt für die intensive grüne Farbe.

DARUM ESSEN

GESUNDES BLUT
Studien zufolge kann Chlorella Menschen mit Diabetes helfen, den Blutzuckerspiegel zu kontrollieren. Es stimuliert Gene, die die Insulinausschüttung kontrollieren.

KRANKHEITEN VORBEUGEN
Chlorella scheint das Immunsystem zu stärken und den Körper vor Infektionen zu schützen. Chlorella kann auch gegen hohen Blutdruck helfen, sodass das Risiko für Herz-Kreislauf-Erkrankungen sinkt. Das Pulver wird zudem bei chronischen Erkrankungen wie Fibromyalgie oder Dickdarmentzündungen eingesetzt.

VERDAUUNGSAPPARAT
Die Mikroalge stimuliert die Magen-Darm-Peristaltik, das heißt, die Muskelkontraktionen im Magen-Darm-Bereich werden angeregt, sodass Material schneller transportiert wird. Chlorella fördert das Wachstum nützlicher Darmbakterien und neutralisiert toxische Stoffe im Verdauungstrakt.

DAS IST DRIN

10 g Chlorellapulver decken fast den Tagesbedarf an Eisen, enthalten viel Zink sowie Vitamin B_2 und B_6, außerdem Vitamin A, B_1, B_{12}, C, E und K sowie Niacin und Folsäure.

Eisen	Zink	Vitamin B_2	Vitamin B_6
93 %	71 %	30 %	10 %

Nährstoffgehalt bezogen auf den Referenzwert

DIE HERKUNFT

Chlorella wächst in Süßwasserseen in Japan und Taiwan. Nach der Ernte werden die Algen getrocknet und pulverisiert.

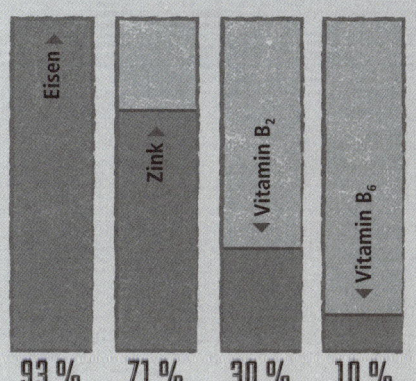

Chlorella ist eine einzellige Algenart.

Gute Quelle für EISEN

SO SCHMECKT'S

1 CHLORELLA-SMOOTHIE
Das Pulver mit dem intensiven, erdigen Aroma und ausgeprägtem Geschmack in einen Smoothie mit Ananas oder Mango geben – ein belebender Frühstücksdrink.

2 IM PESTO
Wenn Sie die Farbe und den Geschmack von Chlorella lieber vertuschen als betonen möchten, dann vermischen Sie das Pulver mit einem selbst gemachten, aromatischen grünen Pesto.

3 IM SALATDRESSING
¼ TL Chlorellapulver in ein Salatdressing aus zerdrückter Avocado, Knoblauch und Zitronensaft geben und über Rohkost oder Blattsalat gießen.

ABC DER ERNÄHRUNG

Damit der Körper gesund bleibt, muss er jeden Tag mit den richtigen Nährstoffen versorgt werden. Mit einer ausgewogenen Ernährung aus Vollwertkost und Superfoods ist das kein Problem. Die folgenden Tabellen beziehen sich auf die empfohlene Nährstoffaufnahme für Erwachsene.

MAKRONÄHRSTOFFE

Diese Nährstoffe sind in Lebensmitteln in großen Mengen enthalten und bilden die Basis einer gesunden Ernährung. Makronährstoffe liefern die Grundlage, damit der Körper tagtäglich funktionieren kann. Die Menge der benötigten Makronährstoffe variiert je nach Alter, Gewicht und Lebensstil. Die folgenden Angaben sind Durchschnittswerte für einen Erwachsenen.

MAKRONÄHRSTOFFE	Täglich empfohlene Aufnahme für Frauen	Täglich empfohlene Aufnahme für Männer
Energie	2000 kcal / 8400 kJ	2500 kcal / 10 500 kJ
Kohlenhydrate – davon Zucker	260 g *nicht mehr als 50 g zusätzlicher Zucker*	330 g *nicht mehr als 50 g zusätzlicher Zucker*
Ballaststoffe	30 g	30 g
Fett – davon gesättigt	*nicht mehr als 70 g* *nicht mehr als 20 g*	*nicht mehr als 90 g* *nicht mehr als 30 g*
Salz	*nicht mehr als 6 g*	*nicht mehr als 6 g*
Protein	50 g	90 g

MIKRONÄHRSTOFFE

Um zu funktionieren, braucht der Körper nicht nur Makronährstoffe, sondern auch Vitamine und Mineralien, die sogenannten Mikronährstoffe. Männer und Frauen haben dabei in verschiedenen Lebensstadien unterschiedliche Bedürfnisse – angegeben ist die tägliche Durchschnittsmenge. Ansonsten beziehen sich Nährstoffhinweise in diesem Buch auf Frauen im Alter von 19–50 Jahren.

VITAMINE	MÄNNER 19–50	FRAUEN 19–50	MÄNNER 51–64	FRAUEN 51–64	MÄNNER 65–74	FRAUEN 65–74	MÄNNER 75+	FRAUEN 75+
Provitamin A/Vitamin A	700 mcg	600 mcg	700 mcg	600 mcg	700 mcg	600 mcg	700 mcg	600 mcg
Vitamin B$_1$	1 mg	0,8 mg	0,9 mg	0,8 mg	0,9 mg	0,8 mg	0,9 mg	0,8 mg
Vitamin B$_2$	1,3 mg	1,1 mg	1,3 mg	1,1 mg	1,3 mg	1,1 mg	1,3 mg	1,1 mg
Vitamin B$_3$ (Niacin)	17 mg	13 mg	16 mg	12 mg	16 mg	12 mg	16 mg	12 mg
Vitamin B$_5$ (Pantothensäure)	*6 mg*	*6 mg*	*6 mg*	*6 mg*	*6 mg*	*6 mg*	*6 mg*	*6 mg*
Vitamin B$_6$ (Pyridoxin)	1,4 mg	1,2 mg	1,4 mg	1,2 mg	1,4 mg	1,2 mg	1,4 mg	1,2 mg
Vitamin B$_7$ (Biotin)	*50 mcg*	*50 mcg*	*50 mcg*	*50 mcg*	*50 mcg*	*50 mcg*	*50 mcg*	*50 mcg*
Vitamin B$_{12}$	1,5 mcg	1,5 mcg	1,5 mcg	1,5 mcg	1,5 mcg	1,5 mcg	1,5 mcg	1,5 mcg
Folsäure	200 mcg	200 mcg	200 mcg	200 mcg	200 mcg	200 mcg	200 mcg	200 mcg
Vitamin C	40 mg	40 mg	40 mg	40 mg	40 mg	40 mg	40 mg	40 mg
Vitamin D	10 mcg	10 mcg	10 mcg	10 mcg	10 mcg	10 mcg	10 mcg	10 mcg
Vitamin E	*12 mg*	*12 mg*	*12 mg*	*12 mg*	*12 mg*	*12 mg*	*12 mg*	*12 mg*
Vitamin K	*75 mcg*	*75 mcg*	*75 mcg*	*75 mcg*	*75 mcg*	*75 mcg*	*75 mcg*	*75 mcg*

MINERALIEN	MÄNNER 19–50	FRAUEN 19–50	MÄNNER 51–64	FRAUEN 51–64	MÄNNER 65–74	FRAUEN 65–74	MÄNNER 75+	FRAUEN 75+
Kalzium	700 mcg	700 mg	700 mcg	700 mg	700 mcg	700 mg	700 mcg	700 mg
Chrom	*40 mcg*	*40 mcg*	*40 mcg*	*40 mcg*	*40 mcg*	*40 mcg*	*40 mcg*	*40 mcg*
Kupfer	1,2 mg	1,2 mg	1,2 mg	1,2 mg	1,2 mg	1,2 mg	1,2 mg	1,2 mg
Magnesium	300 mg	270 mg	300 mg	270 mg	300 mg	270 mg	300 mg	270 mg
Phosphor	550 mg	550 mg	550 mg	550 mg	550 mg	550 mg	550 mg	550 mg
Kalium	3500 mg	3500 mg	3500 mg	3500 mg	3500 mg	3500 mg	3500 mg	3500 mg
Eisen	1,2 mg	1,2 mg	1,2 mg	1,2 mg	1,2 mg	1,2 mg	1,2 mg	1,2 mg
Zink	9,5 mg	7 mg	9,5 mg	7 mg	9,5 mg	7 mg	9,5 mg	7 mg
Mangan	*2 mg*	*2 mg*	*2 mg*	*2 mg*	*2 mg*	*2 mg*	*2 mg*	*2 mg*
Jod	140 mcg	140 mcg	140 mcg	140 mcg	140 mcg	140 mcg	140 mcg	140 mcg
Selen	75 mcg	60 mcg	75 mcg	60 mcg	75 mcg	60 mcg	75 mcg	60 mcg

Die Angaben beziehen sich, wenn vorhanden, auf die Richtwerte in Großbritannien. *Kursive* Ziffern beziehen sich auf EU-Richtwerte.

SUPERFOOD-NÄHRWERTE

Auf diesen Seiten sind die Hauptnährstoffe von jedem Superfood angegeben, die Mengen-angaben erfolgen in Mikrogramm (mcg), Milligramm (mg) und Gramm (g) pro 100 g oder, falls sinnvoll, pro Portion. Diese Nährstoffe sind entweder im Superfood in hoher Konzen-tration vorhanden oder generell nur in sehr wenigen Lebensmitteln zu finden.

GETREIDE

Superfood	Menge oder Portion	Hauptnährstoffe
Haferflocken	40 g	Beta-Glucan 1,4 g; Vitamin B_1 0,43 mg; Magnesium 46 mg; Zink 0,92 mg
Weizenkeime	15 g	Mangan 2,02 mg; Vitamin B_6 0,39 mg; Vitamin B_1 0,25 mg; Vitamin E 2,43 mg
Teff	200 g	Vitamin B_1 0,46 mg; Eisen 5,7 mg; Ballaststoffe 7 g; Kalium 270 mg
Gerste	180 g	Selen 69 mcg; Vitamin B_1 1,2 mg; Beta-Glucan 2,5 g; Magnesium 245 mg
Naturreis	180 g	Mangan 1,66 mg; Selen 18 mcg; Phosphor 225 mg; Magnesium 86 mg
Quinoa	180 g	Mangan 1,2 mg; Folsäure 78 mcg; Magnesium 118 mg; Eisen 2,8 mg
Amarant	250 g	Mangan 2,1 mg; Phosphor 364 mg; Magnesium 160 mg; Eisen 5,2 mg
Buchweizen	180 g	Kupfer 1,9 mg; Mangan 2,2 mg; Magnesium 392 mg; Ballaststoffe 17 g

NÜSSE & SAATEN

Superfood	Menge oder Portion	Hauptnährstoffe
Mandeln	28 g	Vitamin E 6,7 mg; Biotin 19,8 mcg; Magnesium 76 mg; Kalzium 67 mg
Pistazien	28 g	Kupfer 0,4 mg; Vitamin B_6 0,4 mg; Kalium 300 mg; Protein 6 g
Cashewkerne	28 g	Kupfer 0,59 mg; Mangan 0,48 mg; Phosphor 157 mg; Magnesium 76 mg
Pinienkerne	28 g	Mangan 2,5 mg; Kupfer 0,4 mg; Vitamin E 2,6 mg; Vitamin K 15 mcg
Walnüsse	28 g	Mangan 1 mg; Kupfer 0,4 mg; Magnesium 44 mg; Ballaststoffe 2 g
Erdnüsse	28 g	Kupfer 0,29 mg; Vitamin B_1 0,32 mg; Niacin 3,86 mg; Vitamin E 2,83 mg
Paranüsse	28 g	Selen 71 mg; Kupfer 0,49 mg; Magnesium 115 mg; Vitamin E 2 mg
Kürbiskerne	28 g	Zink 2,9 mg; Magnesium 76 mg; Eisen 2,8 mg; Protein 8 g
Sonnenblumenkerne	28 g	Vitamin E 10,6 mg; Vitamin B_1 0,45 mg; Folsäure 64 mcg; Magnesium 109 mg
Chiasamen	28 g	Mangan 0,6 mg; Magnesium 84 mg; Ballaststoffe 8,5 g; Phosphor 265 mg
Leinsamen	28 g	Magnesium 110 mg; Mangan 0,7 mg; Vitamin B_1 0,5 mg; Ballaststoffe 7,5 g
Sesamsaat	28 g	Kupfer 0,41 mg; Phosphor 202 mg; Kalzium 188 mg; Mangan 0,22 mg
Alfalfasamen	28 g	Vitamin K 8,5 mcg; Folsäure 10 mcg; Vitamin C 3 mg; Magnesium 7,5 mg

FISCH, FLEISCH, MILCHPRODUKTE & EIER

Superfood	Menge oder Portion	Hauptnährstoffe
Lachs	150 g	Vitamin B_{12} 9,8 mcg; Vitamin D 12,9 mcg; DHA/EPA 390 mg; Selen 40,5 mcg
Hähnchen	100 g	Niacin 9,2 mg; Phosphor 220 mg; Kalium 330 mg; Zink 1,5 mg
Joghurt	150 g	Kalzium 300 mg; Vitamin B_2 0,41 mg; Kalium 420 mg; Protein 8 g
Eier	1 mittelgroßes Ei (60 g)	Vitamin B_{12} 1,4 mcg; Vitamin D 1,6 mcg; Selen 12 mcg; Jod 25 mcg

GEMÜSE

Superfood	Menge oder Portion	Hauptnährstoffe
Karotten	100 g	Provitamin A 1961 mcg; Vitamin K 13 mcg; Vitamin B_1 0,13 mg; Kalium 178 mg
Süßkartoffeln	1 große Süßkartoffel (180 g)	Provitamin A 1539 mcg; Vitamin C 41 mg; Mangan 0,9 mg; Kalium 846 mg
Rote Bete	100 g	Folsäure 150 mcg; Mangan 0,7 mg; Kalium 380 mg; Eisen 1 mg
Butternut-Kürbis	100 g	Provitamin A 545 mcg; Vitamin C 15 mg; Kalium 280 mg; Folsäure 19 mcg
Fenchel	100 g	Kalium 876 mg; Folsäure 84 mcg; Vitamin C 12 mg; Ballaststoffe 3 g
Zwiebeln	100 g	Folsäure 11 mcg; Vitamin B_1 0,11 mg; Vitamin B_6 0,1 mg; Kalium 138 mg
Knoblauch	100 g	Kalium 620 mg; Phosphor 170 mg; Vitamin C 17 mg; Mangan 0,5 mg
Brunnenkresse	100 g	Vitamin K 315 mcg; Vitamin C 62 mg; Provitamin A 420 mcg; Folsäure 45 mcg
Spinat	100 g	Folsäure 161 mcg; Vitamin C 29 mg; Kalium 682 mg; Provitamin A 260 mcg
Grünkohl	100 g	Vitamin K 93 mcg; Vitamin C 110 mg; Provitamin A 525 mcg; Folsäure 120 mcg
Kohl	100 g	Vitamin K 300 mcg; Vitamin C 96 mg; Folsäure 129 mg; Kalium 513 mg
Brokkoli	100 g	Vitamin K 127 mcg; Vitamin C 60 mg; Folsäure 72 mcg; Vitamin B_1 0,29 mg
Blumenkohl	100 g	Vitamin K 28,5 mcg; Vitamin C 30 mg; Folsäure 48 mcg; Kalium 215 mg
Shiitakepilze	100 g	Kupfer 0,9 mg; Selen 24,8 mcg; Vitamin B_2 0,2 mg; Vitamin B_6 0,2 mg
Spargel	100 g	Folsäure 173 mcg; Vitamin K 51 mcg; Vitamin C 10 mg; Vitamin B_1 0,12 mg
Dicke Bohnen	100 g	Vitamin C 20 mg; Ballaststoffe 7 g; Niacin 3 mg; Folsäure 32 mcg
Rote Kidneybohnen	100 g	Mangan 0,5 mg; Folsäure 42 mcg; Kalium 420 mg; Eisen 2,5 mg
Erbsen	100 g	Vitamin B_1 0,6 mg; Folsäure 50 mcg; Ballaststoffe 6 g; Eisen 1,75 mg
Linsen	100 g	Selen 16 mcg; Kupfer 0,13 mg; Mangan 0,2 mg; Eisen 1,4 mg
Rote Paprikaschoten	100 g	Vitamin C 126 mg; Provitamin A 685 mcg; Kupfer 0,17 mg; Vitamin B_6 0,23 mg
Tomaten	1 mittelgroße Tomate (75 g)	Vitamin C 16 mg; Folsäure 18 mcg; Kalium 167 mg; Vitamin K 4,5 mcg
Avocados	1 kleine Avocado (100 g)	Vitamin E 3,2 mg; Vitamin B_6 0,36 mg; Kalium 450 mg; Kupfer 0,19 mg
Wakame	100 g	Jod 13 000 mg; Folsäure 196 mcg; Mangan 1,4 mg; Magnesium 107 mg
Nori	10 g	Vitamin B_{12} 2,8 mcg; Jod 147 mcg; Provitamin A 238 mcg; Mangan 0,6 mg

SUPERFOOD-NÄHRSTOFFE

OBST

Superfood	Menge oder Portion	Hauptnährstoffe
Äpfel	1 mittelgroßer Apfel (150 g)	Vitamin C 9 mg; Vitamin K 8,4 mcg; Vitamin B_6 0,11 mg; Kalium 150 mg
Feigen	100 g	Kalium 200 mg; Vitamin B_6 0,08 mg; Kalzium 38 mg; Zink 0,3 mg
Granatäpfel	1 mittelgroßer Granatapfel (200 g)	Vitamin B_6 0,6 mg; Vitamin C 26 mg; Ballaststoffe 9 g; Kalium 480 mg
Pflaumen	100 g	Kalium 240 mg; Vitamin K 7,5 mcg; Kupfer 0,1 mg; Provitamin A 63 mcg
Schwarze Johannisbeeren	100 g	Vitamin C 200 mg; Kalium 370 mg; Mangan 0,3 mg; Vitamin B_6 0,08 mg
Kirschen	100 g	Vitamin C 11 mg; Kalium 210 mg; Kupfer 0,07 mg; Vitamin B_6 0,05 mg
Heidelbeeren	100 g	Mangan 0,69 mg; Vitamin C 6 mg; Vitamin E 0,94 mg; Kupfer 0,06 mg
Gojibeeren	28 g	Kupfer 0,6 mg; Vitamin B_2 0,4 mg; Eisen 2,5 mg; Kalium 235 mg
Cranberrys	100 g	Mangan 0,4 mg; Vitamin C 13 mg; Ballaststoffe 4 g; Vitamin B_6 0,07 mg
Himbeeren	100 g	Vitamin C 32 mg; Mangan 0,4 mg; Folsäure 33 mcg; Kupfer 0,1 mg
Erdbeeren	100 g	Vitamin C 57 mg; Folsäure 61 mcg; Mangan 0,31 mg; Kalium 180 mg
Bananen	1 mittelgroße Banane (100 g)	Vitamin B_6 0,31 mg; Mangan 0,36 mg; Kalium 330 mg; Vitamin B_1 0,15 mg
Ananas	100 g	Vitamin C 47,8 mg; Mangan 0,9 mg; Kupfer 0,11 mg; Kalium 160 mg
Kokosnuss	100 g	Mangan 1 mg; Kupfer 0,32 mg; Kalium 370 mg; Phosphor 94 mg
Orangen	1 mittelgroße Orange (150 g)	Vitamin C 56 mg; Vitamin B_1 0,24 mg; Folsäure 34 mcg; Kalium 130 mg
Zitronen	1 mittelgroße Zitrone (100 g)	Vitamin C 58 mg; Kupfer 0,26 mg; Vitamin B_6 0,11 mg; Kalium 150 mg
Guaven	100 g	Vitamin C 230 mg; Folsäure 49 mcg; Kupfer 0,2 mg; Kalium 417 mg
Papayas	100 g	Vitamin C 60 mg; Folsäure 38 mcg; Provitamin A 135 mcg; Kalium 200 mg
Mangos	1 mittelgroße Mango (150 g)	Vitamin C 55 mg; Provitamin A 174 mcg; Vitamin B_6 0,19 mg; Kalium 270 mg
Kiwis	1 mittelgroße Kiwi (60 g)	Vitamin C 74 mg; Vitamin K 24 mcg; Folsäure 21 mcg; Kalium 174 mg

KRÄUTER, GEWÜRZE & PULVER

Superfood	Menge oder Portion	Hauptnährstoffe
Kurkuma	5 g	Eisen 1,98 mg; Mangan 0,18 mg; Kalium 146 mg; Kupfer 0,05 mg
Cayennepfeffer	10 g	Provitamin A 614 mcg; Mangan 0,23 mg; Kalium 200 mg; Vitamin B_2 0,09 mg
Zimt	25 g	Mangan 4,37 mg; Eisen 2,08 mg; Kalium 105,25 mg; Kupfer 0,09 mg
Ingwer	100 g	Kupfer 0,23 mg; Kalium 415 mg; Mangan 0,23 mg; Vitamin B_6 0,16 mg
Kreuzkümmel	25 g	Eisen 16,5 mg; Mangan 0,83 mg; Kalium 447,5 mg; Vitamin B_6 0,11 mg
Senfkörner	50 g	Phosphor 420 mg; Mangan 0,9 mg; Magnesium 150 mg; Vitamin B_1 0,27 mg
Petersilie	15 g	Vitamin K 82 mcg; Vitamin C 28 mg; Folsäure 26 mcg; Eisen 1,16 mg
Minze	100 g	Folsäure 110 mcg; Kalzium 210 mg; Vitamin B_2 0,33 mg; Kalium 260 mg
Rosmarin	100 g	Eisen 8,5 mg; Kalzium 370 mg; Vitamin B_6 0,51 mg; Mangan 0,54 mg
Thymian	100 g	Mangan 2,62 mg; Kalzium 630 mg; Folsäure 91 mg; Zink 2,1 mg
Koriander	100 g	Vitamin K 310 mcg; Vitamin C 27 mg; Folsäure 62 mcg; Kalium 521 mg
Matchapulver	1 g (1 gestrichener TL)	Vitamin K 28 mcg; Provitamin A 99 mcg; Vitamin B_2 0,13 mg; Vitamin B_1 0,06 mg
Moringapulver	10 g	Vitamin K 160 mcg; Eisen 6,55 mg; Provitamin A 260 mcg; Kalzium 238 mg
Macapulver	10 g	Jod 52 mcg; Eisen 1,5 mg; Vitamin B_6 0,11 mg; Kalium 200 mg
Baobabpulver	10 g	Vitamin C 45 mg; Ballaststoffe 5 g; Kalium 270 mg; Magnesium 14 mg
Lucumapulver	100 g	Vitamin B_1 0,2 mg; Phosphor 180 mg; Vitamin B_2 0,3 mg; Kalzium 90 mg
Açaipulver	100 g	Provitamin A 374 mcg; Kalium 860 mg; Kalzium 347 mg; Eisen 3,8 mg
Nährhefe	5 g	Vitamin B_1 3 mg; Vitamin B_6 3 mg; Vitamin B_{12} 2,4 mg; Folsäure 18 mcg
Kakao-Nibs	100 g	Mangan 1,78 mg; Magnesium 240 mg; Eisen 3,4 mg; Kalium 490 mg
Spirulina	100 g	Kupfer 0,6 mg; Vitamin B_2 0,37 mg; Vitamin B_1 0,24 mg; Eisen 2,8 mg
Chlorella	10 g	Eisen 13 mg; Zink 7,1 mg; Vitamin B_2 0,43 mg; Vitamin B_6 0,14 mg

GLOSSAR

Anämie
Mangel an roten Blutkörperchen oder Hämoglobin; kann auf zu wenig Eisen oder B-Vitamine zurückgehen.

Antioxidans
Wirkstoff in Obst und Gemüse, der freie Radikale bindet und so den Organismus schützt.

Beta-Glucan
Löslicher Ballaststoff, der im Verdauungstrakt ein Gel bildet und damit überschüssiges Cholesterin bindet.

Cholesterin
Substanz im Blut, ein Baustein der Zellwände, unersetzlich für Gehirn und Nervensystem. Überschüssiges Cholesterin lagert sich in den Arterien ab. Dadurch kann sich das Risiko von Herzerkrankungen und Schlaganfällen erhöhen.

Freie Radikale
Hochreaktive Moleküle, von denen angenommen wird, dass sie bei der Entwicklung von Herz- und Krebserkrankungen maßgeblich beteiligt sind. Sie sollen auch die Alterung beschleunigen.

Fructooligosaccharide
Lösliche Ballaststoffe, die das Wachstum nützlicher Darmbakterien anregen.

Gesättigte Fettsäuren
Fettart in tierischen Produkten, Kokosöl und Palmöl, die LDL-Cholesterin erhöht und das Risiko für Herzerkrankungen steigert.

Glykämischer Index (GI)
Gibt Auskunft darüber, wie schnell Kohlenhydrate im Körper in Zucker umgewandelt werden und dabei eine Erhöhung des Blutzuckerspiegels verursachen.

Hämoglobin
Protein in roten Blutkörperchen, das Sauerstoff durch den Körper transportiert.

HDL
Lipoproteine mit hoher Dichte *(high-density lipoproteins)*, die Cholesterin aus dem Gewebe transportieren und dadurch das Risiko für Herzerkrankungen senken. Auch als gutes Cholesterin bekannt.

LDL
Lipoproteine mit geringer Dichte *(low-density lipoproteins)* transportieren Cholesterin in Gewebe und Organe und werden mit einem erhöhten Risiko für Herz-Kreislauf-Erkrankungen in Verbindung gebracht. Auch als schlechtes Cholesterin bekannt.

Lösliche Ballaststoffe
Spalten sich im Verdauungstrakt auf, unterstützen dadurch die Reduzierung des Cholesterinspiegels und verlangsamen die Aufnahme von Zucker im Blut.

Makronährstoffe
Nährstoffe wie Protein, Kohlenhydrate und Fett, die der Körper in großen Mengen benötigt *(s. S. 212)*.

Mikronährstoffe
Vitamine und Mineralien, die unser Körper nur in geringen Mengen benötigt *(s. S. 213)*.

Neuralrohrfehlbildung
Schwere Fehlbildung des Embryos bzw. Fötus während der ersten Schwangerschaftsmonate; Spina bifida (offener Rücken).

Omega-3-Fettsäuren
Ungesättigte Fette, die den Blutdruck senken und vor Herzerkrankungen schützen können; sie halten auch das Gehirn gesund.

Oxidation
Schädigung von Zellen, verursacht durch freie Radikale. Antioxidantien können sie neutralisieren.

Präbiotika
Natürliche Ballaststoffe, die das Wachstum nützlicher Darmbakterien fördern.

Probiotika
Nützliche Bakterien, die die Darmflora gesund halten.

Referenzwert
Die empfohlene Tagesdosis, die der Körper von einem Nährstoff braucht, um gesund zu bleiben. Sie variiert abhängig von Alter und Geschlecht.

Resistente Stärke
Beschleunigt die Passage des Stuhls durch den Verdauungstrakt und regt die Vermehrung nützlicher Darmbakterien an.

Sarkopenie
Altersbedingter Abbau von Muskelmasse.

Sekundäre Pflanzenstoffe
Natürliche Chemikalien pflanzlicher Herkunft *(s. S. 16)*.

Stoffwechsel
Alle chemischen Prozesse, die im Körper ablaufen, um die Nahrung für den Körper nutzbar zu machen.

Ungesättigte Fettsäuren
Gesunde Fette aus Avocados, Nüssen, Pflanzenöl und Fettfisch, die einen hohen Cholesterinspiegel senken und für die Gesundheit von Herz und Gehirn sorgen.

Unlösliche Ballaststoffe
Lösen sich nicht in Wasser und beschleunigen die Passage des Stuhls durch den Darmtrakt.

REGISTER

FORTSETZUNG ▶

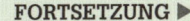FORTSETZUNG ▶

Lektorat
Dawn Henderson, Mary-Clare
Jerram, Alice Kewellhampton

Gestaltung und Bildredaktion
Libby Brown, Sonia Charbonnier,
Mandy Earey, Marianne Markham, Tom
Morse, Maxine Pedliham, Nicola Powling,
Dawn Terrey, Kathryn Wilding

Illustrationen
Peter Bull

Fotos
William Reavell

Herstellung
Ché Creasey, Tony Phipps, Catherine Williams

Für die deutsche Ausgabe:
Programmleitung Monika Schlitzer
Redaktionsleitung Caren Hummel
Projektbetreuung Melanie Haizmann
Herstellungsleitung Dorothee Whittaker
Herstellungskoordination Ksenia Lebedeva
Herstellung Stefanie Staat

Titel der englischen Originalausgabe:
Super Clean Super Food

Übersetzung Antje Seidel
Lektorat Carmen Söntgerath

978-3-8310-3357-7

Druck und Bindung Hung Hing Printing Group, China

Besuchen Sie uns im Internet
www.dorlingkindersley.de

ÜBER DIE AUTOREN

Fiona Hunter ist Food-Autorin und Ernährungsberaterin mit über 30 Jahren Berufserfahrung. Mit einem Abschluss in Ernährungswissenschaften und einem Postgraduiertendiplom in Ökotrophologie begann sie ihre Laufbahn im staatlichen Gesundheitsdienst in Großbritannien. Danach begann sie, für *Good Housekeeping*, *Health and Fitness* und *BBC Good Food* Beiträge zu verfassen, es folgten Radio und Fernsehsendungen. Fiona Hunter ist Co-Autorin mehrerer Bücher wie *101 Fantastic GI Recipes*, *The Natural Menopause Cookbook* und *The Diabetes Cooking Book*.

Caroline Bretherton arbeitete 20 Jahre zu beiden Seiten des Atlantiks in der Lebensmittelindustrie. Ihr Enthusiasmus und ihre Begabung brachten sie dazu, ihre eigene Catering-Firma und später ein eigenes Café zu eröffnen. Regelmäßige Arbeit fürs Fernsehen und für Printmedien schloss sich an. Caroline Bretherton ist Autorin von fünf Kochbüchern, darunter *The Allotment Cookbook Through the Year* und *Family Kitchen Cookbook*. Sie lebt mit ihrer Familie in North Carolina und schreibt über Food-Themen.

DANKSAGUNG

Fiona Hunter sagt Dankeschön:

Ich danke meiner Mutter, die mir das Kochen beigebracht hat, und was noch wichtiger ist: Sie hat in mir das Interesse an gesundem Essen geweckt. Leider hat sie die Veröffentlichung dieses Buches nicht mehr erlebt, aber ich weiß, dass sie stolz auf mich wäre. Ein riesiges Dankeschön geht an meinen Mann, der alles erträgt und immer für mich da ist. Und nicht zuletzt danke ich Alice Kewellhampton von DK für ihre Geduld und Unterstützung.

Caroline Bretherton sagt Dankeschön:

Ich danke allen bei DK für ihre Professionalität und ihre unschätzbare Unterstützung. Ein großes Dankeschön geht an meine Familie für ihre unermüdliche Bereitschaft, alles zu essen, was ich ihnen vorsetze. Ich danke außerdem Laura Lascola für ihre Begeisterung und für ihr großes Wissen um alles, was Superfood angeht.

DK sagt Dankeschön:

An Rajdeep Singh für die Bildbearbeitung; Sunil Sharma für die Bildredaktion; Tia Sarkar, Arani Sinha, Martha Burley, Bob Saxton und Alice Horne für die Lektoratsassistenz; Charlotte Johnson und Alison Gardner für Satzarbeiten; Nicky Collings für Fotografien und Gestaltung; Jane Lawrie und Penny Stephens für Foodstyling; Rob Merrett für Propstyling; Julian Shaw für die Prüfung der botanischen Zeichnungen; Corinne Masciocchi für das Korrektorat und Marie Lorimer für das Register.

Noch mehr gesunde
SUPERFOODS:

€ 16,95 (D) / € 17,50 (A)
978-3-8310-3185-6

€ 16,95 (D) / € 17,50 (A)
978-3-8310-3238-9

€ 12,95 (D) / € 13,40 (A)
978-3-8310-3234-1

€ 12,95 (D) / € 13,40 (A)
978-3-8310-3012-5

Weitere Kochbücher unter
www.dorlingkindersley.de